教育部人文社会科学研究规划基金项目
"民国时期我国中小学公民教育研究"（项目批准号：16YJC880096）最终成果

JINDAI ZHONGGUO

ZHONG-XIAOXUE GONGMIN JIAOYU YANJIU 1895—1936

近代中国中小学公民教育研究 1895—1936

翟 楠 等 著

江苏大学出版社
JIANGSU UNIVERSITY PRESS
镇 江

图书在版编目(CIP)数据

近代中国中小学公民教育研究. 1895－1936 / 翟楠等
著. — 镇江：江苏大学出版社，2018.12
ISBN 978-7-5684-1063-2

Ⅰ. ①近… Ⅱ. ①翟… Ⅲ. ①中小学－公民教育－研
究－中国－近代 Ⅳ. ①G631.6

中国版本图书馆 CIP 数据核字(2018)第 300887 号

近代中国中小学公民教育研究. 1895—1936

著　　者/翟　楠 等
责任编辑/米小鸽
出版发行/江苏大学出版社
地　　址/江苏省镇江市梦溪园巷 30 号(邮编：212003)
电　　话/0511-84446464(传真)
网　　址/http://press.ujs.edu.cn
排　　版/镇江市江东印刷有限责任公司
印　　刷/虎彩印艺股份有限公司
开　　本/718 mm×1 000mm　1/16
印　　张/13.5
字　　数/260 千字
版　　次/2018 年 12 月第 1 版　2018 年 12 月第 1 次印刷
书　　号/ISBN 978-7-5684-1063-2
定　　价/59.00 元

如有印装质量问题请与本社营销部联系(电话:0511-84440882)

目　录

第五章 "公民"的传统：中小学公民教育的本土意识

第六章 "公民"的启示：公民教育的历史检视

导　论

一、研究缘起

近代中国社会处在一个特殊的年代，它在动荡不安的社会巨变中也孕育了不少有价值的思想。尤其是清末民初以来，无论是政治社会还是思想文化领域，都经历了一场前所未有的大变革。其中，教育领域的改革可以说是整个社会变革的缩影，折射出了当时思想文化和社会意识形态等方面的成就与挫折。缘于"西学东渐"及"教育救国"的双重背景和目的，这一时期的教育思想迎来了一个百花齐放的局面，职业教育、公民教育、生活教育、科学教育、民治教育、国家主义教育等思潮纷涌而至，掀起了一场声势浩大的教育革命。在诸种教育思潮背后，渗透着一种新的思想意识的崛起，那就是培养"新民"，这是催生教育思想和教育改革的根本动因。因此，可以说，公民教育既是当时流行的一种教育思潮，也是多元化的教育思潮背后最根本的教育理念和目标，培养新时代的公民是这场教育革命的最终使命。

在清末，公民教育的思想就已经开始萌芽，到了民国时期则取得了较大程度的发展，这对于当代中国公民教育的研究和发展而言是一份宝贵的历史资料。民国时期的公民教育无论是在理论思想上，还是在社会实践上都在中国教育发展史上留下了浓墨重彩的一笔。这一时期，西方先进的公民教育思想不断传入中国，从凯兴斯泰纳的公民教育到杜威的民主教育，对当时的国民来说无疑是陌生但又急需的。很多受西方思想影响的知识分子企图通过公民教育唤醒国民意识，改变国民性格，进而造就"新民"，最终达到教育救国的目的。在外来思想的影响下，本土化的公民教育理论也如雨后春笋般涌现，如严复的"三育救国论"、梁启超的"新民说"、蔡元培的"五育并举"思想、晏阳初的平民教育实验、梁漱溟的乡村教育实验等。同时，中小学的课程经历着从修身科到公民科的改变，引发了一场关于公民教育的"教科书革命"。民间关于公民教育的课本五花八门，《教育杂志》还曾推出深度专号对公民教育进行探讨，许多教育家在期刊中就公民教育的问题提出了很多具有建设性的意见。这些史料对于公民教育的研究无疑是宝贵的。

因此，当我们今天关注公民教育的时候，不得不重提曾经的这一段辉煌。虽然这一时期的公民教育最终没有在实践中推广和延续下去，但在政策的颁布、课程的实施、教科书的编写，以及本土公民教育思想的培育等方面都留下了宝贵的经验和启示。而在目前，我国关于公民教育的研究和实践更多是借鉴西方国家的经验，缺少对本土文化的思考。公民教育的思想和实践在西方国家确实有了比较深厚的积淀，但单靠借鉴并不能解决我们自身面临的问题。公民的培养不只是一个教育问题，更是一个连通着政治制度、文化传统和社会意识的综合性问题，公民教育的目的不仅在于提升国民的素养，更在于赋予公民政治身份认同、增强公民意识。因此，在借鉴别国经验的基础上，充分考虑本国的文化传统和社会实际，才是我们应有的立场。檀传宝就曾指出："我们既不能制造一个让别人完全不懂的公民教育概念，但是我们也要反对公民教育上可能存在的'文化殖民'。"[1] 公民教育的研究和实践既要寻求普遍性的共识，又离不开对本土文化的观照。因此，在我们吸取和借鉴西方公民教育思想的时候，也应当尝试去连接曾经中断的本国公民教育的思想脉搏，为我们今天的公民教育寻找积极的建构意义。

二、研究基础

有关近代中国公民教育的研究，大体分为两类：一类是近代教育家和学者们对当时教育的介绍与反思；一类是现代学者们从思想史或者教育史的角度所做的梳理和研究。基于研究的需要，我们主要陈述前者。

通过对近代公民教育相关资料的梳理可以发现，虽然公民教育从兴起到结束不过短短几十年，但仅在当时就产生了相当丰富的文献。这些文献有介绍西方公民教育思想的，有阐述和反思公民教育的内涵、目的与意义的，也有介绍当时公民教育的现状与实施方式的，还有一些是对公民教育历史分期的研究。其中，仅创办于1909年的《教育杂志》，"30年间先后发表的有关公民教育文章就有80来篇，或是翻译，或是学理研讨，或是操作设计"。[2]

---

① 檀传宝. 当前公民教育应当关切的三个重要命题 [J]. 人民教育，2007：15 - 16.
② 傅国涌. 百年转型中的公民教科书 [J]. 江淮文史，2011（5）：148 - 164.

不止《教育杂志》，在"晚清民国期刊全文数据库"中，还有近 30 种报刊登载了公民教育的相关文献。如果将时间限定在出现了第一篇公民教育文献的 1907 年，截至全面抗战开始的 1937 年，30 年间共有超过两千篇文章谈论公民教育，这说明公民教育在当时备受重视，也折射出近代知识分子对培养公民的热切愿望。

（一）对别国公民教育现状的介绍

受"西学东渐"浪潮的影响，近代思想家和教育学者们通过亲历考察或翻译的方式，大力引介国外的公民教育思想。其中，翻译和介绍美国公民教育的文献最为丰富，尤其以 1921—1923 年为甚。1921 年，汪懋祖发表了系列文章介绍美国公民教育发展的趋势，从公民教育产生的历史背景、理论基础（主要介绍了杜威的理论）、公民训练的学段分期、公民教育的方法、公民科在课程中的位置、学生自治、校外公民训练等方面进行了系统阐述。[①]林一鹏在《最近美国公民教育之实际》一文中，以杜威"教育即是生活，不是生活的准备"的观点开篇，并结合蒋梦麟对当时教育现状的批判——"现有的教育，非特不是生活，简直连生活的准备，还谈不到了"，提出了儿童教育的重要性。他指出："儿童的教育，不是教儿童到学校去专门努力接受符号的知识，教师也不是专门把符号的知识传授给儿童的。儿童的教育是人的教育，是社会人之教育的最重要阶段。"[②] 基于这样的认识，他介绍了当时的美国对儿童的公民教育，详述了一至六年级儿童公民教育的目的、方法、具体内容等。在此基础上，他进一步分析了我国教育存在的问题及其原因。因此，这篇文章不仅是对美国公民教育的引介，更重要的是对本国教育做出了深刻反思，指出了近代中国教育观念的落后与教育改革的迫切性。

另有几篇文章专门介绍了美国的公民训练，如《美国之职业教育与公民训练》《美国：公民训练联合会》《美国学生的公民训练》等。还有一些文章翻译自美国学者对本国公民教育的相关研究，如《美国小学一年级至四年级公民教学之实际》《美国公民教授之现状》等。从上述文献中可以看出，杜威的民主主义教育理论及其公民训练思想不仅对当时的美国产生了重要影响，也给中国近代学者们带来了思想启蒙。

除美国外，法国和德国公民教育思想的引介也相对比较多。1923 年，

---

① 汪懋祖. 美国公民教育的新趋势 [J]. 教育丛刊，1921（1）：1 - 8，1921（2）：76 - 81，1921（3）：1 - 5.

② 林一鹏. 最近美国公民教育之实际 [J]. 闽南教育，1935，2（2）：17 - 23.

《新教育》第 5 期刊登了一篇未署名的文章《法兰西之公民教育》，深入介绍了法国的公民教育。内容涉及中小学公民教育的年龄分期、教育内容、教学方法、公民训练、法美两国公民教育的比较、法国社会"一致"精神的特点等方面。旭轮在《法兰西之公民科教授》一文中，也对法国公民教育做了详细介绍。他阐述了政治思想对法国公民教育的影响，法国中小学学校教育系统，道德教育在整个小学教育科目中的地位与重要性，公民科的意义、内容、方法、教科书等问题。[①]

此外，徐甘棠和夏承枫分别翻译了 S. C. Parker 和 Fowler D. Brooks 对法国公民教育的研究，前者重在对公民教育教科书进行分析，后者则阐述了法国公民教育对法国民族精神的促进作用。夏承枫指出："法人用四种办法，以达到公民的道德教育之目的。（一）中小学校设公民学科。（二）藉故事以养成适当爱国的、道德的感情。（三）教师对于各种公民的道德的问题作讲演与谈话。（四）公民事业及各机关之观察，如市政机关各部之参观，考核公文及市长之命令等。"[②] 对于法国民族精神或者社会共同精神的关注，对近代中国社会有着重要的启示意义。此外，徐甘棠还翻译了《法国小学公民教育之一课》，介绍了法国小学公民教育的具体课例，以使读者"稍领其中趣味"。[③]

1916 年，《教育杂志》和《教育周报（杭州）》都刊登了介绍德国公民教育的文章，详述了德国之所以强大的原因，以及这种强大与公民教育的关系。作者指出，德国实行公民教育的"最近动机"源于凯兴斯泰纳所著的《德国青年公民教育》（1901 年）一书，其中论述了使国家强大的七项"公民必要之教育"，如下所述：（1）身体之锻炼；（2）国家意识之教养；（3）爱国的精神之涵养；（4）尚武气象之振起；（5）经济思想之进步；（6）经济的能率之增进；（7）注全力于科学之普及应用。[④] 正是凯兴斯泰纳提出的这些公民教育思想在德国的推行，才促进了德国的强盛。此外，还有少量文章介绍了德国国家主义的公民教育思想和德国的公民训练，如《纪闻：（一）国外纪闻：德国公民教育之现况》《新德国之公民训练》等。

除上述三个国家之外，还有一些关于其他国家公民教育的介绍，但内容相对比较少。如 1927 年 3 月 6 日刊登于《新闻报》的《考察各国公民教育

---

① 旭轮 . 法兰西之公民科教授 [J] . 教育研究（上海 1913），1914（14）：1 – 7.

② Fowler D. Brooks. 法兰西之公民教育 [J] . 夏承枫译 . 新教育，1923, 6（5）：48 – 49.

③ 徐甘棠 . 法国小学公民教育之一课 [N] . 世界教育新思潮，1919（2）.

④ 天民 . 调查：德国之公民教育 [J] . 教育杂志，1916（7）：51 – 56，1916（8）：57 – 58；张世杓 . 德国之强盛与公民教育 [J] . 教育周报（杭州），1916（136）5 – 7，1916（147）：1 – 6.

之报告》一文，以简短的篇幅陈述了俄国、芬兰、丹麦、德国、捷克、法国、英国、美国、日本等国家的公民教育概况，提出了各国公民教育的主要特点。这说明当时的知识分子们对别国的公民教育做过广泛的考察和比较，但目前能够搜集到的相关文献依然比较有限。有些文献的年份也比较晚，因而对近代中国公民教育思想的启蒙意义相对有限。比如，关于英国公民教育的介绍，除了刊发于1919年的《英国学校中之议会：在学校中养成公民习惯》一文外，其他几篇文献的发表时间都介于1936年至1949年之间。对日本公民教育的介绍虽然有不少，但时间多集中在1933—1937年，其公民教育和公民训练表现出了强烈的军国主义教育色彩。此外，对苏联、意大利等其他国家公民教育的介绍也有零星文献，在此不做过多介绍。

　　以上是近代时期在报刊上介绍别国公民教育现状的大致文献情况，除此之外，在1937—1938年，商务印书馆出版了一套由王云五和韦悫主编的介绍别国公民教育的译著和著述，包括美国、德国、法国、日本、英国、苏联、意大利、瑞士等国家，对上述各国的公民教育思想和实践做了系统介绍。以严菊生翻译的《美国公民教育》为例，主要论述了美国民主政体的问题、公民教育的转向、公民教育的目标、公民教育的合作机关、公民教育与社会训练、公民教育的特殊工具、政府的趋势、教师与受教者等方面。[①] 由范寿康编著的《日本公民教育》详细阐述了日本公民教育的社会背景、公民教育的意义、各类学校中的公民科、公民科的教授要目等问题。在公民教育的意义部分，对公民教育与国民教育、公民教育与公民科、公民科与政治教育、公民科与法制经济科、公民科与修身科等相关联的问题做出了具体而微的解释。[②]《德国公民教育》重在介绍社会阶层、政府组织、政府以外的组织等方面，其中，学校及其教育是作为政府组织而出现的。《法国公民教育》重点围绕"尚武"和"纳税"两大主题展开，其中渗透了对青少年的公民教育和训练。总之，这套译著对国外公民教育的介绍丰富了近代中国公民教育的研究，为国人思考近代公民教育问题提供了重要的素材。

（二）公民教育的概念范畴

　　近代中国学者对公民教育的理解大体可分为两类：一类坚持国家本位，主张公民教育是为了培养有国家观念的公民；另一类侧重以社会公德的养成

---

① 孟利欧.美国公民教育 [M].严菊生译.上海：商务印书馆，1937.
② 范寿康.日本公民教育 [M].上海：商务印书馆，1937.

来塑造公民，认为公民教育的主要目的是培养受过教育的国民。通过梳理近代学者们的思想可以发现，虽然他们在这两种观点上各有所侧重，但并不是截然对立的。

坚持国家本位的研究者大多受凯兴斯泰纳思想的影响，认为"公民教育乃国家主义之产物"。[①] 在这一思想的影响下，加之教育救国之心切，国家本位的公民观被大多数研究者所推崇，试图在培养国家观念和公民资格的基础上，协调个人和国家的关系。

在关于公民教育的论述中，署名为"天民"的学者对公民教育做了诸多研究。基于对凯兴斯泰纳公民教育思想的引介，天民指出，公民教育不同于公民知识的养成，"夫知识者，惟得实行之意志及实行之机会而始得发生其价值。故公民教育（初等程度尤然），与其谓为纯粹公民知识之教授，毋宁谓为公民之道德的教育为适当也"。[②] 这就是说，公民教育更偏向于公民德性的养成，而不是公民知识的传授。除了不同于公民知识的养成之外，公民教育还不能等同于"政治的陶冶"和"社会的教育"，它们之间有着本质的区别。基于上述认识，天民提出了公民教育的目的，即"实现道德的公共团体之国家"，这一国家包含着两个方面："国家以正义公平而支配公民全体之关系，是即为法治国之理想。国家使公民全体以道德的开化的之旨趣，而活跃其天赋之性能，是即为开化国之理想。故公民教育之职务，惟在使公民直接或间接，意识的或无意识的，渐次接近道德的公共团体之理想。"[③] 他认为，这是公民教育永久不变的宗旨。

顾树森认为，公民教育的主要目的是养成公民资格，以巩固其国家基础，使个人和国家团体"相维相系不可相离"。他考察了十九世纪中期以来世界教育的发展趋势，认为近代教育以实利主义和个人主义为中心，实利主义养成的利己观念带来了道德上和伦理上的危险，个人自由权利观念的强盛则导致了社会和国家团体等共同生活的困难。顾树森认为，这是近代教育最大的缺点，也正是由于面对这样的处境，古人曾经主张倡导过的公民教育学说才会在近代风行全球。在此基础之上，他提出了公民教育的概念及界说，"公民教育者，依国家之生活及其活动，从教授训练养护方面，以养成立宪国善良之公民者也"。[④] 这种公民如何养成呢？他进一步提出："公民教育

① 曾琦. 公民教育问题号：弁言［N］. 醒狮，1926（80）.
② 天民. 公民教育论（续）［J］. 教育杂志，1916，8（6）：51–68.
③ 天民. 公民教育论（续）［J］. 教育杂志，1916，8（6）：51–68.
④ 顾树森. 公民教育论［J］. 中华教育界，1916（9）：1–6.

者，所以增进公民的知识，公民的道德，锻炼其健全之身体，并使将来得有相当职业以自谋生活者也。"① 在对公民教育概念界定的基础上，他也对公民教育和其他相关概念做了区分。比如，公民教育不是公民教授，后者仅仅是获得公民所需要的知识，是公民教育的必要组成部分，但不能等同。如果一个人只有公民的知识，"而无完美之道德与实行之能力"，并不能成为公民。② 此外，公民教育不同于政治教育和社会教育，公民教育与政党无涉。从这些观点上看，顾树森和天民一样，都深受凯兴斯泰纳公民教育思想的影响。

余家菊在《公民教育之基本义》一文中，批判了当时的词典中对公民教育概念的解释，他结合西方公民教育概念和中国当时的国势民情，将公民教育定义为"享受公权履行公义之训练"③，其性质是政治上的训练，而非个人在职业、健康或者家庭教育方面的成就，后几者都不属于获得公民资格的方式。基于上述界定，余家菊提出了如下五条公民教育目标：发扬民权、拥护国权、奉公服役、竭忱守法、普及教育。在这五条目标的基础上，他又加入了"进步思想"和"科学精神"，作为培养健全公民所必备的内容。④ 在余家菊对公民教育的概念界定中，同样体现了基于国家本位的"国权"和"民权"的结合。

李璜指出，公民的定义首先是指"奉公守法"，"公"是指卢梭所说的公意之公，法是指国家的宪法。公民不同于良民或好人，也不同于圣贤或豪杰，前者体现了"奴隶式的消极道德思想"，后者虽包含"积极的道德观念"，但又过于抽象。⑤ 因此，公民具有三个基本特点："（一）公民乃善承先人之业而自爱者，（二）公民自安于一身而必时虑其群，（三）公民能以爱国为当务而不惜为国牺牲。"基于这一公民概念，公民教育也应当包含三方面：历史教育的发挥、连带责任的说明、国家观念的养成。⑥ 在这里，历史教育的目的就在于养成公民的爱国主义情感，如果公民能够做到爱国、爱群，那么离国家观念的养成也就不远了。

除了从国家本位或者政治立场的角度来界定公民教育的概念之外，也有学者从公民道德、公民与社会关系的角度出发界定公民教育。如张粒民认

---

① 顾树森. 公民教育论 [J]. 中华教育界，1916（9）：1-6.
② 顾树森. 公民教育论 [J]. 中华教育界，1916（9）：1-6.
③ 余家菊. 公民教育问题号：公民教育之基本义 [N]. 醒狮，1926（80）.
④ 余家菊. 公民教育问题号：公民教育之基本义 [N]. 醒狮，1926（80）.
⑤ 李璜. 什么是公民什么是公民教育 [J]. 国家与教育，1926（13）：0-2.
⑥ 李璜. 什么是公民什么是公民教育 [J]. 国家与教育，1926（13）：0-2.

为，公民教育不能仅限于政治知识，而应兼及于社会活动，公民教育的目的，"在养成明达之公民"，"了解自己和社会之关系，启发改良社会之常识与思想，养成适于营现代生活之习惯"。① 汪懋祖也指出，公民科的教育应以公民道德为最重要，公民教育的原则应围绕公民的习惯与品性、公民的动机、公民的常识、公民的理性和公民的信念等公民德性方面展开，因为"无论政治、经济及社会问题之讨论，皆须以道德的意义贯注其中，以谋增进公民福利为指归"。② 从中可以看出，他们对公民教育的概念界定深受杜威民主教育思想的影响。

周祥光基于广义和狭义的公民涵义，提出了最低限度的公民概念，他认为，公民的道德训练比政治训练更为重要，"须具有'尊重权利'和'拥护权力'的意志，'忠实负责'和'勇敢牺牲'的精神，'人群互助'和'明礼义知廉耻'的美德"。在此公民概念基础上，公民教育即为"陶冶养成社会内的公民，为完成社会之公共生活，而了解各种社会关系，留意党政自治思想，政治经济法律的观念，以及公德之涵养，并能表现于实际生活"。③ 周祥光认为，公民的养成需要接受政治训练和道德训练，而道德的训练比政治训练更为重要。政治训练包含政治知识、政治技能、为公精神、团体意识等方面，道德训练则包括忠、孝、仁、爱、信、义、和平七个方面。④ 从中可以看出，他对公民教育的界定也是从道德训练和公共生活的实现角度提出的，但这里所说的道德训练已经不是公德的养成，而是渗入了国民政府的党义教育观念。

江苏省教育委员会于 1926 年订立了"公民信条"，也成为当时主张从公德角度界定公民教育的理论依据。该信条拟定了公民教育八个方面的内容：发展自治能力、养成互助精神、崇尚公平竞胜、遵守公共秩序、履行法定义务、尊重公有财产、注意公众卫生、培养国际同情。⑤ 醒石、胡超伦、观成等学者通过援引和解读"公民信条"，阐述了公民教育的内涵。⑥ 这些信条更多的是从培养个人公德和社会责任感的角度阐明公民教育，注重个人自治能力的发展和公共道德的养成。虽然这些信条从培养社会公德的角度规定了

① 张粒民. 小学校之公民教育 [J]. 教育杂志，1924，16（4）：1-20.
② 汪懋祖. 中学公民课程之讨论 [J]. 教育杂志，1947，32（6）：7-10.
③ 周祥光. 公民教育概论 [J]. 内政研究月报，1936（5-6）：69-73.
④ 周祥光. 公民教育概论 [J]. 内政研究月报，1936（5-6）：69-73.
⑤ 公民信条. 江苏教育公报 [J]，1926，9（4）：88-89.
⑥ 醒石. 公民教育 [J]. 东北月报，1927（21）：31-32；胡超伦. 公民信条之解释 [J]. 青浦县教育季刊，1926（3）：2-19.

公民的基本要求，但醒石依然认为这对于改变国民的自私性和培养其国家观念具有重要意义。

即使如醒石所言，"公民信条"对培养国家观念亦有作用，但在主张国家本位的学者们看来，这是远远不够的。常乃惪、问天、王西征等学者都认为，"公民信条"的最大问题就是缺少国家观念。常乃惪指出，江苏省教育委员会拟定的公民八信条"对于国家观念似乎稍欠注意"，使得公民教育与国民教育的界限变得模糊。在他看来，公民教育应注重培养国家公民，而目前流行的公民教育概念大多采用美国的办法，善引杜威的观点，把公民教育等同于社会服务，仅仅培养公民守秩序、关心地方、行慈善等方面。这种公民教育方式适合美国，但未必适合中国的国情，因为中国缺少"有秩序的国家，能够代表民意的政府，合法的共和政治，强大的国势"，因而不能像美国一样仅仅通过公民训练去培养社会公民。① 因此他认为，公民教育应该首先关注政治问题，其次考虑社会事业的发展，应该培养服务国家的人才而不是服务社会的人才。

总的来说，主张公德养成的学者们更偏向于个人和社会立场，而非以国家观念为重，这在当时的国家主义者看来是脱离中国国情的。学者忻平和陆华东研究了 20 世纪 20 年代的国家主义公民教育思想，认为这种国家本位的公民教育理念是对当时自由主义公民教育的反对，是国家主义对社会主义和美国式的民主教育的反对。② 从近代学者在公民教育概念上的不同立场来看，的确如此，他们要么受凯兴斯泰纳思想的影响，要么受杜威思想的影响。前者偏向国家主义立场，后者倾向于对个人和社会的改造。

无论是偏向国家本位还是偏向个人和社会本位，许多近代学者都赞同不能照搬西方的教育思想，应当根据当时中国的实际情况去谈公民教育。例如，有学者在质疑八信条时指出，这是一部"性理大全"，是"圣贤教育"，是一切美德的总称，无异于《论语》里的君子。③ 他认为公民教育既不能照搬国外，也不能像古代一样培养君子，因而提出要从中国的国情出发推行适合中国的公民教育。在这个问题上，最具代表性的要数晏阳初和陈筑山，他们提出要为所有国民或者平民提供一种普遍的、最低限度的、中国式的公民教育。

晏阳初在《"平民"的公民教育之我见》一文中指出，"平民"就是指

---

① 常乃惪. 国民教育与公民教育 [J]. 国家与教育，1926（15）：6 – 7.
② 忻平，陆华东. 制造国民：1920 年代醒狮派的公民教育思想 [J]. 史学月刊，2012（11）：57 – 67.
③ 邱桩. 国民学校公民教育最低的标准 [J]. 国家与教育，1926（16）：4 – 6.

通过教育使大多数的国民有知识能力做个平等的公民，"平民教育是对于十二岁以上不识字的及识字而缺乏常识的全国男女所施的教育"，以"识字教育为起点，而以公民教育为正鹄"，其目的总体来说就是把全国的平民都养成好国民。① 晏阳初认为，人人都有做公民的资格，人人都有接受公民教育的权利。晏阳初特别强调了务必要实施"真正中国的公民教育"，而不是模仿别国。

晏阳初之后，陈筑山也讨论了关于平民的公民教育。他在《平民的公民教育之计划》中提出："平民的公民教育，是对于知识的社会圈以外的民众，而施的公民教育。质言之，是对于连国民教育都没有受过的民众，而施的公民教育。"② 其教育目的如下所述：

> A. 适应未曾受过国民教育的青年与成人的程度，授以相当的能领受的社会知识道德技能，以养成二十世纪的新民为目的。B. 体察中国普遍社会所表现的团体分子的缺点，施以必要不可少的团体精神上的训练，以养成社会团体的良好分子为目的。C. 应合中国今日国情所要求的国民性质，授以最低限度的政治道德及政治知识技能，以养成稳健的能破坏能建设的共和国民为目的。③

上述关于晏阳初和陈筑山的平民的公民教育思想，都将公民教育的对象界定为广大平民，并结合中国的社会实际，提出了培养中国式公民的内容和方法。他们对公民教育的界定侧重于最低限度的公民概念，以最大程度推进国民教育为其宗旨。平民的公民教育更多关注的是作为个体的公民在知识、道德、团体精神等方面的教育，对国家观念的强调并不突出。

事实上，这种对个人公德和社会生活的强调并不是完全忽略了国家意识，因为公民概念本身就昭示着对公共和群体的关注。例如，晏阳初所要求平民具有的最低限度的公民常识中，就包含着重合群、爱祖国的公民道德和作为民主国家公民应有的政治常识。因此可以说，国家本位的公民教育观以"救国"为重，试图通过公民教育唤醒国民的国家观念和民族意识，从而促进现代民族国家的诞生。偏重公德养成或社会生活改造的公民教育观则更强调"教育"本身，试图通过公民教育培养个体的公德意识和公共精神，从而提升整体的国民素养。前者着重考虑个人和国家的关系，认为没有国家就没

---

① 晏阳初. "平民"的公民教育之我见 [J]. 新教育评论, 1926, 1 (21): 8 – 12.
② 陈筑山. 平民的公民教育之计划 [J]. 教育杂志, 1927, 19 (9): 1 – 7.
③ 陈筑山. 平民的公民教育之计划 [J]. 教育杂志, 1927, 19 (9): 1 – 7.

有公民；后者更为关注个人和群体的关系，认为没有公民也无从形成国家。无疑，这二者都是公民教育所要关注的重要内容，不能将它们简单地归结为孰先孰后的问题，毋宁说这是一个一体两面、相互牵制的问题，即使在今天的教育中也值得我们认真思考和对待。

（三）公民教育的历史分期

关于近代公民教育的历史分期研究，在民国思想家那里就已经开始了。这种即时的总结与反思，一方面体现出近代学者们敏锐的研究意识，另一方面也反映出公民教育在当时已经形成了一定的影响力，具有极高的关注度。根据公民教育产生和发展的时间线索，以及公民教育内容的变化，近代公民教育的发展阶段主要有以下几种分类（表1、表2）。

表1　近代学者对公民教育的历史分期一览表

内容	中国公民教育的起点及时段划分	历史分期
中国小学公民教育的历史分期①	清季兴学时（光绪二十八年—清季末年）	萌芽期趋于发展期
	民国初期（1912—1921年）	极盛期
	新学制施行后（1922—1926年）	转变期
	民国十六年后（1927年以后）	进步期
中国小学公民训练的历史分期②	清末	胚胎期
	民国元年至民国七年（1912—1918年）	发轫期
	民国八年至民国十五年（1919—1926年）	实行期
	民国十六年至民国十九年（1927—1930年）	改革期
	民国二十年后（1931年以后）	复兴期
中国公民训练史的演进③	清末	胚胎期
	民国元年至民国七年（1912—1918年）	发轫期
	民国八年至民国十五年（1919—1926年）	盛行期
	民国十六年至民国十九年（1927—1930年）	公民训练内容的改变

---

① 张耿西，束樵如. 小学公民训练的理论与实际［M］. 上海：中华书局，1936：10-15.
② 王国之. 小学公民训练法［M］. 上海：世界书局，1938：7-9.
③ 沈子善. 小学公民训练之理论与实际［M］. 上海：商务印书馆，1935：17-19.

表2　舒新城对民国公民教育的历史分期①

内容	中国公民教育时段划分	历史分期
只言爱国爱群的公德而不明言公民	1906—1912 年	萌芽期
以自由平等亲爱为德目，以政治知识为此科内容	1912—1919 年	第二期
内容由卫生、道德、法制、经济进而扩充及于社会问题、人生哲学、学校训育	1919—1925 年	第三期
由学校公民教育进而及于社会公民教育	1925—1926 年	第四期
公民教育的思想完全消沉下去	1927 年以后	

　　根据上述两个表格中四位学者的研究来看，从时间点的划分上，几位学者都把清末作为公民教育的起点，称之为"萌芽期"或"胚胎期"，这表明公民教育的思想在清末就已经产生了。同时，他们都倾向把 1912 年（或 1911 年）和 1927 年作为近代公民教育发展史上具有转折意义的时间点。1912 年，在蔡元培主持下颁布的教育部新教育宗旨中，"道德教育"被置于一个特殊的重要位置，尽管在教学科目上还没有出现公民教育的名称，但是公民教育的知识和思想已经渗透进了修身科课程和其他相关的教育教学活动中。因此，1912 年普遍被认为是公民教育的正式开端。伴随着 1919 年五四运动的爆发及新文化运动的持续推进，公民教育也进入了一个鼎盛阶段，并促发了公民科的最终诞生。

　　及至 1927 年南京国民政府成立，学校课程开始推行党化教育，以三民主义和党义科代替了公民科，致使公民教育进入了一个新的改革期，这实则是公民教育思想的异化时期。用舒新城的话说，1927 年之后"公民教育的思想完全消沉下去"。但由于经历了十多年公民教育思想的洗礼和实践的摸索，培养国家公民的观念已经深入人心，所以在 1927 年以后的教育改革中，有关中小学公民教育的训练标准和课程标准中都贯穿着比较完整的公民培养的理念。可以说，虽然这一阶段的公民教育被党化教育所遮蔽，公民教育的目的和内容发生了变化，但公民教育思想本身并没有完全消失，因此在沈子善、王国之等学者的分类中，他们将这一阶段称为改革期。

　　总的说来，几位学者对于公民教育发展阶段的研究有很多的吻合，大致可以概括如下：1912 年之前为公民教育萌芽期，1912—1927 年为公民教育发展期，1927 年以后是公民教育的异化期。表 2 中，舒新城基于对公民教育

---

　　① 舒新城. 近代中国教育思想史 [M]. 福州：福建教育出版社，2007：259－260.

内容的细致考察，确定了近代公民教育的历史分期。公民教育从倡导公德但"不明言公民"的思想萌芽期，到有了具体的公民学科内容，再到学科内容进一步扩展，乃至学校公民教育推广到社会公民教育，最终走向消沉，共经历了五个阶段。从产生到辉煌再到沉寂，不过短短二三十年，却留下了丰厚的思想遗产，这促使我们愈加想要了解和追寻这段昙花一现式的教育革命。

（四）公民训练

有关公民训练的研究，构成了近代学者们对公民教育研究的重要组成部分。从公民训练的概念上来看，它是指培养公民的具体方式，即"养成儿童公民的习惯，使儿童有参与公共事业的兴味"① 的方法。从这个意义上来讲，自从有了公民教育也就有了公民训练。甚至有学者将公民教育的概念扩大到了广义的教育意义上，因而他们所谓的公民训练在自有人类起就开始了。② 但仅仅就近代公民教育科目来看，公民训练是民国时期公民教育发展的一个特殊阶段。1923 年设立公民科之后，公民教育进入了一个蓬勃发展的阶段，推行五六年之后，中小学的课程设置中都取消了公民科，代之以党义科。1932 年，小学取消了党义科，设立公民训练科，并颁布了《小学公民训练标准》。以公民训练代替公民科后，公民教育更偏重于"训练"本身，除了德性方面的训练外，政治、经济、军事方面的训练也愈加频繁。总之，概览近代关于公民教育的理论陈述，也有学者将公民教育和公民训练的概念相等同，但总的来说，近代学者们大多都是将公民训练作为培养健全公民的方式来看待的。

具体说来，有关公民训练的研究主要集中于公民训练的发展演变、别国经验、实施方法及相关个案的介绍。关于公民训练的发展，许多学者都认为其起源于清末的修身科，修身科中对公德的重视普遍被当成公民训练的萌芽。在之前介绍过的王国之和沈子善关于公民训练的阶段划分中，就渗透着这种观点。从这个角度来看，公民训练就是伴随着公民教育的发生而同时进行的，是培养公民的基本途径。

也有些学者将公民训练放到整个教育的大背景中去看，这样的话，公民训练自古就有了。如李声堂认为，公民训练的概念虽为近代才有，但公民训练的实施自有了人类就产生了。他将这种广义的公民训练分为六个阶段：天权神权时代的公民训练、亲权族权时代的公民训练、王权帝权时代的公民训

---

① 陈浚介. 公民科和公民训练 [J]. 初等教育，1923，1（2）：8-10.
② 李声堂. 公民训练之涵义及其演进 [J]. 教育丛刊，1923，4（3）：1-8.

练、教权时代的公民训练、国权时代的公民训练、调和时代的公民训练。①
季锡麟也认为，古人对于"立身行事"的道德训练，便是公民教育的始端，
这从孔子时代就开始萌芽了。在学校中推行公民教育和公民训练则始于清
末，到了民国时期获得了较大发展。② 由此可见，广义的公民训练其实就是
教儿童学习做人、获得社会性成长的道德教育，是伴随着教育的产生而产生
的。在此，我们所要讨论的还是狭义的公民训练，也就是伴随公民教育而来
的培养和训练。

这一时期对公民训练的研究有不少来自对别国公民训练的引介，在不同
时期和社会背景下，各国公民训练的实践模式也有所不同，既具有时代特
点，又体现了民族传统。卢绍稷在《非常时期的公民训练》一文中，对欧美
和日本等国公民训练的情况做了介绍，从中我们可以感受到当时公民训练在
各国的发展状况。以法国公民训练为例，他指出，法国的公民训练主要是运
用学校制度完成的，公民训练作为法国学校课程表上的一个主要科目，为学
生讲授法国的历史，灌输政治及社会常识。除了通过教科书进行宣讲以外，
法国的爱国团体，如爱国者联盟会、爱国青年团、法兰西联盟会、法兰西妇
女爱国联盟会等都是推行爱国主义的重要工具，也是公民训练的重要社会实
践主体。法国爱国团体如此发达，是因为"法国人民对国家具着一种强烈而
顽固的顺从心理"③，这一特点对于中国近代的学者们而言，无疑有着强烈的
吸引力。除学校和爱国团体外，报纸也借助语言和文学的力量，成为传播国
家政策、推行大众公民训练的重要工具。

由此可见，法国的公民训练特别注重爱国主义教育，这也是法国一直以
来的中央集权主义和国家本位思想在教育中的集中体现。"法国建立了一种
非常整齐的教育制度，在这种制度中，公民的爱国主义占很重要的地位——
实在是一种爱国主义与道德在其中巧妙的混合着的制度。"④ 在由华南圭译述
的《法国公民教育》中，我们也可以看到当时法国的公民训练对国家主义的
强调。全书共分八篇，即尚武、纳税、刑法、下议院法律政府、国家村府行
政、自由平等亲爱、改政和人权之文告。⑤ 从章节内容上看，几乎看不到与
公民教育有关联的痕迹，但通篇都在讲述儿童应当通过学校和其他社会机构
接受上述训练，成为一个合格的国家公民。

---

① 李声堂. 公民训练之涵义及其演进 [J]. 教育丛刊, 1923, 4 (3)：1 – 8.
② 季锡麟. 公民训练 [J]. 大上海教育, 1934, 1 (7)：89 – 102.
③ 卢绍稷. 非常时期的公民训练 [J]. 教育杂志, 1936, 26 (6)：95 – 104.
④ 王国柄. 各国学校的公民训练 [J]. 教育周报 (桂林), 1932 (10)：1 – 4.
⑤ 华南圭. 法国公民教育 [M]. 上海：商务印书馆, 1912：目录, 1 – 8.

美国自独立战争之后，公民教育和公民训练都开始大范围推行。和法国一样，美国也特别注重利用学校来推行公民训练。"在美国，学校是文化的工具，也是民主主义的工具。"① 政府以法令的形式，规定将学校开展的正式训练作为必须履行的义务。在这个过程中，政府利用种种政治方法培养具有国家观念的公民，使他们熟悉本国的历史和结构，并以此培养个人对政治事务的兴趣，使其参与公共生活。美国的建国时间虽晚，但它在公民教育中对历史教学的重视却不容忽视，"美国把学校中的历史教学看作培养维持政治制度的观念的一个最好的方法"，并以法律的形式规定，"制止在任何种情形之下用任何种方式的教学消减美国的历史特性"。② 正因如此，美国把学校教育中的其他社会学科都看作公民教育的重要组成部分。

此外，美国的爱国团体，以发展国家的爱国观念为目的，成为当时公民训练的又一实践模式，如美国革命的子女、国家安全同盟、美国军团、互助团等，都对公民开展了爱国教育训练。③ 除了利用学校、政党和其他社会团体的影响外，美国的报纸、无线电、电影等，也都成了国家推行公民训练的重要工具。"在公民教育上，学校是显要的机关，但是与其他政治教育的辅助方法，是密切相联的。所谓政治教育的辅助方法，即如政府机关及职务，政党，特殊的爱国组织，又如文学，报纸，电影，各种象征主义，传统习惯与思想，概念学，以及著名人物的影响。"④ 可见，美国将学校教育、政治制度、社会团体与其他社会工具紧密结合了起来，共同发挥了对公民培养的作用。无怪卢绍稷在《非常时期的公民训练》中谈到美国时会感叹道："这种特殊公民训练的外形轮廓，没有一国像美国的发展那样精巧。"⑤

同样强调学校在公民训练中的作用，也同样倚赖社会团体、各类文化工具的力量，但美国的公民教育还是体现了明显不同于法国的特点。美国将公民教育作为民主制度的基础，而民主政体的运行和发展反过来极大地影响了公民教育的目标与计划。由于能充分考虑近代社会发展的种种变化，如经济和科学技术的发展，民主政治能够更好地调整技术进步和社会进步带来的教育变革，培养公民的目的已经不仅仅是基于传统国家立场的对国家的忠诚，而是要更多地促进整个社会的文明与进步。在此过程中，对个人和社会需要的关注在某种程度上超越了对国家权力的关注，即便同样重视爱国主义教育，也只会促进公民

① 卢绍稷. 非常时期的公民训练 [J]. 教育杂志, 1936, 26 (6): 95 - 104.
② 王国柄. 各国学校的公民训练 [J]. 教育周报 (桂林), 1932 (10): 1 - 4.
③ 卢绍稷. 非常时期的公民训练 [J]. 教育杂志, 1936, 26 (6): 95 - 104.
④ 孟利欧. 美国公民教育 [M]. 严菊生译. 上海: 商务印书馆, 1937: 5.
⑤ 卢绍稷. 非常时期的公民训练 [J]. 教育杂志, 1936, 26 (6): 95 - 104.

个体对国家的认同感，而不大可能再落入国家主义的窠臼。

与法国和美国类似，德国也非常注重利用学校进行公民训练，培植儿童的国家观念和爱国意识。德国也同样重视通过历史的教学养成儿童爱国的公民习惯，"最注意的是德国史的教学以及秩序的观念以及尊重政府的习惯的培养。著名的德国的历史的兴趣及精神乃是德国人对于政治事业的准备教育的背景"。① 德国社会特别重视阶层的划分，在整个社会构成中都渗透着严格的阶级区别，这深刻影响了德国公民教育的基本性质，在学校公民训练中，对国家和政府的忠诚，以及对社会秩序的服从是最基本的教育内容。卢绍稷也指出，在德国的学校课程里，"统治"与"秩序"是永远不会被忽略的两个观念。② 对公民培养的这一目标要求，与德国民族国家建构以来的国家诉求有着密不可分的关系。

自 19 世纪晚期德意志帝国成立以来，"公民的训练再也不是反对政府，而很明显的是拥护政府"，资产阶级"对于公民训练的概念，与政府所提倡的对国家尽忠的概念几乎完全相符；简单地说一句，就是在资产阶级的立场上，爱国和阶级的权利完全一致。所谓公民训练，无非是将资产阶级所需要的经济、社会和政治的观念，传授给其他民众"。③ 很显然，这样的公民训练同时也是拥护资产阶级权利的训练，无论是采取什么样的途径，德国的公民训练都不会脱离这个基本宗旨。由此可见，德国的公民训练除了具有像法国一样的国家主义色彩之外，维护阶层化的社会结构、巩固资产阶级的既得利益是其重要目的。

与上述各国利用学校直接推行公民训练不同，在英国的公民训练中，学校只起着间接的影响作用，政府机关和政党则占据着重要的地位。一直以来，"英国的学校制度似乎与公民训练没有多大的关系，在英国的教育制度中，没有什么特为培养民族思想而设的计划"。④ 这是因为，英国向来注重绅士的养成，而如何培养绅士、绅士该做什么不该做什么，都没有固定的规章制度要求，绅士只是通过耳濡目染形成的。绅士的养成是一种针对成人的公民训练，并没有在学校制度中形成相应的教育传统。但进入现代以来，由于社会主义思想的传播和社会主义制度的建立对老牌资本主义国家造成了冲击，英国才开始感到不安，出于利用学校教育来维持其政治制度的考虑，政

① 王国柄. 各国学校的公民训练 [J]. 教育周报（桂林），1932（10）：1-4.
② 卢绍稷. 非常时期的公民训练 [J]. 教育杂志，1936，26（6）：95-104.
③ 可索克. 德国公民教育 [M]. 金澍荣，黄觉民译. 上海：商务印书馆，1938：6-7.
④ 王国柄. 各国学校的公民训练 [J]. 教育周报（桂林），1932（10）：1-4.

府竭力想通过国家制度"在学校中造成一种负责的公民，可以在大小政事上作先导的公民"，从而开始"渐渐用较正式的方法在学校中灌输集团的观念了"。① 一旦利用学校制度推行公民训练，学校很快便成为培养忠诚于国家的公民的重要工具。

卢绍稷的《非常时期的公民训练》一文中，对日本的公民训练也做了详细的介绍。他指出，日本自明治维新之后，忠君、爱国成为支配日本民众的传统思想，教育成为实现这一理想的手段。与美国、法国和德国一样，日本的学校也是公民训练的重要工具。其中心目标包含了灌输忠君爱国的思想、训练刻苦耐劳的习惯和养成有礼貌、肯服从的美德，被称为"日本精神的训练"。其实施方法有三种：第一种是朝会的训练；第二种是节日的训练：凡是国家或皇室的重要纪念日，都有隆重的仪式举行；第三种是参拜神社佛阁的训练：旨在培养学生敬神崇祖的精神。② 由此可见，日本的公民训练在接受西方公民教育思想的基础上，保留了很多本国的教育传统，具有强烈的民族意识。有关日本公民教育的详细内容，我们可以在范寿康编著的《日本公民教育》一书中看到，此处不再赘述。

综观法国、美国、德国、英国、日本等国的公民训练状况可以看出，近代以来各国都致力于发展公民教育，依托各种政治和社会制度实施公民训练，具体的训练工具多为学校、政府机关、爱国团体、报纸、电影等。其中最突出的是学校，各国普遍利用学校来完成公民训练的目的。总之，在近代民族国家建立和发展的过程中，各国都将公民教育作为国家的重要任务，尝试运用校内外的各种手段实施公民训练。虽然各个国家的公民训练有其不同的特点，但都遵循基本的公民教育的理念，旨在为现代国家培养合格的公民。

（五）当前研究现状

以上是对近代时期公民教育研究的简要评述，这些成果为我们今天的研究提供了坚实而有力的支撑。民国学者们对西方前沿公民思想的引进、开展的本土化公民教育实践，以及他们所编纂的公民教科书等资料，都成为当代研究者了解历史和构建现代教育的一个窗口，这也使得近代的公民教育成为当代公民教育研究中一个重要的组成部分。诚如王小庆主编的《如何培养公民》一书封面上所述："时代潮汐试图抹平的石滩之上，他们以看似微弱的

---

① 王国柄. 各国学校的公民训练 [J]. 教育周报（桂林），1932（10）：1－4；卢绍稷. 非常时期的公民训练 [J]. 教育杂志，1936，26（6）：95－104.
② 卢绍稷. 非常时期的公民训练 [J]. 教育杂志，1936，26（6）：95－104.

力量曾做过公民教育巨舟最初的推手。"当代学者们沿着这条蜿蜒之路，继续做着推手的工作。

在当前有关近代公民教育的研究中，许多学者都做出过重要贡献。陈永森在《告别臣民的尝试——清末民初的公民意识与公民行为》一书中，对近代中国的公民观念和公民行为做了详细考察，重点揭示了从臣民意识向公民意识的过渡中，存在于中国社会中的国家观念、权利自由意识、义务意识、社会公德意识等公民意识，以及与此相关的诸种公民行为。郑航在《中国近代德育课程史》一书中，对清末至民国时期的公民德育做了深入研究。他从课程史的角度对这一时期学校德育的理念、目标、内容及教材更迭等方面进行了详细梳理。郑航将研究视角放在整个近代德育课程的变迁上，公民科虽然只是其中的一个阶段，但他的研究仍为我们揭示了近代公民教育的基本问题。陈华和刘保刚分别从课程史和思想史的角度对中国近代公民教育做了详细研究。陈华偏向于研究公民课程诞生与发展过程中的各种制约因素，如政体影响下的公民课程、社会力量自下而上争取和落实的公民课程，以及国家权力干预下的公民课程，揭示了近代公民课程举步维艰的发展历程。刘保刚在探索西方公民思想渊源和历史演变的基础上，对中国近代的公民思想演变做了一番考察，他重点阐述了公民教育中的公民道德教育、权责意识、人格教育、公民精神、公民能力与素质、女性公民教育思想、传统文化与现代公民、流派与人物等方面的问题。这些研究从不同的视角为我们展示了近代中国公民教育的基本面貌。

此外，史学界也有不少关于近代公民思想的研究，从历史视角阐述了近代中国社会转型中公民观念的发展，为我们理解公民教育提供了重要的思想基础。近几年，也有若干关于民国公民教育的期刊论文和硕博士论文问世，补充了新资料，提出了新问题。对近代中国公民教育研究的增多，意味着学者们逐渐意识到了回望历史，并从中吸取经验教训，这对开启新时代的公民培育任务有着积极的促进作用。在当前培养现代公民核心素养的教育背景下，仅仅借鉴西方公民教育的思想并不一定能解决我国教育的特殊问题，反思历史能为我们提供经验上和方法论上的启示。

三、研究框架

纵观近代以来我国公民教育的相关研究，清末都被作为公民思想萌芽的起点。本研究将近代公民教育的研究范围界定为 1895 年至 1936 年，历时 40

年。将 1895 年作为近代公民教育研究的起点，主要有两方面的考虑。第一，从公民思想的发端来看，严复于 1895 年发表《原强》，提出"新民德"的观念，开始初步涉及公民思想，这也是众多研究近代公民教育的学者们普遍认同的观点。不仅对于公民思想，而且对于整个中国思想史来说，1895 年同样有着非同寻常的意义。葛兆光指出："1895 年，是中国思想史的一个转折点。"这是因为，"'自强'成了朝野上下的普遍观念，彻底改革也突然成了上下的'共识'"。①对教育的改革也包含在这一共识中。第二，伴随着中日甲午战争的失败，自 1895 年开始，民族危机空前加重，代表旧制度的文化体系加速瓦解，而新兴文化组织和媒介大量诞生，国民意识得到有力启蒙，为公民教育的发展提供了基本的社会条件。1927 年之后，公民教育发生了一定的变化，但在思想和内容上依然坚持了公民教育的基本思想，及至 1937 年全面抗战爆发，公民教育逐步消沉。因此，本研究将重点关注 1895—1936 年的公民教育状况。

近代中国公民教育经历了一个从兴起到逐渐衰落的短暂历程，这个过程所引起的震动并不限于教育方面，还对国家政治和社会生活的重构产生了一定冲击。与之相应的是，公民思想的产生和发展同样也受到了社会政治条件的巨大影响，这两者是同构的。因此，探讨公民教育不能离开对社会政治所处的历史背景所做的分析。本书第一章将探讨公民及公民教育思想的启蒙，旨在明了公民观念诞生的社会历史背景和知识条件。第二章考察公民教育在理论和实践上的本土化尝试，主要是包括公民教育思想在内的多元教育思潮的兴起，以及公民教育的实践探索。第三章通过分析公民科课程标准、教科书等文本，了解中小学公民教育的课程教学。第四章介绍公民教育的实践方式，即公民训练的发展演变及其特点。第五章揭示近代公民教育在特殊背景下形成的基本特点，即对本土文化的观照，分析中西文化在公民教育中的交织与碰撞。第六章反思近代公民教育的成就与问题，探寻构建本土公民教育所承载的意义及其面临的困难。

本研究以历史文献为基础，在忠实展示原始文献的基础上，从历史条件、课程标准、教科书、公民训练等角度分析当时公民教育发展的基本情况。在此基础上，重点关注中国在近代化的特殊背景下，面对民族国家建构的政治使命和传统与现代断裂的文化危机之双重困境，如何应对教育中的相应变革；在吸收国外公民教育思想的同时，如何将本国几千年的文化意识和教育传统加以融合，这对我们思考公民教育的本土化有着重要意义。

---

① 葛兆光.1895 年的中国：思想史上的象征意义［J］. 开放时代，2001（1）：48 – 56.

第一章
"公民"的启蒙：近现代语境下的公民观念考察

　　"公民"一词，最早诞生于古希腊的城邦社会，是指可以参与社会公共事务的自由人。到了近现代，西方公民教育开始普及，得到了长足发展。与西方不同，"公民"在中国几千年的传统文化中是一个缺失的概念，是近代晚期的舶来品。清末民初，经历了两千多年封建礼教制度的洗礼之后，臣民的观念已深深扎根于个体的身份认同之中，也恰恰在这时，对传统教育观念的反思和对公民观念的想象开始进入学者们的视野。在"西学东渐"浪潮的推动下，西方公民思想开始在中国广泛传播，这些思想的引入犹如一股新鲜血液，注入到臣民观念根深蒂固的中国社会。经过思想层面的萌动和社会政治环境巨变的双重推动，公民观念成为一个新兴事物并获得了迅速发展。因此，"公民"这个全新的概念是在复杂的历史条件下进入中国社会的，它的产生既是社会政治经济与文化观念转型的产物，反过来又对当时的政治、文化、教育等产生了极大的影响。

一、民族国家建构：公民观念的政治基础

　　近代中国经历了一场"三千年未有之大变局"，处在一个内忧外患异常严重的民族存亡关头。对一个绵延数千年、社会结构稳定、文化传统根深蒂固的国家来说，这无疑是一次深重的民族危机。这一危机自上而下地渗透到整个社会中，从国家到个人、从政治到文化，无不裹挟其中。这是近代中国所处的时代背景，也是近代教育变革的催化剂，促发了近代中国公民观念的启蒙。

（一）国家观念的兴起
　　中国传统社会一直以来拥有着稳定的社会结构，即使朝代更迭，基本的政治制度和社会意识形态依然以儒家伦理为核心。到了清末，清王朝的闭关

锁国政策和高度专制的中央集权制度,都在促使这种社会结构开始从内部悄然发生变化。而西方势力的侵入大大加速了这种变化的发生,打破了中国传统社会延续下来的"天下"观念,民族国家的观念呼之欲出。

十九世纪后半叶以来,西方列强用武力打开了中国的大门,坚船利炮不仅打开了国人关注外来事物的眼界,更是引起了人们对民族存亡的深深担忧。虽然清王朝的没落已是不可扭转之势,但来自外部的侵略才是对国家真正的威胁。放眼当时的中国社会,无论是政治上还是社会意识层面,都陷入了一种空前的危机之中。"欧化横来,思想错综,学术衰微,民智昏蒙,尊孔复辟,欧化共和,吾民其知之否乎? 此就政治言也。若就社会言,家族主义渐破,个人主义日益萌芽,习惯之道德渐衰,个人之道德尚无标准;怒潮汹涌,荡舟其中,回望故乡,已出视线,前望彼岸,杳无所见。中国之前途,其谁知之? 其谁知之?"① 蒋梦麟对当时社会状况的感叹,即使在今天读来也依然让人心潮难平。政治和社会层面的双重危机既加剧了传统社会制度的瓦解,同时也推动了中国社会从一个封建王朝向现代国家转变的开始。

从世界范围来看,民族国家的普遍建立已成为十七至十九世纪的政治主题。在此期间,欧美多个国家相继完成了资产阶级革命,推翻了封建主义并建立了资本主义制度,日本也以自己的方式完成了由传统国家向现代国家的过渡。这是近代国家获得民族独立和自由,走向现代化发展道路的开始。经过近代资产阶级革命以后,现代公民身份已经完全超越了其最初的内涵,具有了"自由""平等"的意蕴和特质。同时,民族国家与公民绑定在一起,成为界定公民的唯一标尺。② 当上述国家大多走在现代化进程的路上,在政治、经济、军事、教育等方面都取得了巨大成就的时候,中国作为一个没落的大一统的封建帝国,对这些事实还几乎一无所知。在这种严重不对等的情况下,中西方的相遇对中国来说无疑意味着一种灾难。面对这一困境,无论是政府官员还是知识分子,甚至是社会普通民众,都会或多或少地思考民族存亡的问题。因此,从清末以来,尤其是甲午战争之后,中国的政治家和知识分子们都开始积极探索救亡图存的自强之路。在这个过程中,一个重要的发现就是对国家观念的认识。

由于清王朝一直以"天朝上国"的姿态自居,"普天之下,莫非王土"的"天下"观念支配着国人对世界的认识,虽然在中国历史上有着多次对西

---

① 蒋梦麟. 过渡时代之思想与教育 [M]. 北京:知识产权出版社,2016:14 – 15.
② 张夫伟,张红艳. 公民意识与学校生活建构 [M]. 北京:中国社会科学出版社,2015:3.

域、西洋的探索，以及与其他民族的文化、商业往来，但清政府长期奉行的闭关锁国政策依然使国人故步自封，没有建立起任何有关国家的观念和意识，直到国门被武力打开。陈永森指出："中西方在战场上的较量和文化的交流，使中国人打开眼界，认识到原来世界是'分做一国一国'的，'华夏中心主义'观念开始瓦解，国家主权观念逐步树立，朝廷和国家开始分离，近代国家意识开始形成。"① 这是近代社会思想启蒙的结果，但这个启蒙过程也是艰难曲折的。

十九世纪末期，有关国家思想的译著和著述开始频现报端。1899 年，《清议报》分卷翻译了德国伯伦知理的著作《国家论》，系统阐述了有关国家的基本思想，对国权、主权、政体、国家的沿革与改革等问题做了介绍。1900—1901 年，《清议报》《万国公报》《译书汇编》《新民丛报》等刊物登载了多篇翻译自德、美、英、法等国的有关政治学说和国家学说的文章，对国家的思想做出了广泛的引介。除伯伦知理的《国家论》外，德国拉坚的《政治学》也被载于《清议报》上，其上卷为《国家篇》，开篇介绍了作为国家的重要质点，其中，自然因素如气候、地势等被作为国家要素而详述。② 在翻译西方国家思想的同时，一些知识分子也开始思考有关"国家"的问题，论述国家与社会的关系、国家与百姓的关系、国家思想的变迁等问题，阐述基本的国家观念。

在上述关于国家思想的讨论中，梁启超做出了比较完备的阐述。他指出："国家思想者何，一曰对于一身而知有国家，二曰对于朝廷而知有国家，三曰对于外族而知有国家，四曰对于世界而知有国家。"③ 在对"国家"的这一界定中，梁启超区分了国家与个人、国家与朝廷、国家与外族（外国）、国家与世界的关系。他认为，中国人一直以来"知有天下而不知有国家""知有一己而不知有国家"，缺乏"国家"思想，从而也无法正确处理国家与个人、国家与朝廷、国家与外国的关系。

对当时的中国社会而言，对上述关系的认识和区分有着重要意义，尤其是意识到朝廷只是国民的代表而不能等同于国家，意味着国人开始萌发了对现代意义上的"国家"的认识，并将之与封建王权截然区分了开来。这一观念进一步促进了人们对现代国家及其政府、国民关系的认识，下面这段有关

① 陈永森. 告别臣民的尝试——清末民初的公民意识与公民行为 [M]. 北京：中国人民大学出版社，2004：18.
② ［德］拉坚著，玉瑟斋主译. 政治学上卷：国家篇 [J]. 清议报，1900（66）：4226 – 4232.
③ 梁启超. 新民说一：第六节、论国家思想 [J]. 新民丛报，1900，汇编 1（1）：51 –67.

"政府"观念的陈述就很好地阐释了这一关系：

> 立国于世界者，万不可无一国国民之政府。政府者，国家之机关，无政府是无国家之体格也。有政府而国家之机能可以运展，有政府而民族之能力可以发表，有政府而本群之权利可以进拓，有政府而社会之幸福可以强固。政府之效力，固若此其重且大也。虽然，政府之所以为政府有一定之名义焉：
>
> 政府必由全国国民所组织，而以全国国民为政府之实体；
>
> 政府必为全国国民之机关，而以全国公共事务为政府之执掌；
>
> 政府必以全国国民为范围，而专谋全社会幸福为目的。
>
> 具此三义，始得合政府之性质。故一国家一民族所有之政府，实行此三义者，其国家必强，其民族必荣。①

国家、政府、国民、公共事务、社会幸福等概念表述在当时来说还都是新事物，并且这种认识还局限于少数知识分子阶层，但通过学校教育、大众传媒等途径的渗透和影响，对国人来说无疑是巨大的启蒙。

（二）国家观念的确立对公民思想的影响

国家观念的确立，不仅是对与国家相关的各种关系及其相互间的关联与差异的知识层面认识，更重要的是让广大国民能够接受并在行动上贯穿这一观念，将个人当作一国之民看待，并将国家作为与个人利益休戚相关的一个"群"来看待。这就意味着，国家观念的确立和真正意义上的"国家"的构建，都有赖于组成这个群的个人在观念上和行动上获得教育及启蒙。国家是由个体组成的，国家的建构需要有具备国家观念的国民，因此，国民的教育问题自然成了与国家建构同等重要的问题。这也就是梁启超竭力要"缔造新国民"的原因。

梁启超意识到，中国所面临的民族危机需要政治上的变革来解除，而政治的变革需要受过相应教育的人才能实现，教育的进步反过来又依托于社会政治制度的完善。在此，政治问题和教育问题实际上是纠缠在一起的，现代国家的建构与新国民的缔造是一体两面的问题。而对中国社会来说，现代意义上的"国民"概念与国家概念一样是陌生的，没有国家何来国民？正如梁启超在论述"国民与国家之异"时所言：

---

① 汉驹. 政法：新政府之建设［J］. 江苏（东京），1903（6）：23-32.

中国人不知有国民也，数千年来通行之语，只有以国家二字并称者，未闻有以国民二字并称者。国家者何？国民者何？国家者，以国为一家私产之称也。古者国之起原，必自家族，一族之长者若其勇者，统率其族以与他族相角，久之而化家为国。其权无限，奴畜群族，鞭笞叱咤，一家失势，他家代之。以暴易暴，无有已时，是之谓国家。国民者，以国为人民公产之称也，国者积民而成，舍民之外，则无有国。以一国之民，治一国之事，定一国之法，谋一国之利，捍一国之患，其民不可得而侮，其国不可得而亡，是之谓国民。①

数千年来所谓的国家也仅仅是"一家私产之称"，并不是现代意义上的民族国家，在这种国家中，国民是不可能存在的。真正的国民是具备国家观念并对政治制度有认同的人，只能诞生在"以国为人民公产"的地方，这样的国家不是一国之主的私有财产，而是"积民而成"的政治联盟，国家的政治法律、利益得失都与个人休戚相关，个人利益和国家利益紧密相连。"人人自知仅恃一身之不可，而别求彼我相团结相辅助相捍救相利益之道也。而欲使其团结永不散，辅助永不亏，捍救永不误，利益永不穷，则必人人焉知吾一身之上，更有大而要者存。每发一虑，出一言，治一事，必常注意于其所谓一身以上者。"② 梁启超通过对个人利益和群体利益的论述，将个人与群体、国民与国家自然地结合了起来，这既是国民产生的条件，也是国家诞生的条件。只有当个人自觉关注群体的利益，而由群体构成的国家同时保护个人利益的时候，个人才成为国民。

在这个国民概念中，不仅仅包含着义务思想，更重要的是包含了权利思想，这是国民区别于传统的臣民概念的关键所在。愿意成为一国之民，并治一国之事，这是个人对自身身份的认同，也是对国家的认同。陈赟就此指出，只有在国家成为人民公共确证的空间时，真正的"国民"观念才会产生。在获得了这种确证后，国民的存在与国家的存在相辅相成，国民视自己为国家的一个构成部分，国家不是异于自己的存在。国民通过国家而结成一体，"如果没有国家这个中介，国民团结而建构的团体就难以实现；同样，如果没有这样的团体，那么，所谓的国家就还不是现代意义上的民族国家"。③ 由此可见，民族国家的建立依托于由国民团结而成的共同体，一个有

---

① 梁启超. 论近世国民竞争之大势及中国之前途 [J]. 清议报论说，1901（1）：72 – 78.

② 梁启超. 新民说四 [J]. 新民丛报，1902（4）：24 – 35.

③ 陈赟. 困境中的中国现代性意识 [M]. 上海：华东师范大学出版社，2004：161 – 162.

着共同归属和目的的民族共同体，只有在这样一个共同体中，民族国家的存在才具有现实意义。现代意义上的国家与国民的关联如此紧密，它们各自的存在都以对方为基础，无国则无民，无民亦无国。

构建国家的政治问题与缔造国民的教育问题在梁启超看来同等重要，建立一个新的政治共同体需要培养"新民"，而新民也只能在这种新型的政治共同体中才能存在。国家的建构和新民的培育，事实上就是需要在社会政治和人格两个层面进行改变，"就社会政治的层次而言，必须建立民主制度使社会的每个成员享受参与公共生活的机会，同时也要承担义务"；"就人格的层次而言，必须向人民心灵灌输公共精神和公共义务的思想、人权和自由的观念以及自尊和互助的思想"。① 这是梁启超所设想的有关政治改革和教育改革的核心，其中所涉及的民主制度、公共生活、公共精神、公共义务、权利和自由等观念，既是国家制度改革的目标，也是个人通过教育所要达到的目标。换句话说，这正是现代公民教育思想的基本精神，梁启超所要培养的新民就是具备国家意识和公共精神的公民。

梁启超对国民与国家、个体与群体、权利与义务等问题的论述，将国民的教育问题上升到了一个新的高度。新民必须具备两个基本条件，一是国家意识，二是公德，这两个方面也是梁启超在他的著述中讨论最多的问题。国家意识的培养和公德的养成都需要通过公民教育来实现，这是与以往截然不同的教育形式，改变了延续千年的培养君子的教育模式，为近代化公民教育指引了方向，开启了近代教育的开端。

二、公共领域的诞生：公民观念的文化基础

就近代中国而言，延续两千多年的儒家思想为中国社会奠定了深厚的文化基础，仁义礼智信的人伦道德亦深入到了国人的思想意识之中。而清末民初短短几十年的巨变，竟以摧枯拉朽之势将几千年的文化传统拉下神坛，与传统的断裂将人们带入了一种前所未有的文化焦虑和文化危机之中。"中国近二十年来之变动，多类似西欧。论其时，不过二十年；论其地，则南自滇粤，北至满蒙，无不受其影响；论其思想，则哲学、科学、文学、美术、宗教、法学、政治，无不受根本上之动摇；全国思潮，受完全之变迁，势将脱

---

① ［美］林毓生.中国意识的危机——"五四"时期激烈的反传统主义［M］.穆善培译.贵阳：贵州人民出版社，1988：60—61.

离遗传习俗之羁绊。余敢曰：此二十年内，旧主义奄奄待毙，近世精神已蒸蒸日上，非数辈顽固学者所得而摧折矣。"① 蒋梦麟对"旧主义"和"近世精神"的描述，正反映了中国几千年的文化传统与全球性现代化思想的激烈碰撞。

在新旧文化的碰撞与冲击下，社会结构、价值观念乃至人们的日常生活都发生了微妙的变化。这些变化发生的一个重要原因，就是公共意识的兴起和公共空间的增长。这种公共性在为传统文化注入现代精神的同时，也成为传统与现代最为明显的分野，在社会文化和价值观念层面为国人开启了一种源于西方社会的公共生活模式。虽然这种公共生活在中国的发展仅仅是一种雏形，但也为近代公民教育的萌芽奠定了重要的文化基础。

（一）文化领域的公共性孕育

从某种意义上讲，文化领域的近代化转型，其实质就是从传统文化到现代文化的转变过程。金耀基曾指出，从传统到现代，是 20 世纪一桩"最伟大与庄严、最迷惘与挑战"的全球文化与社会的变动，这一全球性的变动意味着"人类世界中所有传统社会都在逐渐地消逝"。包括中国在内的许多后发展国家，"无不或多或少地、或快或慢地，或是自动地、或是被强迫地从传统的藩篱中走了出来，尽管人们对传统还有深挚与强烈的依恋，但没有一个民族或国家能完全抗拒'现代化'的诱惑。在古老的社会的人们心坎里，已激起一种'满怀希望的革命'，这一种心理上的革命使人们对'现代'产生一种崇拜与儒慕，它不知不觉地改变了整个人类社会基本的文化取向及价值系统"。② 中国无疑是在强迫下发生这一转变的，但既然是全球性的变动，对中国而言，也就是一场无法回避的革命，不论是以怎样的方式开始。

与民族危亡带给国人的政治危机感不同，文化上的转型虽然也让国人感觉到了深深的焦虑与不安，但对新式文化和新鲜事物的关注掩盖了这种焦虑。尤其当人们认识到外来文化代表着一种先进思想和意识的时候，便自然地萌发出了解与学习这些新思想新事物的意愿。这种潮流自 19 世纪 60 年代就开始了，通过官方发起的学习西方以图自强的"洋务运动"，掀起了一股自上而下的崇尚西学热潮。从物质、技艺层面，到政治制度、思想文化层面，都为国人竞相学习和效仿提供了充分的空间。正如金耀基所言，"现代

---

① 蒋梦麟.过渡时代之思想与教育［M］.北京：知识产权出版社，2016：13.
② 金耀基.从传统到现代［M］.北京：法律出版社，2017：87.

化"是一种诱惑，使得后发国家和民族产生了心理上的"崇拜与孺慕"。以至于即使是被迫地接受的改变，最终依然能在文化层面、心理意识和日常行为上发生潜移默化的改变。在这种情况下，就连政治体制都在谋求改变，何况文化领域。在这种相对自由和多元化的背景之下，公共意识开始萌芽，公共空间逐步生长，传统中国社会所不具有的"公共性"开始孕育。

有关近代中国公共性的探讨，已有相当一部分的研究成果。进入20世纪90年代以来，伴随着哈贝马斯《公共领域的结构转型》一书在中国的问世，诸多学者运用公共领域的理论分析框架，从不同角度考察了晚清民国时期公共领域的发轫、市民社会的萌芽，以及社会与国家之间的关系等问题。1996年，王笛发表《晚清长江上游地区公共领域的发展》一文，拉开了对近代中国公共领域讨论的序幕。王笛认为，早期的公共领域在清初就开始孕育了，主要通过一些由地方士绅所控制的社仓、义田、善堂、祠庙、会馆等公产和慈善机构来体现。20世纪初的公共领域在这些传统组织（如商会和公立学堂）演变发展的基础上出现了不少新领域，如农会、教育会、公社、报刊、社会文化组织、女学会等，这些新兴领域是在西学影响之下迅速出现的社会组织。

他由此认为，"20世纪初长江上游地区的公共领域已成为一个相对独立的、有相当权力和影响的重要社会组成"。[1] 这是因为，新的公共领域的出现不仅仅是在种类上得到了扩展，更重要的是功能发生了重要变化。"20世纪之前，公共领域主要局限在救济和慈善事务；但20世纪初，公共领域已扩展到社会经济管理、社会教育和社会文化等方面。不仅公共机构和社会财富逐渐扩张，而且人们的政治、社会观念也发生变化，并形成了'公论'。"[2] 王笛的研究旗帜鲜明地提出了公共领域在近代中国的发展概况及其价值，此后，他先后在《街头文化：成都公共空间、下层民众与地方政治，1870—1930》和《茶馆：成都的公共生活和微观世界，1900—1950》中阐述了清末以来公共空间的增长，以及在这些公共空间中普通民众的日常生活如何与公共生活相关联，从而实现政治参与。

在近代中国公共领域的形成过程中，以报刊为核心的传媒无疑起到了巨大的推动作用。刘增合着重以晚清时期的组织传播媒介和大众传媒为考察视角，分析了近代公共领域的发展过程。组织传播媒介主要是指"学堂生群体

① 王笛. 晚清长江上游地区公共领域的发展［J］. 历史研究，1996（1）：5-16.
② 王笛. 晚清长江上游地区公共领域的发展［J］. 历史研究，1996（1）：5-16.

和功能性社团等信息传导的中介组织"，刘增合认为这是一种辅助性媒介，"从清季末年公共领域的生成机制上看，它们又基本上相当于哈贝马斯关注的'咖啡馆、沙龙、党派'等舆论媒介，作为公共舆论的最基本单位，它们实际上是一个个趋新性的舆论圈，由其内部向外围世界传承域内信息，增强界内人士对社会的渗透和影响力度，由此形成晚清公共领域重要的内驱力因素"。① 除这种组织传媒外，大众传播媒介及其从业人员在公共领域的形成中发挥了巨大作用。大众媒介所宣扬与烘托出的公共舆论促进了近代文化和思想的张扬，"近代文化孕育中的公共价值评判系统成为维系晚清市民社会走向的重要精神支柱，公共空间也藉此日渐强固和扩大"。② 与对商界和商会的重视不同，媒介系统对公共领域发育所起到的推动作用几乎是所有研究公共领域问题的学者不可回避的要素。

这一时期的报刊作为公共舆论的喉舌，承担着教化民众、启蒙思想的重任。在一方面要传播启蒙思想，一方面又要应对官府的权力压制的情形下，报刊在夹缝中开辟出了一方空间，促进了公共舆论的形成。潘光哲以闻名一时的《时务报》作为个案，分析了晚清公共空间的形成，他指出："以《时务报》为重要的起点，晚清以降中国'公共空间'的打造，公共论域之形成，和转成中国国族的'想像共同体'之过程，实密不可分。《时务报》和它的读者之间的互动故事，正是这段历程里具体鲜明的个案之一。"③ 通过他的分析我们可以看到，在新思想的传播过程中，报刊将作者和读者有力地联结了起来，在一定程度上组成了一个各抒己见、自由言说的公共空间。

作为一种分析观念，公共领域对中国而言是一个全新的概念，但作为一种事实，或许并非如此。从王笛的考察中就可以发现，类似于公共领域特征的社会组织在清初就开始孕育了。许纪霖通过对思想史的考察认为，中国公共领域的发端不仅受西方思想的影响，而且有着本土的历史资源，最早可以追溯到明末的思想家那里。通过分析黄宗羲的"学校"改革思想，他指出，"黄宗羲的确是在中国历史上提出公共领域思想的第一人"，对清末维新派建立公共领域产生了直接的影响。许纪霖认为，近代中国的公共领域"主要是由学校、报纸和学会组成"，辅之以集会、通电，"通过这些空间结构，近代中国的新型士大夫和知识分子以救国为主旨，聚集起来，实现新型的社会交

---

① 刘增合. 近代组织传媒与晚清公共舆论的扩张——以学堂生群体和功能性社团为中心 [J]. 新闻与传播研究，1999（1）：81 – 88.
② 刘增合. 媒介形态与晚清公共领域研究的拓展 [J]. 近代史研究，2000（2）：237 – 265.
③ 潘光哲. 《时务报》和它的读者 [J]. 历史研究，2005（5）：60 – 83.

往关系，并形成批判性的公众舆论"。① 因此，公共领域的存在不仅表现在拥有相对独立的空间结构及其组织，更重要的是，在这个相对自主的空间中，能产生可与政治权力相抗衡的思想力量，并以此影响公众。

许纪霖对比了中国公共领域与哈贝马斯所分析的西方公共领域，认为近代中国确实存在过哈贝马斯意义上的公共领域，但它有着自身的独特性。例如，中国公共领域从一开始产生就是"与民族国家的建构、社会变革这些政治主题相关"，直接以政治内容作为建构的起点，而与市民社会无涉。② 的确，从体现公共舆论重要载体的报刊中可以看到，有关民族国家和社会变革的思想宣传占到了绝大部分，如由梁启超创办的闻名当时的《时务报》《清议报》和《新民丛报》，都以刊登中西方政治理论和变法思想为主。由此也可看出，即使中国公共领域的发育有着自身的渊源，但其真正的发展壮大还是在近代化的洪流中伴随民族国家的构建快速崛起的，本土的文化传统一经与西方先进思想的碰撞和融合，便孕育出了近代中国的公共领域。

与许纪霖一样，方平也特别强调中国公共领域建构中本土文化资源的重要意义。方平在《晚清上海的公共领域（1895—1911）》一书中系统阐述了近代上海公共领域的发展过程，从公共传媒、新知识群体、公共舆论、新式社团、自律性交往场所及市民阶级的兴起等角度深入分析了清末上海公共领域的结构与功能，以及社会与国家的关系。他指出："作为处于国家政治权力架构边缘或之外的社会构造，公共领域在体制建构和功能发展的过程中，充分调动和利用各种可资利用的社会资源，包括地域文化传统、地缘纽带、乡土意识、社会交往关系网络、租界的制度环境、官方政策、新型知识资源与文化观念等。其中，既有中国本土的传统，也有西方因素。"③ 他认为，虽然上海公共领域的诞生主要借助的是西方思想的影响，而非中国固有的知识经验，但中国的文化传统在公共领域的最初建构中起到了重要作用，而不仅仅是照搬西方经验。事实上，如果在本土文化中丝毫不存在相应的文化传统，外来思想的渗透与影响就很难建构出一个全新的领域。

近代中国公共领域和公共性的问题，不仅受到国内学者的广泛关注，不少海外学者都加入了讨论此问题的行列中。关注的重点在于，"'公共领域'

---

① 许纪霖. 近代中国的公共领域：形态、功能与自我理解——以上海为例 [J]. 史林, 2003 (2): 77 - 124.

② 许纪霖. 近代中国的公共领域：形态、功能与自我理解——以上海为例 [J]. 史林, 2003 (2): 77 - 124.

③ 方平. 晚清上海的公共领域（1895—1911）[M]. 上海：上海人民出版社, 2007: 406.

或'市民社会'（civil society）之类的概念是否适用于清代或民国时期"。①关于这个问题，最早的关注者当属马克斯·韦伯。韦伯通过分析中国的城市构成和运行机制，认为中国的城市组织与西方截然不同，中国的城市组织"没有城市的政治特点"，"它不是所谓的古希腊'城邦'，没有中世纪那样的'城市法'。因为它不是拥有固有的政治特权的'共同体'，没有西方古代那种所谓住在城里的自我武装的军人等级意义上的市民阶层"②，等等。这些构成西方城市的各种组织，在中国城市中都是缺失的。而同时，由于中国社会伦理自身的特点，中国的人际关系偏向于对宗族的倚赖，缺少"有组织的自治"，政治和经济的组织形式"明显缺乏理性的客观化和绝对的人际目的联合性，一开始就没有独立的团体"，"一切共同体行动在中国一直是被纯粹个人的关系，特别是亲戚关系包围着，并以他们为前提"。③ 在这样的关系中，独立团体、市民阶层、自治性的共同体和其他类型的政治经济组织等，在韦伯看来都不可能存在，遑论公共领域。

韦伯的经典分析深刻影响了后人对中国市民社会和资本主义问题的看法，也有一些其他研究中国历史的西方学者持同样的否定态度，如孔飞力、魏斐德、黄宗智等，他们普遍认为近代中国的社会状况缺乏公共领域发生的足够条件。④ 即便如此，也未能阻止更多学者对近代中国市民社会和公共领域的探寻。美国学者罗威廉就旗帜鲜明地对韦伯的观点提出了反对，他先后出版两部著作研究这一问题。在《汉口：一个中国城市的商业与社会（1796—1889）》与《汉口：一个中国城市的冲突与社区（1796—1895）》中，他系统分析了汉口这个在近代有着重要地位的城市，它的各种社会力量、市民团体、城市社会组织等社会团体在日常生活、商业活动和社会冲突中，是如何参与公共生活并促使公共领域发育形成的。他明确指出，这一时期汉口的公共生活非常活跃，中央政府的控制相对较弱，"有组织的市民团体活动得到持续的发展，大范围的慈善机构，以及为应对那些前所未有的、现代早期城市又必须面对的具体城市生活问题而组织起来的公共服务机构，

---

① ［美］罗威廉. 汉口：一个中国城市的冲突与社区（1796—1895）［M］. 鲁西奇，罗杜芳译. 北京：中国人民大学出版社，2008（中译本序）：1.
② ［德］马克斯·韦伯. 世界宗教的经济伦理：儒教与道教［M］. 王容芬译. 北京：中央编译出版社，2018：92.
③ ［德］马克斯·韦伯. 世界宗教的经济伦理：儒教与道教［M］. 王容芬译. 北京：中央编译出版社，2018：308.
④ 有关这些研究者的观点论争，余新忠在《中国的民间力量与公共领域：近年中美关于近世市民社会研究的回顾与思考》（载《学习与探索》1999年第4期）一文中有着详细的梳理与讨论。

也不断孕育生长"。① 罗威廉通过对中国城市的研究，试图证明一个与韦伯截然不同的结论，那就是中国近代的城市并非不存在导致公共领域发生的各种自治团体和公共机构，正是这些重要的社会力量促进了公共空间的诞生。

在罗威廉的研究之前，日本学者小浜正子也系统分析过近代中国城市中的公共性问题。他在《近代上海的公共性与国家》一书中，以"社团"为中心，阐述了近代上海公共性和公领域的形成与发展。这些社团包括慈善团体、救火联合会、商界联合会、工会、市民公社、会馆、公所等，由于成员之间存在共同的认同意识，促成了社团的形成及社团的公共性特征。小浜正子特别强调了各类慈善团体在催生公共性中发挥的作用，他指出，慈善团体出于对地域内弱势群体的救济的目的，"这已经超越了目的仅在于宗族间对抗的宗族组织，以及以伙伴间相互扶助为目的、包含于由社会的部分阶层、人士构成的如会馆、公所等社团的封闭的共同性中，而这类社团为此有可能与外部发生对抗。这种地域社会整体的共同性，已经成为包含全体性、普遍性、公开性等价值观的'公共性'了"。② 这一观点也与韦伯的分析大不相同，韦伯认为宗族对中国人际关系的影响使得不可能从中发展出任何具有公共性质的事物，而小浜正子恰恰认为慈善团体等公共机构的特征早已超越了宗族。

无论是罗威廉还是小浜正子，或是其他研究中国近代社会公共领域的中西方学者，他们都基于一个共同的分析前提，就是在一定程度上脱离了政府权力控制的社会力量和自治团体的存在，这是使公共空间能够出现和存在的基本条件。正如罗威廉所指出的那样，随着自治团体势力的逐渐强大，"这些团体越来越多地试图将他们的利益与更为广泛的城市群体利益一致起来，并探索各种各样的途径，通过非官方的协调，达到公共性的目标"。③ 因此，在近代中国，一些商业化程度比较高的城市事实上的确具备了韦伯所说的现代城市特点，因而也具备了公共空间生长的初步条件。加之各种社会力量的兴起，以及大众媒介的广泛出现，使得公开空间得以诞生。即使韦伯本人不认为这符合他严格的城市理想类型，但根据他对现代城市及其市民社会要素的分析，以及哈贝马斯的公共领域理论，近代中国社会都表现出了一定程度的公共性。这种公共性的产生即使还只是一个雏形，也为近代中国公民教育

---

① ［美］罗威廉. 汉口：一个中国城市的冲突与社区（1796—1895）［M］. 鲁西奇，罗杜芳译. 北京：中国人民大学出版社，2008：7.
② ［日］小浜正子. 近代上海的公共性与国家［M］. 葛涛译. 上海：上海古籍出版社，2003：6.
③ ［美］罗威廉. 汉口：一个中国城市的商业与社会（1796—1889）［M］. 江溶，鲁西奇译. 北京：中国人民大学出版社，2005：14.

的开展奠定了重要的社会文化基础。

（二）公共性的孕育与公民意识的萌芽

近代中国公共领域的产生和公共性的孕育过程，同时也是传统社会及其文化在西方思想的冲击和影响下，努力进行自我启蒙与建构的过程。这是一个艰难而缓慢的过程，同时也是一个异常重要的历史时刻。因为在这个过程中，被启蒙的不仅仅是对社会发展所持的一种现代观念和进步观念，更是关于人的观念——个体对自我的发现与重构。公共性的孕育，一方面以自由空间的存在为前提，另一方面也赋予了人们更多言说的自由和空间。这意味着人们逐渐获得了作为国民的一种权利——他们可以谈论、评判甚至参与社会的某些公共事务，在其中发表见解，付诸行动。因此，伴随公共领域发育的过程，个体的公民意识也必然随之萌芽并增长。

事实上，从"公共"一词的内涵上来讲，公共领域的产生与公民意识的萌芽应当是一体两面的事情。仅就"公"而言，在中国古代就已经出现并频繁使用了，但现代意义上的"公共"概念依然是近代的产物。陈弱水曾对中国历史上的"公"观念做了概念上的划分，他将传统中国的"公"观念区分为五大类型，并对每一种类型做出了详细界定。具体来说，这五种类型如下所述：（1）朝廷、政府或政府事务；（2）普遍的人间福祉或普遍平等的心态；（3）代表天理、道、义，涵括儒家鼓励的一切德行，但不一定意指整体的福祉或利益；（4）解除公私对立，承认"私"的正当性，理想的"公"就是全部"私"得到合理实现的境界；（5）共同、众人，指涉政治、宗族、社会生活等场域的集体事务与行动。在这五种类型中，只有第五种"公"观念涉及了社会生活，后者是不同于政府的独立领域，出现较晚。① 由此可见，虽然在中国历史上一直不缺乏"公"的观念，但真正意义上与社会生活相关的公共性的出现，却是近代以来有了适当的条件之后的产物。在没有公共生活的地方，个人也不可能萌发公民意识。

陈弱水对"公"观念的分类做进一步说明，公共性出现的场域只能是不同于政府的社会生活领域，在这个领域中，既摆脱了代表天下正道和最高政治权威的"公论"，同时又超越了局限于家族内部事务的共同利益，介于这两者之间的"社会"含义开始凸显。一方面，政府权力或政治权威在一定程

① 陈弱水.中国历史上"公"的观念及其现代变形——一个类型的与整体的考察［A］.许纪霖主编.公共性与公民观［C］.南京：江苏人民出版社：2006：26.

度上的缺席给予了普通大众发表意见的权利，尤其是一些士绅阶层和知识分子，他们获得了更多表达自己意见的机会。另一方面，行业公会、慈善机构等公共团体的出现加速了传统社会的公共建制，让民众意识到除了家庭、家族利益和政府利益之外，还有一个领域的公共利益是需要维护的，这个领域就是关乎个人利益的公共领域。

当个人开始思考公共利益的时候，他不再是仅仅代表自己，而是成了公共的一分子，他们关于公共事务的意见也因此而变得更有价值。因为正是这种看似无足轻重的对社会公共事务的参与，使他们学会从只关注自身到关注一个团体，激发了他们的公民意识和公民精神。这意味着个体对自我的发现与重新定义，是个人身份转变的开始。密尔曾就此问题做过精彩的论述，他指出：

> 由公民参与社会任务，纵然只是偶然的参与，也会对其道德教育大有帮助。因为在从事这类社会任务时，他要衡量的不是他自己的利益；在遇到几种对立的主张时，他要根据个人偏好以外的准则去做决定；在每一场合都要运用那些依据共同利益为基础的准则……他会从心理感受到他是社会的一分子，凡有益大家的事就对自己有益。在缺乏公共精神教育的地方，个人所处的社会地位既然无足轻重，他们除服从法律和听命政府外，也极少感到对社会负有什么责任。他们朝夕所想，无非是对个人或家庭的利益和责任，这种人从不会想到集体的利益，及和他人一起共同追求某些目标。他们所想到的只是和他人竞争，甚至多少以他人的牺牲为代价。由于彼此从未为共同的利益携手合作，因此邻人既非其同盟者，亦非其伙伴，而只是一个竞争的对手。①

因此可以说，公民意识的萌芽就来自于个体对公共事务的关注。清末以来社会公共生活发展的过程，同时也是公民意识增长的过程。在民众意识到自己是国家的一分子，即是一个国民而不是臣民的那一刻，他们就开始逐渐获得了关心国家大事的公民意识。与此同时，公共性的形成过程进一步让人们体验到，公民意识的存在就体现在他们对社会生活的参与中。这其中，报刊和社团的出现对人们参与公共生活、培育公民意识起到了至关重要的作用。尤其自民国初年以后，报刊、社会团体等体现公共性的机构大量涌现，

---

① Mill, John Stuart. *Collected Works*, 33 Vols., J. M. Robson ed., Toronto: University of Toronto Press, 1963: 411 - 412. 转引自张福建. 参与和公民精神的养成——密尔《代议政府论》的一种解读 [A]. 许纪霖主编. 公共性与公民观 [C]. 南京：江苏人民出版社，2006: 253 - 254.

使得言论和出版自由空前高涨，人们开始体会到了社会参与的意义，公民意识由此萌生。例如，江苏省教育会在清末民初以来所从事的各种活动，大大促进了公共性的萌生。"江苏省教育会通过参加各种教育的、社会的、政治的活动，建立了与各方的关系网络，并在此过程中改造了民众的知识体系和价值观念。这种独立于国家政权控制之外的社会权威模式，在清末民初的政治变迁中一定程度上有利于局部地区区域性的发展和稳定。"① 在当时，还有许许多多和江苏省教育会相类似的社会团体，都起到了相同的作用。

诸多研究表明，清末民初以来的中国社会在新闻出版界、报界、党派社团活动等方面均体现了浓厚的公共意识，揭示了当时公民社会特征的初步显露。学者陈永森指出："民国初年，我们确实已经走进了公民政治参与的时代，尽管这种参与范围是有限的，参与行为是不成熟的。"② 事实上，不止公民参政，在其他方面的参与程度和范围也是有限的，但这种有限性和不成熟性并不妨碍公民意识的觉醒。因为公民意识的获得是一种个人对自我身份的本质认识，不会因为参与的程度高低而受到限制。公民意识一旦萌芽，就不会因为参与不够而被浇灭。这一时期言论自由的开放、平等观念的扩散、社团参与及妇女争取公民资格等事件的积累，为民众提供了一个重新认识自我与社会的新视角，让人们既看到了思想文化的多元性，也认识到了个人身份的多重性。

总之，伴随着清末民初以来现代文化的影响与渗透，社会生活日益丰富与多样，文化领域的公共性得到了明显增长，并大大激发了公民意识的觉醒。政治上的启蒙和文化上的启蒙在不经意间相互补充，为公民教育的兴起提供了重要的政治和文化基础。在民初的修身科教科书中，对社会道德和公共生活的关注已经大量渗透其中，开始以学校课程的形式培养个体的公共意识和公共精神。

三、西方教育理念：公民观念的理论基础

近代中国社会在政治和文化方面的种种变迁，为公民观念的萌芽创造了重要的社会条件，与此同时，西方公民教育思想的引入大大推动了公民教育在中国的推行。西方公民教育的思想最早可以追溯到古希腊和古罗马时代，

---

① 谷秀青.清末民初江苏省教育会研究［M］.桂林：广西师范大学出版社，2009：288.
② 陈永森.告别臣民的尝试——清末民初的公民意识与公民行为［M］.北京：中国人民大学出版社，2004：254.

如斯巴达的教育以为国家造就英勇善战的军人为目的，雅典教育则重在培养身心和谐、能履行公民职责的人。在柏拉图、亚里士多德等人的教育思想中，也明确包含了公民教育的理念。柏拉图在《理想国》中就表明，教育的目的是造就理想国家的公民，公民应当是各司其职、和谐发展的个体。亚里士多德主张，人生来就是政治的动物，要过公共的政治生活。在古典公民教育思想的影响下，西方近现代公民教育虽然历经变革，但依然保留着古典公民思想的基本含义。清末民初，西方公民教育思想开始传入我国，其中影响较大的要数凯兴斯泰纳和杜威的公民教育思想，当时大批教育家、思想家对二者的教育思想做了深入引介，对近代中国公民教育的发展起到了重要的推动作用。

（一）凯兴斯泰纳的国家主义公民教育思想

凯兴斯泰纳是 19 世纪社会本位思想和公民教育的主要倡导者之一，他提出，公民教育的目标就是培养对国家有用、服务于国家的公民。中国近代思想家在引介凯兴斯泰纳的公民教育思想时，也是重在阐述其国家本位的基本立场，"所谓公民必需之道德，必也为公利以抑制私利，为全体以牺牲个人，方为公民最重要之道德"。而这种"以国家主义发挥公民教育之精神"的不只是凯氏所在的德国，其他各国莫不如此。[1] 由于站在社会本位论的基本立场上，凯兴斯泰纳的公民教育思想更多地强调公民对社会的责任与义务，这使得其公民观念依旧带着浓重的国民性。但对近代中国的教育改革者来说，这种立足于社会本位的公民观念更易于被接受和推广。

19 世纪以来，随着工业革命的不断推进，一方面，欧美资本主义国家政治上和经济上的冲突加剧，导致了国家之间的对立日益尖锐化；另一方面，共同的处境和需要又使得他们在教育上表现出了空前的一致性，即国家加强了对教育的重视和干预，公共教育体系在各国普遍建立起来，培养适合现代社会需要的公民成为他们共同的愿景。现代西方公民教育正是在这样的背景下得以大力发展的，反过来讲，公民教育同时也是民族国家和近代资本主义发展的双重需要。在这样的社会背景下，凯兴斯泰纳于 1901 年发表了《德国青年的公民教育》，提出了他的基本教育主张，之后又在多部论著中提出公民教育和劳作学校思想。

凯氏基于社会本位的基本立场，提出了他的国家主义公民教育主张，认

---

① 天民. 公民教育问题 [J]. 教育杂志，1914，5（10）：115－122.

为教育的目的是培养有国家意识的"有用的公民",劳作学校则是实施公民教育的组织形式。他指出,公民应该满足三方面的条件:一是有能力且愿意从事国家的任何职业活动;二是养成将职业视为职责的习惯;三是开发个体的兴趣和能力。[①]而这三方面的要求都应当考虑国家利益,直接或间接地促进国家目标的实现,这是凯兴斯泰纳所强调的在公民教育中强调国家意识的直接体现。从社会本位的立场阐述教育,在公民教育中渗透国家意识,通过劳作教育培养公民,这些主张对新兴的民族国家来讲无疑都是急需的教育思想,这也使得凯兴斯泰纳成为20世纪公民教育最有力的提倡者之一。

20世纪初的中国,正处在积极向西方学习的阶段,凯兴斯泰纳的公民观成为教育界重要的思想潮流被大量引介,在当时的中国掀起了一股潮流。自1913年起,围绕凯兴斯泰纳劳作教育和公民教育的文章大量面世。《教育杂志》发表了多篇介绍凯氏的文章,几乎成为这一时期《教育杂志》的主题。学者周谷平等通过对《教育杂志》发文内容的分析,认为该杂志对西方教育思潮的译介主要分为三个阶段:第一阶段是20世纪20年代前对勤作主义教育思潮的导入;第二阶段是20世纪20年代初对儿童本位观的推崇;第三阶段是20世纪20年代末到30年代初对欧洲社会教育思潮的宣扬。[②]其中,第一阶段的译介主要是凯兴斯泰纳的劳作教育思想。除《教育杂志》之外,其他一些期刊也登载了有关凯氏教育思想的介绍,主要围绕劳作教育和公民教育问题展开。凯兴斯泰纳相关教育思想在中国的传播情况见表1-1。

表1-1　凯兴斯泰纳相关教育思想在中国的传播情况简表

署名	篇名	刊名	刊号
旭轮	勤劳学校之历史	教育研究（上海1913）	1913（2）
志厚	凯善西台奈之教育说	教育杂志	1914,5卷10、11、12
天民	公民教育问题	教育杂志	1914,5卷10
天民	勤劳教育论	教育杂志	1915,7卷1、4、6、9、10、11
天民	勤劳主义之教授法	教育杂志	1915,7卷4
庄俞	提倡勤劳主义	教育杂志	1915,7卷1
庄俞	勤劳主义与训育	教育杂志	1915,7卷9

① ［德］凯兴斯泰纳.凯兴斯泰纳教育论著选［M］.郑惠卿选译.北京:人民教育出版社,2004:15-16.
② 周谷平,朱有刚.《教育杂志》与近代西方教育的传播［J］.教育评论,2002（3）:57-60.

续表

署名	篇名	刊名	刊号
姚鹓雏	训练儿童与勤劳	松江县教育会研究杂志	1915（3）
式公	勤劳学校之历史	中华妇女界	1915，1卷8
稼畦	我国应行之勤劳教育	中华教育界	1915，4卷11
天民	公民教育论	教育杂志	1916，8卷5、6
天民	调查：德国之公民教育	教育杂志	1916，8卷7、8
天民	勤劳学校之实际施设	教育杂志	1916，8卷1、2
台僧	勤劳学校之意义	中华教育界	1916，5卷8
严琳	女校勤劳教育之实施方法	妇女杂志（上海）	1917，3卷4
余箴	勤作教育之一解	教育杂志	1918，10卷4
朱元善	勤作教育再提倡	教育杂志	1918，10卷1
蒋梦麟	配司泰洛齐生辰凯善西泰奈工业教育之演说	教育与职业	1918（3）
余家菊	勤劳浅说	青年进步	1919（21）
余箴	未来之学校（凯善西台奈新）	教育杂志	1920，12卷2
坚白	论勤作教育	小学教育界	1921（3/4）

（注：本表由笔者根据"晚清民国期刊全文数据库"信息整理而成）

1913年，旭轮发表《勤劳学校之历史》一文，率先介绍这一"德国教育界之流行问题"，阐述了西方劳作教育发展的历史。他指出，勤劳教育并非德国所独有，在其他国家已有其发展历史。尤其是将教育与生产劳动相结合的观点，即将生活教育与学校教育相结合，使学校成为"勤劳团体之学校"，便来自于裴斯泰洛齐的"以生活为自然教育之本旨"的思想。[①] 虽然旭轮重点介绍勤劳教育的发展历史，但其研究缘起依然是在德国流行的勤劳教育，这表明勤劳教育在当时的德国不仅仅是一种教育理念，而已经成为一种教育实践了，事实上也是如此。

1919年，德国新宪法将公民教育和劳作教育作为初等学校的必修科目，1920年召开的德国教育大会强调新学校必须是劳作学校，并制定了具体实施办法。[②] 劳作教育的思想从德国席卷到了欧洲多个国家，不仅仅是对劳作教

---

① 旭轮. 勤劳学校之历史［J］. 教育研究（上海1913），1913（2）：9－14.
② 吴式颖. 外国教育史教程［M］. 北京：人民教育出版社，1999：481.

育本身的推崇，更是将劳作教育作为培养现代公民的认同。受凯兴斯泰纳思想的影响，民国时期的学者们在引介其观点时都强调，勤劳教育是现代教育的趋势，因而也是救国图强的良药，是公民教育的核心。如天民指出，"如此以勤劳为基础之教育，其所以养成自助自信之精神，而使渐达于文明开化之域"，同时，"生徒他日出为国家公民所必需之资格，悉由此而培养之。不仅注重于知识技能，又养成各人之自制心、牺牲心、共同心，更由实行上使服从一般公认之权威，而积渐熏陶，俾成习惯"。① 由此可见，推行劳作教育在本质上也是公民教育的需要，而这也与凯兴斯泰纳的国家观念相一致。

凯兴斯泰纳的公民教育思想建立在他的国家观基础之上，他认为，教育的目的必须基于国家的职能而提出，因此特别强调在教育中培养国家意识。志厚在介绍其思想时指出："凯氏所谓公民教育者，盖由二种思想，衍而出之。其一，教育之事，不可不以国家为本位。……其二，则谓将来之教育不可不于经济方面实业方面生利方面，十分顾虑。"② 这两方面紧密结合，不可偏颇，构成了凯氏公民教育的基本内涵，其中，国家本位的观念是其公民教育思想的基础。天民就此认为，凯兴斯泰纳的国家观、公民观与柏拉图的思想有相同之处，对此他有如下精彩论述：

> 真正公民，以实现国家最高目的之故，必须努力进行，自忘其身。世界之内，种种职业，更仆难数，人人当竭其天赋能力，各自奋勉以图功。或为学者，或为劳动家，或为艺术家，业各不同，而其根本目的，无或差异，此即真公民之本分。故不问其职业种类如何，皆当充分诠发此根本意蕴，此即公民教育之本质。而教育之目的亦在是矣，施此类之教育于共同团体，同时养成国民共同之基本观念，及乐工作耐劳苦之习惯，是为教育事业之中心。据此根本宗旨，于此中心事业，而实施教育，则子弟渐能因公而制私，为群而抑己，因精神与道德之进步，得善于服从之自觉心及其习惯，于是种种理论教授，亦能呈效于无形。③

凯兴斯泰纳的公民教育思想一方面顺从了国家社会的需要，一方面又关注个人兴趣和能力的发展。其思想受费希特国民教育思想的影响，但后者又深受康德和裴斯泰洛齐的影响。费希特的国民教育思想虽然特别强调"爱国主义和民族精神的培养"，但他同时也强调个人良好德行的培养，并以此提

---

① 天民 . 勤劳教育论（续）[J]. 教育杂志，1915，7（10）：109 – 121.
② 志厚 . 凯善西台奈之教育说 [J]. 教育杂志，1914，5（10）：71 – 84.
③ 天民 . 公民教育问题 [J]. 教育杂志，1914，5（10）：115 – 122.

出了全民教育和全面教育的国民教育主张。① 受费希特影响，凯兴斯泰纳在其公民观念中吸收了民主思想，这使得他的国家主义公民观没有发展成狭隘的民族主义，他比较注意将国家的教育目的与个人的教育需要相结合。

在他关于劳作学校的教育设想中，对学生兴趣的重视得到了特别的关注。他指出，如果能够按照儿童的"爱好和天才"让他们选择未来的职业，他们就能及时发展自身的劳动兴趣，理想的组织管理就会在学校里出现。"按照这样一种组织形式建立的学校，在孩子们的生活中，就不应该是一个陌生体，不是脱离家庭圈子里的日常劳动的其他什么孤立的机构，而是一种学生可以从事家务的日常劳动，并使这种劳动更加完美化，同时又能开阔思想的国家教育机构。"② 在这里，以儿童的实践兴趣组织的教育最终和国家的教育目的结合在了一起。当然，凯兴斯泰纳强调这样做的理由终归还是为了培养具有国家意识的公民，"有用的公民"始终是其公民教育的根本目标。

总之，凯兴斯泰纳的公民教育思想在体现国家主义、坚持国家教育目标的基础上，并没有忽略对个人兴趣和能力的关注。他将公民对国家的义务、责任与发展其个人的职业能力和兴趣结合起来，构成了其公民教育的基本框架。经过近代思想家们的大力传播，这一教育观念对民国初期的公民教育产生了较大影响，对国家意识、爱国思想、劳作教育等问题的强调，多多少少渗透进了这一时期的公民教育过程中，对培养具有爱国乐群品格的公民起到了重要作用。

（二）杜威的民主主义公民教育思想

美国实用主义哲学家、教育家杜威，是对近代中国教育产生过巨大影响的思想家。1919 年五四运动前夕，杜威来到中国，在接下来的两年多时间里，他在中国讲学两百多次。在杜威的演讲中，除了少数的哲学、政治和伦理学的主题之外，其余主题几乎都是讨论教育问题。③ 这些思想被广泛翻译和引介，对中国近现代教育改革产生了深远影响。杜威的教育思想之所以能在当时的中国引起如此强烈的反响，主要是基于他的实用主义哲学理念。对处于救亡图存之中，急切想要为中国的社会和政治问题寻找答案的国人来说，实用主义无疑充满了吸引力。章清在谈到实用主义对中国知识界的影响

---

① 吴式颖. 外国教育史教程 [M]. 北京：人民教育出版社，1999：359.
② [德] 凯兴斯泰纳. 凯兴斯泰纳教育论著选 [M]. 郑惠卿选译. 北京：人民教育出版社，2004：24.
③ 黎洁华. 杜威在华活动年表（下）（1919 年 4 月 30 日—1921 年 7 月 11 日）[J]. 华东师范大学学报（教育科学版），1985（3）：93 - 96.

时指出，由于实用主义"既能像理性主义一样仍然保持宗教信仰，又可如经验主义般保持着同事实最频繁的接触。因之，实用主义者嘲笑一切希冀发现绝对真理或企图决定现实最终性质的努力，他们摈弃被认为毫无用处的玄学，教导人们应当追求知识，但不是为了知识本身，而是作为改进世界状态改善现实生活的工具"。① 正是实用主义所体现出来的这种强烈效用原则，使得它在各种思潮和主义争相引入的情况下，还能脱颖而出为大众接受。

在杜威来华讲学之前，他的思想就已经开始被近代学者们引介，及至讲学期间和讲学结束以后，实用主义哲学及其指导下的教育思想便成为学者们广泛讨论的话题频现报端，《新教育》杂志甚至设立"杜威号"介绍杜威思想。杜威以实用主义哲学为基础，构建了他的民主主义教育理论，这一理论为民国时期的公民教育提供了重要的思想基础。杜威从他坚定的民主主义理念中提出了公民教育的主张，强调民主社会的教育应当以公民教育为核心，并且对所有人都是平等的。正是这种坚持为民主社会培养公民的主张，对中国产生了极大影响，陶行知、胡适等人以平民主义教育的视角进行了大力推广。胡适在评价杜威教育哲学时指出："杜威教育哲学的大贡献，只是要把阶级社会遗传下来的教育理论和教育制度一齐改革，要使教育出的人才真能应平民主义社会的社会之用……杜威的新教育理论，千言万语，只是要打破从前的阶级教育，归到平民主义的教育的两大条件。对于实行的教育制度上，杜威的两大主张是：（1）学校自身须是一种社会的生活，须有社会生活所应有的种种条件。（2）学校里的学业须要和学校外的生活连贯一气。"② 教育即生活、学校即社会的主张并非一种自上而下的教育原则，而是民主社会中人本身的生活方式，因而也是平民教育内涵的直接体现。针对近代中国的教育状况，即为数众多的民众都未曾受过任何国民教育，平民主义教育的主张成为培养新民的有力举措。

在杜威看来，民主教育的根本目的就是培养"好公民"，因而在实现民主社会的进程中，他极其重视教育对培养"好公民"的作用。1920年，杜威在题为《公民教育》的在华演讲中指出，要培养出良好的公民，需注意三方面：一是要从学校组织及管理方面做起，"因为学校是一个社会，学生就是社会里的公民，学生在学校里边受公民的训练，那就是公民教育"；二是教师要注意培养学生公共的精神和互助的精神；三是改组现行学科，改用与

---

① 章清. 实用主义哲学与近代中国启蒙运动 [J]. 复旦学报（社会科学版），1988（5）：75 – 84.
② 元青. 杜威的中国之行及其影响 [J]. 近代史研究，2001（2）：130 – 169.

社会有密切关系的学科。① 他关于公民教育的这些主张不只是在思想层面对中国公民教育产生了影响，而且渗透进了公民教育的实际操作中。1922 年，在中国近代教育史上具有重要意义的新学制颁布，新学制依据以下七条标准："（一）适应社会进化之需要；（二）发挥平民教育精神；（三）谋个性之发展；（四）注意国民经济力；（五）注意生活教育；（六）使教育易于普及；（七）多留各地方伸缩余地。"② 这七条标准无不渗透着杜威教育思想的影响，尤其是适应社会需要、平民教育、个性发展、生活教育等四条是对杜威教育思想的直接应用。新学制颁布以后，中小学开始正式设立公民科，上述教育理念就成为公民教育的基本指导思想。

虽然近代中国所面临的情形与美国截然不同，但杜威的民主主义教育理念依然在中国激起了如此强烈的共鸣。其思想的魅力之处在于，在对待个人、社会与国家的关系上坚持了一种融通的立场，通过教育将个人的生活、民主社会的建构和国家的发展有机结合了起来。杜威既反对教育中的极端个人主义，也不赞成将教育作为实现国家利益的手段，他主张通过民主的教育使得公民既具有个性的发展，又可以具备共同体的观念和习惯，即合作、交流、反思、参与改造社会等能力。在华期间，杜威在《平民教育之真谛》的演讲中指出："教育之精神何在，曰在民主，在共和。""共和主义的教育，其宗旨在使人人有被教育之机会，其方法则在尊重个性。"③ 在《教育者的工作》的演讲中，他提出："学校要适应社会的需要，良好的教育者必须要按民主主义造成民主的国家。"④ 在这里，对个性的尊重、社会的需要及民主国家的要求通过教育相联结，这既是他民主主义教育的理想，也是可以在实践中去推行的教育行动。

在民主教育的实施方法上，经验起到了至关重要的作用，对经验的重视成为杜威教育思想的核心。正如陶行知所说，杜威教育思想"拿平民主义做教育目的，实验主义做教学方法"⑤，这是因为杜威认为教育的过程其实也是一种经验过程，教育就是经验的不断改造。经验是教育的基础，也是使教育和社会相联系的纽带，帮助学生处理个人与团体、与社会之间的关系。杜威

---

① 黎洁华.杜威在华活动年表（中）（1919 年 4 月 30 日—1921 年 7 月 11 日）[J].华东师范大学学报（教育科学版），1985（2）：85-94.

② 学校系统改革案（教令第二十三号）[J].教育公报，1922，9（10）：24-27.

③ 黎洁华.杜威在华活动年表（上）（1919 年 4 月 30 日—1921 年 7 月 11 日）[J].华东师范大学学报（教育科学版），1985（1）：91-96.

④ 黎洁华.杜威在华活动年表（中）（1919 年 4 月 30 日—1921 年 7 月 11 日）[J].华东师范大学学报（教育科学版），1985（2）：85-94.

⑤ 元青.杜威的中国之行及其影响[J].近代史研究，2001（2）：130-169.

不仅主张尊重个体的自由和兴趣，也注意到个体与他人、与社会的联系，他们是相互依赖的有机整体，所以学生必须养成团体意识和相互合作的能力。以经验为基础的教育强调"从做中学""从经验中学"，鼓励学生了解并参与社会生活，通过实践养成民主观念和公民意识，最终成长为一名合格公民。

正是由于重视个体对民主社会的参与及改造，以及对这种参与和改造能力的培养，杜威提出了公民训练的观念，这一观念对民国时期的公民教育产生了重要影响。在《民主主义与教育》中，杜威谈及社会效率作为教育目的时提到，"社会效率的取得不是通过消极地限制个人的天赋能力，而是通过积极地利用个人的天赋能力，去做具有社会意义的事情"①，这就是说，要通过发挥个人的天赋和能力，使个人更好地融入民主生活。这是民主社会的需要，它要求通过教育发展学生的能力，并使其选择适合自己能力的职业。杜威进一步指出，这种职业能力和良好的公民训练能力是不应该分开的，后者"可以表示比职业能力更加模糊的若干资格。这些资格包括的范围很广，从使一个人成为比较令人满意的伙伴，到有政治意义的公民训练，例如明智地判断人和各种措施的能力，在制定法律和服从法律时起决定作用的能力"。②这看似是一种抽象的能力，实际上恰恰是杜威想要化抽象为实际的体现：这是一种我们能做某件事情的能力，最需要做的就是涉及我们和别人关系的事情；这种能力包括使自己的经验对别人更有价值，同时能更加有效地参与别人有价值的经验。③由此可见，公民训练能力实际上也就是一种参与能力。

公民训练是一种意义广泛的训练，通过公民训练不是仅仅让个人获得政治意义上的公民身份，更是要获得参与民主社会生活的能力。如杜威所说，"所谓训练就是具有运用自如的能力；能支配现有的资源，以实现所从事的行动"。④这里的训练是一种与兴趣相联系的积极的事情，而非简单的说教和道德灌输，其目的是促进个体创造能力的发展。正因如此，杜威把艺术创作和欣赏、娱乐、有意义地利用闲暇等方面的能力都作为公民训练的重要内容，因为这些方面正是个人自主参与民主生活的范畴。有研究者指出，杜威的公民训练是一个公民个体必须接受的"理智训练"，"这种理智训练的最终目的就是要使每个公民都能够运用个体的理智思维能力和行动能力参与民

---

① ［美］约翰·杜威.民主主义与教育［M］.王承绪译.北京：人民教育出版社，1990（1997重印）：131.
② ［美］约翰·杜威.民主主义与教育［M］.王承绪译.北京：人民教育出版社，1990（1997重印）：132.
③ ［美］约翰·杜威.民主主义与教育［M］.王承绪译.北京：人民教育出版社，1990（1997重印）：131－132.
④ ［美］约翰·杜威.民主主义与教育［M］.王承绪译.北京：人民教育出版社，1990（1997重印）：142.

主的社会生活"。① 因此，一个好的公民就是通过积极的公民训练获得了各种社会参与能力的人，知道如何有效地跟别人交往、沟通，如何利用自己的经验改造社会。

对于公民训练的实施对象，杜威"从一个人在国家的社会生活中的基本身份——'公民'出发，全面地阐述了个体不仅在儿童阶段有接受道德训练的必要，而且在更为广泛的阶段还要接受一定的'公民训练'"。② 从民主主义的立场上来看，公民不是某个阶层的少数人，而是渗透在社会各个层次和阶层中的社会大多数。公民不仅是政治意义上的个体，也是拥有多重身份的全面的个体，对公民的训练也应该是多方面能力的培养与训练。从最普遍的道德要求出发，使公民接受良好德性的训练；政治的训练使公民获得政治上的参与能力，承担社会的责任与义务；职业能力的训练，满足公民未来职业发展的需要；生活技能的训练，促使公民掌握各式各样社会生活的能力。因此，在对公民的训练中并不局限于道德训练，而应该对公民进行包括政治参与能力、生活技能、职业发展等多方面的训练，能根据社会发展的需求对公民进行完备的训练，使其能够具备适应现代社会生活的能力。个体的各个发展阶段都应接受相应的公民训练，公民训练应贯穿于公民成长的始终，这也是民主教育下个人生活方式的体现。无论是处于儿童阶段，还是成为成熟的社会人，都要使其接受道德上的理智训练，以及适应未来生活需要的其他各项训练，成为具备良好道德品质、适应社会生活的能力、拥有完整人格的现代社会公民。

不可否认，杜威1919年的来华访问及其教育思想的传播，对中国教育界产生了深远的影响。彼时正值中国社会发生大变革之际，他的教育思想对探求革新的民国教育界产生了极大的号召力。受杜威"教育即生活""学校即社会"及公民训练方法等思想的影响，近代学者们对公民概念的理解有了新的认识，从政治领域扩展到了社会生活的诸领域。"人为政治的动物，同时又为经济的、文化的、宗教的动物。因之，公民教育之定义，非仅限于政治知识，彰彰益明。吾人试读杜威之《道德教育原理》，可益信而无疑矣。"③ 他不仅带来了民主主义的教育思想，还提出了培养民主社会公民的方法。他的民主主义思想和民主社会的构建理念，让人们重新认识到教育对个体的影响、个体与社会的联系，以及个体在改造社会的过程中所具有的巨大

① 李志强. 民主社会的理智训练——谈杜威的公民道德教育思想 [J]. 理论与改革，2007（3）：121-124.
② 李志强. 民主社会的理智训练——谈杜威的公民道德教育思想 [J]. 理论与改革，2007（3）：121-124.
③ 张粒民. 小学校之公民教育 [J]. 教育杂志，1924，16（4）：1-20.

能力。可以说，杜威教育思想的传播加快了近代中国公民教育发展的进程，在 1922 年新学制的思想指导下，全国教育联合会于 1923 年 6 月发布了《新学制课程标准纲要》，并拟定了中小学课程标准，公民科正式进入中小学课堂。

对比凯兴斯泰纳和杜威的公民教育思想我们可以发现，他们的最大差异就在于"国家主义"和"民主主义"的区别。实际上，凯兴斯泰纳也受到了杜威思想的影响，他和杜威一样，都注重对学生进行启发性的思维教育，注重"从做中学""从经验中学"。比如，他主张在劳作学校中，制订详细的工作劳动计划，增设实习工厂、烹饪室、缝纫室、实验室等，针对不同的学生开设符合各自特色的课程，培养学生的劳动习惯、兴趣和能力。凯氏认为，人的品格不是通过说教灌输形成的，而是在扎实的劳动工作中训练而成的，与其让学生学一堆死知识，不如让学生获得精神的发展，陶冶情操与性情，具备劳动的本领。因而他主张在劳作学校中，利用极简的教材，给学生较少的知识材料，更多的是对学生进行性格训练，使学生获得工作的兴趣和本领，在劳动中感受快乐。

由此可见，凯兴斯泰纳关于劳作教育的基本主张，与杜威主张的教育即生活、学校即社会、从做中学等观念并无二致。但是，从教育的目的上来讲，二者的观点还是存在根本上的不一致。如前所述，这种不同就是国家主义和民主主义的区别。凯兴斯泰纳虽然也关注对学生个性和兴趣的培养，但其最终的教育目的是为国家培养有用的公民，是承担公民义务、服从国家的个体。而杜威对学生主体性和兴趣的重视是为了促进学生自身的发展，以及学生个体与社会的联系，所以他在关注个体个性发展的同时，也注意培养个体合作交流的能力和团体意识。在《民主主义与教育》中，杜威明确反对为国家培养有用公民的国家主义教育观。

对于这一点，天民也曾有过论述。他认为，凯兴斯泰纳和杜威的观点在很大程度上是一致的，在分析劳作教育的重要性时，他指出："生徒他日出为国家公民所必需之资格，悉由此而培养之。不仅注重于知识技能，又养成各人之自制心、牺牲心、共同心，更由实行上使服从一般公认之权威，而积渐熏陶，俾成习惯。就此点言，实与台威之意见亦正相同。台威曾言制利己心以养成共同心，最为必要，施行教育之目的，非为个人，当注目于一般社会云云。而凯氏则更进一步，主张基于非为个人而为国家，故彼呼此教育为国家公民的教育云。"[①] 同时，他在论述公民教育与社会教育的异同时也指出，凯氏不认为这两种教育之间存在"大异"。"以为社会教育云者，与公民教育初不相反，而实为公民教育之一部分。"它们的区别只在于，社会教育所重者，"仅为社会之教化，或偏于一技一艺，而非以国家为本位，与吾人所谓国家之公民，为国家尽力之观念终不能合二为一"。[②] 简言之，二者的区别主要体现在国家本位的教育和社会本位的教育上。

总之，凯兴斯泰纳和杜威的教育思想都为近代中国公民教育的发展提供了重要的思想基础，无论是国家主义的教育还是民主主义的教育，对当时的中国来说都是急需了解和学习的，因而都引起了强烈的反响。在理论的论争与实践的尝试下，不同思想之间的冲突与张力进一步显现，反过来又促进了学者们对教育思想的反思。正是在这样的情况下，公民教育的政策设计、课程实施及相关的教育实践才有可能广泛地推广开来。

---

① 天民. 勤劳教育论（续）[J]. 教育杂志，1915，7（10）：109－121.
② 天民. 公民教育问题 [J]. 教育杂志，1914，5（10）：115－122.

第二章
"公民"的尝试：公民思想的本土发展与实践

在近代中国的社会变革中，民族国家建构的尝试和公共空间的增长为公民思想的发育奠定了政治上和文化上的基础，西方公民思想的引入则直接促进了公民教育的展开。在这样的背景下，中国社会展开了一场从臣民到公民的教育变革，国民性的改造成为一项令人瞩目的艰巨任务，也是教育变革的核心所在。从臣民到公民的观念转变发端于西方公民教育思想的影响，但这一时期的公民教育实践并非西方教育的简单复制，它有着对自身教育传统的思考与继承。在学界各方人士的推动下，公民教育在理论和实践两方面展开了本土化的尝试。

一、公民教育思想的本土化理论

清朝中后期，西方列强开始踏上侵略中国的道路。为了国家的富强和民族的复兴，许多有识之士提出了"教育救国"的方略，开始学习西方的教育思想，培养新国民。随着西方公民思想的引入，国人开始接受"公民"的观念，并结合本国实际对公民概念进行重新解读和诠释，在此基础上对本国的教育进行相应的改造。公民观念的逐步确立取代了臣民思想，从而推动了国民性的改造。严复、梁启超的公民观念正是在向西方学习的过程中逐渐形成的，他们对近代公民教育思想的传播和发展起到了重要的启蒙作用。

（一）严复的自由学说及其公民观
严复被认为是近代中国自由主义思想的启蒙先驱，通过翻译《天演论》《原富》《群学肄言》《群己权界论》及《法意》等学术名著，他吸收了流行于西方的社会进化思想和自由主义思想，在此基础上结合中国传统文化的特点阐述了中国社会面临的诸多问题。1895 年，严复发表了脍炙人口的《原强》。他在其中指出，在封建社会中长期处于"奴虏"地位的民众，表现出了力堕、智悲、德薄的状态，如果不改变这种社会状态，中国必将沦为西方列强的奴隶。若要改变现状，就要从教育入手，通过教育去改变中国民众的传统人格。因此，他提出了著名的"三育救国论"："是以今日要政，统于三端：一曰鼓民力，二曰开民智，三曰新民德。"① 所谓"鼓民力"，就是要发展体育，使民养成强健的体魄；所谓"开民智"，就是学习西方自然科学和社会科学知识；而"新民德"，就是崇尚民主、自由、平等的精神。三育并举旨在从根本上提高国人的素质，继而提高国家实力。而这一思想的提出，有其深厚的理论渊源。

受达尔文"物竞天择，适者生存"进化论思想的影响，严复认为，人类社会也同样存在这种优胜劣汰的规律。他解释道："物竞者，物争自存也；天择者，存其宜种也。意谓民物于世，樊然并生，同食天地自然之利矣。然与接为构，民民物物，各争有以自存。其始也，种与种争，群与群争，弱者常为强肉，愚者常为智役。"② 在这种国与国相互竞争的新型伦理关系中，有关"群"的思想就显得尤为重要，他由此引出了斯宾塞的社会伦理思想和教育学说的重要性。其中，斯宾塞有关"教人之术"和"勉人治群学"的思想最为严复所看重。他提出："其教人也，以瀹智慧、练体力、厉德行三者为之纲。其勉人治群学者，意则谓天下沿流讨源，执因责果之事，惟群事为最难，非不素讲者之所得与。"③ 对个人教育和对国家社会问题的关注成为严复最为重视的两个方面，他常常将国家比喻成和身体一样的有机体，"一国犹一身"，这两个方面在他看来是相辅相成的。

在论及国家何以富强这个问题上，严复始终绕不开三个问题，即政治上的自由民主，教育上的公民启蒙，以及隐含在这两者之中的国家与个体的关系。在他看来，西方国家之所以发达的原因，并不在于汽机、兵械等"形下之粗迹"，其"命脉"只在于两方面："不外于学术则黜伪而崇真，于刑政则屈私以为公而已。斯二者，与中国理道初无异也。顾彼行之而常通，吾行之而常病者，则自由不自由异耳。"④ 这就是说，中国之所以落后于西方，不在于器物层面的原因，主要在于思想层面，即科学精神和尚公精神，而这二者能够有效施行的关键则在于"自由不自由"。关于中西方对自由的理解，严复做了如下经典论述：

---

① 严复. 原强 [J]. 国闻报汇编，1903（上卷）：23－37.
② 严复. 原强 [J]. 国闻报汇编，1903（上卷）：23－37.
③ 严复. 原强 [J]. 国闻报汇编，1903（上卷）：23－37.
④ 严复. 论世变之亟 [J]. 国闻报汇编，1903（上卷）：38－41.

　　夫自由一言，真中国历古圣贤之所深畏，而从未尝立以为教者也。彼西人之言曰：唯天生民，各具赋异，得自由者乃为全受。故人人各得自由，国国各得自由，第务令毋相侵损而已。侵人自由者，斯为逆天理，贼人道。其杀人伤人及盗蚀人财物，皆侵人自由之极致也。故侵人自由，虽国君不能，而其刑禁章条，要皆为此设耳。中国理道与西法最相似者，曰恕，曰絜矩。然谓之相似则可，谓之真同则大不可也。何则？中国恕与絜矩，专以待人及物而言。而西人自由，则于及物之中，而实寓所以存我者也。自由既异，于是群异丛然以生。粗举一二言之：则如中国最重三纲，而西人首明平等；中国亲亲，而西人尚贤；中国以孝治天下，而西人以公治天下；中国尊主，而西人隆民；中国贵一道而同风，而西人喜党居而州处；中国多忌讳，而西人众讥评。①

　　自由观念及对自由的重视程度不同，导致中西方不仅政治伦理不同，就连文化风俗竟也各异。由此可见，自由对于一个国家及其国民有着举足轻重的意义，西方国家正是因为自由平等观念的盛行而能团结一体，是中国传统的治国之法所不可及的。"自其自由平等观之，则捐忌讳，去烦苛，决壅蔽，人人得以行其意，申其言，上下之势不相悬，君不甚尊，民不甚贱，而联若一体者，是无法之胜也。"② 自由平等使得公民拥有基本的言论自由和平等权利，进而增进了公民个体的智慧、体力和德行，使之能够承担社会义务，促进国家的发展。因此之故，严复将西方文明的精髓概括为"以自由为体，以民主为用"③，这既是公民个体伦理规范的基础，也是国家富强文明的根基，国家与个人的关系在自由、平等与民主的政治追求中得到了统一。"一身之内，形神相资；一群之中，力德相备。身贵自由，国贵自主。生之与群，相似如此。"④ 自由对国家和个人来说同等重要，是国家进步和个人发展的前提。

　　严复认识到了自由民主对西方社会发展的重要性，同时也认识到了中国因缺乏这二者而导致的困境所在，这种困境的解除则需要社会制度的变革，这也就是中国所面临的近代化使命。"在西方文明冲击的历史语境中，中西伦理的冲突表现为传统宗法伦理与现代公民伦理的紧张。斯宾塞倡导从宗法社会到工业—军国社会的社会进化论，使严复认识到，宗法制度是阻碍中国

① 严复. 论世变之亟 [J]. 国闻报汇编，1903（上卷）：38 – 41.
② 严复. 原强 [J]. 国闻报汇编，1903（上卷）：23 – 37.
③ 严复. 原强 [J]. 国闻报汇编，1903（上卷）：23 – 37.
④ 严复. 原强 [J]. 国闻报汇编，1903（上卷）：23 – 37.

进步的根源。"① 国家要进步，就需要对旧的制度进行改良，改良的办法则是对个人进行教育上的启蒙，因为国家的进步与个人的发展无法分开。在严复看来，国家的进步依赖于个体的教育和发展，"贫民无富国，弱民无强国，乱民无治国"，"是故富强者，不外利民之政也，而必自民之能自利始，能自利自能自由始，能自由自能自治始。能自治者，必其能恕、能用絜矩之道者也"。② 由此，严复将个人和国家的关系紧密地结合在了一起，有什么样的公民就有什么样的国家，有什么样的国家也就有什么样的公民，二者相辅相成。国家实施利民之政，既是国家富强的需要，同时也是赋予公民自由、自治的条件；给予公民应有的教育，也将是促进国家进步的重要途径。

在这个问题上，斯宾塞提出的重智慧、体力和德行的教育目的对严复产生了极大影响，在他看来，这三者正是让一个国家能够强大的根本原因。他指出：

> 夫如是，则一种之所以强，一群之所以立，本斯而谈，断可识矣。盖生民之大要三，而强弱存亡莫不视此：一曰血气体力之强，二曰聪明智虑之强，三曰德行仁义之强。是以西洋观化言治之家，莫不以民力民智民德三者断民种种之高下，未有三者备而民生不优，亦未有三者备而国威不奋者也。反是而观，夫苟其民契需恂愁，各奋其私，则其群将涣。以将涣之群，而与鸷悍多智、爱国保种之民遇，小则虏辱，大则灭亡。……至于发政施令之间，要其所归，皆以其民之力、智、德三者为准的。凡可以进是三者，皆所力行；凡可以退是三者，皆所宜废；而又盈虚酌剂，使三者毋或致偏焉。西洋政教，若自其大者观之，不过如是而已。③

而在近代中国，这三方面恰恰是普遍缺乏的，严复由此既揭示了国家和民族的生存危机所在，同时也为培养新民提出了自己的教育主张，即"鼓民力、开民智、新民德"的思想。"这一主张的提出，表明中国人对世界及自我之认识的一个重要变化，救亡之道的重点，从此便由器物的和制度的层面，转移到思想的、观念的、文化的层面。对人的改造因此而被提上议程，成为清末以降一系列改革运动的指导原则。"④ 对人的改造，离不开对人的启

---

① 高力克. 自由、演化与传统：严复的伦理观 [J]. 天津社会科学，2010（4）：120－125.
② 严复. 原强 [J]. 国闻报汇编，1903（上卷）：23－37.
③ 严复. 原强 [J]. 国闻报汇编，1903（上卷）：23－37.
④ 梁治平. 家族主义与国家主义之争 [EB/OL]. 搜狐文化，http://www.sohu.com/a/131438113_488646. 2017－04－01.

蒙和教育，就近代中国而言，这表现为公民观念的兴起和对公民教育的重视。在鼓民力、开民智、新民德三者中，新民德的教育思想为民国初期以来的公民教育产生了重要影响。在严复看来，民力、民智、民德三者之中，民德尤为重要。在《论教育与国家之关系》一文中，他对这三者所对应的体育、智育和德育的关系做了详细论述：

> 是以讲教育者，其事常分三宗：曰体育，曰智育，曰德育。三者并重，顾主教育者，则必审所当之时势，而为之重轻。是故居今而言，不佞以为智育重于体育，而德育尤重于智育。
>
> 何以言德育重于智育耶？吾国儒先有言，形而上者谓之道，形而下者为之器。……至于德育，所以为教化风俗者，其进于古者几何？虽彼中夸诞之夫，不敢以是自许也。惟器之精，不独利为善者也，而为恶者尤利用之。浅而譬之，如古之造谣行诈，其果效所及，不过一隅，乃今自有报章，自有邮政，自有电报诸器，不崇朝而以遍全球可也，其力量为何如乎？由此推之，如火器之用以杀人，催眠之用以作奸，何一不为凶人之利器？今夫社会之所以为社会者，正恃有天理耳，正恃有人伦耳。天理亡，人伦堕，则社会将散。①

严复虽然在理论上强调三育并重，但实际侧重"新民德"，认为德育比智育和体育更重要。通过对"道"与"器"的对比分析，严复认为具有道之精神的德育，其地位是高于具有器之特征的智育的。如果没有德育对公民个体的道德教化，仅仅依靠智育所培养的人将无法为"天理"和"人伦"辩护，这二者正是一个健康社会能顺利运行的保障。在此，严复不仅将身体训练、道德教育与知识教育有机地结合在了一起，而且从伦理学的角度为道德教育的重要性做出了论证。对德育的重视，体现了严复力图通过倡导道德和文化教育，启蒙和更新国民的价值观念，为国家培养新民的教育信念。

新民德在三者之中不仅是最重要的，也是最难的。在严复看来，这与中国延续几千年的君主专制社会缺乏平等自由的观念有关。在西方社会，"人无论王侯君公，降以至于穷民无告，自教而观之，则皆为天之赤子，而平等之义以明。平等义明，故其民知自重而有所劝于为善"。② 反观近代中国，"彼且以我为天之僇民，谓是种也固不足以自由而自治也。于是加束缚驰骤，奴使而豸用之，俾吾之民智无由以增，民力无由以奋，是蚩蚩者亦长此困苦

---

① 严复. 论教育与国家之关系 [J]. 通学报，1906，1 (3)：84 – 91.
② 严复. 原强 [J]. 国闻报汇编，1903 (上卷)：23 – 37.

无聊之众而已矣。夫如是,则去不自存而无遗种也,其间几何?……民固有其生也不如死,其存也不如亡,亦荣辱贵贱,自由不自由之间异耳"。① 传统的专制社会没有给个人的自由和平等权利留下任何空间,在个人没有获得平等自由权利的状态下,他们也不可能为社会和国家发展做出贡献。"夫上既以奴虏待民,则民亦以奴虏自待。"② 对个人来说,自由平等不仅仅是一项生存的权利,也是他们发展自身能力的一个前提条件。没有自由平等精神,就不可能获得自治能力,也不可能获得体力、智慧和德行上的发展。因此可以说,自由平等的精神是培养公民的首要伦理基础。

在提倡自由平等的基础之上,新民德的培养还需一个重要的条件,那就是尚公,即对公德的重视。缺少自由平等不只是政治制度上的缺陷,同时也与重私轻公的传统文化有关。严复指出:"西之教平等,故以公治众而贵自由。自由,故贵信果。东之教立纲,故以孝治天下而首尊亲。尊亲,故薄信果。然其流弊之极,至于怀诈相欺,上下相遁,则忠孝之所存,转不若贵信果者之多也。且彼西洋所以能使其民皆若有深私至爱于其国与主,而赴公战如私仇者,则亦有道矣。"③ 由于教化的观念和原则不同,即对自由平等所持的态度不同,导致民众对国家也产生了不同的态度。以公治众,教之以自由平等,民众自然将国家之事作为个人之事看待;以孝治天下,民众则形成了各亲其亲、相互欺诈之流弊。

正是因为如此,"恤私"成为传统社会中缺乏民德的主要表现之一,严复认为:"民所恤私之恤者,法制教化使之然,于天地无可归狱也。夫泰西之俗,凡事之不逾于小己者,可以自由,非他人所可过问。而一涉社会,则人人皆得而问之。乃中国不然。社会之事,国家之事也。国家之事,惟君若吏得以问之,使民而图社会之事,斯为不安本分之小人,吏虽中之以危法可也。"④ 在此,严复指出了中西方社会对公共事务的不同态度,在中国,社会之事、国家之事都与个人无关。个人既缺乏参与社会公共事务的自由和权利,也对公共事务不抱兴趣,只关注与自身利益相关之事。在这样的文化传统中,国人不知公德为何物,缺乏公德意识,自然也就不会自觉自愿地关注社会和国家之事。

由此可见,在培养新民德的教育过程中,去除恤私、崇尚公德就成为一

---

① 严复. 原强 [J]. 国闻报汇编, 1903 (上卷): 23 – 37.
② 严复. 原强 [J]. 国闻报汇编, 1903 (上卷): 23 – 37.
③ 严复. 原强 [J]. 国闻报汇编, 1903 (上卷): 23 – 37.
④ 严复.《法意》按语. 严复集 (第四册). 上海: 中华书局, 1986; 转引自黄仁贤. 严复的"新民德"学说与近代公民道德教育 [J]. 教育评论, 2002 (5): 91 –93.

个跟倡导自由平等同样重要的任务。"是故居今之日，欲进吾民之德于以同力合志，联一气而御外仇，则非有道焉，使各私中国不可也。顾处士曰：民不能无私也，圣人之制治也，在合天下之私以为公。"① 通过尚公来新民德，这在严复看来有着重要的意义，它可以使民众爱国，使教化复兴，可以振兴经济、商务，更可以使民众束身自好、追求美德。

总而言之，严复认为对长期封建专制统治下形成的国民性进行彻底改进，需要一个长期、复杂的过程。其核心是要学习西方的自由、平等、民主，改变社会风气，唤醒民众的民族意识，努力培养具有自主人格、公德心、爱国心的新国民。这是严复基于自由思想所构建的社会政治体系，同时也是塑造国民道德、培养新民的教育变革尝试。严复的三育救国论为其后的公民教育指明了发展方向，加速了我国公民教育发展的步伐。

（二）梁启超的公德学说及其公民观

在梁启超关于新民的论述中，公德更是被置于一个突出的重要位置。从1902 年至 1907 年，梁启超在他创办的《新民丛报》上分期刊载《新民说》，明确提出要"缔造新国民"，而新民最主要的特征就是具备公德意识、国家思想和权利思想。梁启超所提出的"新民"观念，较之严复的新民德来说，更为深入地关注了个人和国家的关系，尤其将新国民的公德意识和权利意识提升到了一个前所未有的高度。因此之故，有研究者认为，梁启超的新民观念"第一次明确触及到了公民的实质"。② 总之，梁启超对公德的论述，以及他提出的新民说，无论是对当时的国民改造来说，还是对此后中国社会的政治和文化发展来说，其影响都是深远的。

20 世纪初，梁启超在西方政治和社会思想的影响下，先后发表了 20 篇文章探讨国民性改造的问题，并形成了他的新民说。梁启超认为，中国长期处于受欺凌状态的根本原因就是国民素质不高，民族凝聚力、国家意识不强。要想民族兴旺，国家富强，必须要提高国民的素质，所以他将培养"新民"作为"当今中国第一要务"。"欲其国之安富尊荣，则新民之道不可不讲。"③ 在传统体制下成长起来的国民，在爱国心、公德心、自治力、团结力等方面都非常薄弱，而新民就是要培养国民具有新思想和新道德。梁启超认

---

① 严复. 原强 [J]. 国闻报汇编，1903（上卷）：23–37.
② 檀传宝，等. 公民教育引论：国际经验、历史变迁与中国公民教育的选择 [M]. 北京：人民出版社，2011：122.
③ 梁启超. 新民说一 [J]. 新民丛报，1902（1）：14–23.

为，我国的传统教育历来侧重修身教育，注重对私德的培养，很少关注公德教育，所以新道德的核心就是要培养国民的公德。

在梁启超看来，公德是一种能将个人联合起来组织为群的东西，他基于亚里士多德的"人是政治的动物"这一经典论述，认为如果人不组织起来成为群体的话，将无异于禽兽。从这里可以看出，梁启超对公德的界定并不局限于个人所拥有的道德品质，而更是一种政治品质。一个人拥有这种政治品质即意味着他不仅能够为他人或群体着想，更能积极地参与群体和社会的公共事务。梁启超从公德和私德两个方面界定了"道德"：

> 道德之本体一而已，但其发表于外，则公私之名立焉。人人独善其身者，谓之私德；人人相善其群者，谓之公德，二者皆人生所不可缺之具也。无私德则不能立，合无量数卑污、虚伪、残忍、愚懦之人，无以为国也。无公德则不能团，虽有无量数束身自好、廉谨、良愿之人，仍无以为国也。吾中国道德之发达，不可谓不早。虽然，偏于私德，而公德殆阙如。①

从梁启超对"道德"一词的界定中就可以看出，无论是公德还是私德，都离不开对民族国家的关照。虽然缺少私德和缺少公德一样"无以为国"，但私德更倾向于个人的修养，而公德则关系到"团"，也就是族群的建立。对梁启超而言，公德与其说是一个道德概念，不如说更像是一个政治概念。其政治意义就在于，具备公德是成为新民的重要资格，也就是公民资格的必要条件。

梁启超指出，在只有部民而没有国民的传统中国社会，"皆使之有可以为一个人之资格，有可以为一家人之资格，有可以为一乡一族人之资格，有可以为天下人之资格，而独无可以为一国国民之资格"。② 缺乏国民资格的主要原因，就是民德、民智、民力的低下所致。而这三者，"实为政治、学术、技艺之大原"。③ 在这里，民德实为政治的体现，可见，梁启超更强调的是公民的政治身份，即公民对国家事务的参与。高力克就此指出，梁启超的公民观念"注重参与公共事务的积极的政治公民身份，亦即古希腊共和政体式的政治自由"，而"梁对公民的参与式的政治自由的关注，体现了其由人民参

---

① 梁启超. 新民说三 [J]. 新民丛报，1902 (3)：22-28.
② 梁启超. 新民说一 [J]. 新民丛报，1902 (1)：14-23.
③ 梁启超. 新民说一 [J]. 新民丛报，1902 (1)：14-23.

与的公共精神而促进国家独立的民族主义诉求"。① 这也就是为什么梁启超在阐述公德的时候，离不开从政治视角进行探讨的原因。公德一方面是公民道德的体现，另一方面更是公民拥有政治资格的体现，对国家而言后者更为重要。

也是因为上述原因，梁启超的公民理念与其民族国家观念密不可分。受西方思想的影响，梁启超认为国家的发达依赖于国民的教育。因此，他以公德来培养新民的思想，实际上是建立在他期待一个强大的民族国家诞生的基础之上的。"在梁启超看来，这种新思想的终极目标就是要建立一种具有崭新特征的政治共同体的新观念。他把这种新观念称之为'群'，即'群集'或'集合'之意；它主要指的是一种以民族—国家为形式的现代政治共同体并含有这种共同体的群集过程之意。"② 为了建立一个现代化的民族国家，最重要的任务就是对国民性进行改造，用公德来培养新民。正如梁启超所言，道德的目的就在于"利群"，"以能固其群，善其群，进其群者为归"。③ 说到底，培养新民的公德就是为了促进国家利益。正是在这个意义上，使得梁启超的公德概念具有了浓厚的古典共和主义的政治哲学色彩，国家就是一个有机体，国家伦理是最高的伦理。

通过以上对公德与政治观念、民族国家观念之间关联的分析，我们可以发现，梁启超的公德概念侧重于"公"，"德"只是达到"公"所必需的品质。梁启超基于如下的逻辑展开了他对新民的论述：国家要强大，就必须培养新民；要培养新民，就必须首先培养公德；因此，公德的核心目的是为了国家利益。而在培养公德的过程中，还有许多不容忽视的重要问题，如权利与义务、自由与自治、合群、进步、私德等都围绕前面这一主旨而展开。正如他所说，"公德之大目的，既在利群，而万千条理，即由是生焉。本论以后各子目，殆皆可以利群二字为纲以一贯之者也"。④ 换句话说，在围绕国家利益展开的这一系列启蒙思想中，公德是最为重要的，其他方面则是构成公德的重要价值，也是促进公德以实现国家利益的具体方法。

在国家观念的统摄下，以公德培养为核心的一系列思想启蒙都以此为目的。比如在谈到权利思想时，梁启超将国家比作树，将权利思想比作根，他

① 高力克. 五四知识分子的公民观 [A]. 见许纪霖主编. 公共性与公共知识分子 [C]. 南京：江苏人民出版社，2003：226.
② [美] 林毓生. 中国意识的危机——"五四"时期激烈的反传统主义 [M]. 穆善培译. 贵阳：贵州人民出版社，1988：59-60.
③ 梁启超. 新民说三 [J]. 新民丛报，1902（3）：22-28.
④ 梁启超. 新民说三 [J]. 新民丛报，1902（3）：22-28.

指出："一部分之权利，合之即为全体之权利。一私人之权利思想，积之即为一国家之权利思想。故欲养成此思想，必自个人始。""权利思想者，非徒我对于我应尽之义务而已，实亦一私人对于一公群应尽之义务也。"① 谈到自由思想时，他指出："团体自由者，个人自由之积也。人不能离团体而自生存，团体不保其自由，则将有他团焉自外而侵之、压之、夺之，则个人之自由更何有也？"② 所以，他反对在谈论自由时仅仅主张一己之自由，而不顾及民族国家的自由。在梁启超看来，权利与自由对个人来讲都是重要的价值，政府不应该剥夺公民个人的权利和自由，而应该通过政策和教育去培养国民的权利思想和自由思想。而这样做的最终目的，依然是通过改造国民来促进国家的强大，如果没有国家作为后盾，个人的权利和自由将无从保证。

按照同样的思考逻辑，梁启超将私德也作为实现公德的基本途径。他用了五个章节来讨论私德，以及私德与公德的关系，足以说明私德的养成对于公德的培养有着重要的意义。他进一步解释了公德的含义，并指出缺乏私德的个人聚集在一起也是无法产生公德的。"夫所谓公德云者，就其本体言之，谓一团体中人公共之德性也；就其构成此本体之作用言之，谓个人对于本团体公共观念所发之德性也。夫聚群盲不能成一离娄，聚群聋不能成一师旷，聚群怯不能成一乌获。故一私人而无所私有之德性，则群此百千万亿之私人，而必不能成公有之德性，其理至易明也。"③ 在此，梁启超通过分析私德与公德的关系，认为公德的产生必须基于道德的个体，从而进一步提升了私德的价值。"他接受了斯宾塞的说法：团体是个人之集合，团体的德性由个人的德性作决定；个人没有的德性，从团体也无法获得。因此个人的德性很重要。"④ 因此，梁启超提出："是故欲铸国民，必以培养个人之私德为第一义；欲从事于铸国民者，必以自培养其个人之私德为第一义。"⑤ 这看起来与他在论公德篇里的观点有所不同。之所以有这样的不同，梁启超在论私德开篇已经做了解释，是因为人们在提倡公德时，将公德与私德对立了起来，褒扬公德而贬抑私德，这促使他重新思考私德问题。

基于这样的考虑，梁启超赋予了私德重要意义，将私德作为公德的基础。"公德者私德之推也，知私德而不知公德，所缺者只在一推；蔑私德而

---

① 梁启超. 新民说六 [J]. 新民丛报，1902 (6)：18 – 32.
② 梁启超. 新民说七 [J]. 新民丛报，1902 (7)：18 – 25.
③ 梁启超. 新民说二十一 [J]. 新民丛报，1903 (38 – 39)：20 – 37.
④ 陈来. 梁启超的"私德论"及其儒学特质 [J]. 清华大学学报（哲学社会科学版），2003 (1)：52 – 71.
⑤ 梁启超. 新民说二十一 [J]. 新民丛报，1903 (38 – 39)：20 – 37.

谬托公德，则并所以推之具而不存也。故养成私德，而德育之事思过半焉矣。"① 在梁启超看来，公德虽然是中国社会所缺乏和急需之物，但其培养无法摆脱特定的社会历史条件。由于社会性质的不同，中国缺乏培养公德所需的社会条件，公德的产生不能一蹴而就，因而只能从加强国民的私德做起。因此，梁启超虽然批判了传统社会对国民道德发展所具有的阻碍作用，但他也理性地审视了文化传统的延续性及其在国民性改造中的深刻影响，道德教化无法直接照搬和移植，而只能在借鉴西方思想并充分考虑本国传统的基础上，逐步去实现。

鉴于此，在一些当代学者看来，梁启超对私德和公德各自边界的界定，以及对私德和公德关系的分析，体现出其公德概念并没有脱离儒家的道德传统，即弘扬了"儒家道德遗产的现代价值"及"古代道德传统的普世价值"②；认为梁启超对私德的论述，"根本确立了梁启超作为近代新儒家的思想立场和方向，也奠定了儒家道德论在近代的调适和发展的典范"③；从另一种意义上说，由于他对公德和私德概念界定的模糊，以及"没有引入对交往的分析，使得这两个概念一个变得过于宽泛，一个变得过于褊狭"，导致他试图运用私德和公德来区分私人生活和公共生活的尝试也失败了。④ 上述学者对梁启超思想的研究给我们提供了思考其公德问题的独特视角，从而也促使我们更全面地了解其公民观。而不论从何种角度来认识梁启超的公德学说，其思想都为我们了解近代中国的公民启蒙运动留下了宝贵的理论资源。

梁启超站在国家主义的基本立场上，提出了自己的新民说，并以公德为核心建构了一套近代公民的培养体系。从公民教育自身的角度来说，国家伦理本位的公民观虽然具有一定的局限性，比如将公民所应具备的自由、权利、自治等价值都作为促进国家伦理的工具性价值来看待，但梁启超的公民观念在促进近代以来公民社会形成中的意义无疑是巨大的。事实上，在学习和借鉴西方思想的过程中，梁启超接触到的并不仅仅是国家主义的教育观，而是有着多种丰富的理论。然而，"尽管这些理论无不是源自西方社会，但在被引入中国的过程中，因为对救亡和保国的压倒性关注，它们被选择性地引用和创造性地'误读'，从而形成一种支配性的单面向国家主义论述。这种论述的核心，乃是国家富强，以及建立在此基础之上的独立国家主权，个

---

① 梁启超 . 新民说二十一 [J]. 新民丛报，1903（38 – 39）：20 – 37.
② 高力克 . 梁启超的道德接续论 [J]. 天津社会科学，2005（6）：135 – 139.
③ 陈来 . 梁启超的"私德论"及其儒学特质 [J]. 清华大学学报（哲学社会科学版），2003（1）：52 – 71.
④ 廖申白 . 论公民伦理——兼谈梁启超的"公德"、"私德"问题 [J]. 中国人民大学学报，2005（3）：83 – 88.

人价值如自由、民主、权利，政制安排如宪政、法治、代议制，社会思潮如民族主义、社会主义等，很大程度上都根据其是否有利于达成这一目标，被在一种工具主义的意义上来理解和证成"。① 在救亡压倒一切的社会背景下，即使是这种工具主义，也有它存在的合法性依据。

从本质上讲，梁启超关于新民公德培养的观点，与严复从社会进化论的角度提出新民德思想的出发点是一致的。"与严复的启蒙理论相似，梁的新民说亦立基于民族主义和社会达尔文主义，民族的生存竞争始终是其立论的理论旨趣和学理依据。"② 由此可见，从民族主义或国家主义的视角思考政治和教育问题，并以此构建个人与国家的关系，是近代知识分子难以避免的学术立场。从某种意义上说，正是在这种救亡图存的特殊社会背景下，知识分子以其特有的敏锐体察到了改造国民、培养公民的迫切性，不仅从思想上鼓励对民众进行教育启蒙，而且自身以现代公民的身份积极参与国家社会的公共事务，试图从思想和实践两方面带动整个社会的变革，为推动近代中国的现代化进程做出了重要的贡献。与此同时，在严复和梁启超的思想体系中，民族国家的独立和公民素质的教化始终是相通的问题。为实现国家复兴所倡导的国民性改造因而更侧重于国民道德的重建，他们的教育思想为其后公民教育的展开奠定了重要的理论基础。

二、公民教育思想的制度化尝试

公民教育思想在近代中国的萌芽，在晚清的教育改革中就已经出现了，但其真正得到重视，则是在由民族危机引发的宪政进程中，即在辛亥革命后期，公民教育思想作为一种新的教育理念开始在中国广泛传播。1912 年，临时政府颁布了一系列教育法令，如《普通教育暂行办法》《普通教育暂行课程标准》，开始了对教育的制度化改革。这一时期担任教育部长的蔡元培对民国初期的教育改革产生了重要影响，他提出了以公民道德教育为核心的"五育并举"思想，从制度化的角度对近代公民教育的发展做出了重大贡献。

---

① 梁治平. 家族主义与国家主义之争［EB/OL］. 搜狐文化，http：//www.sohu.com/a/131438113_488646. 2017－04－01.

② 高力克. 五四知识分子的公民观［A］. 见许纪霖主编. 公共性与公共知识分子［C］. 南京：江苏人民出版社，2003：227.

(一) 晚清教育制度变革中的公民意识

关于近代中国公民教育的产生和发展，舒新城有过一段提纲挈领的描述，勾勒了公民教育从无到有的发展历程，他指出：

> 海通而后，政治既因世界潮流的激荡而有所更张，执政者知非培养国民能力不足言图强，故清光绪三十二年学部奏请宣布教育宗旨即以尚公为言，且谓此为中国民性之所最缺者。及民国成立，主权在民，已列入《临时约法》之中，国人对于国政应当参与，但因历史上传统观念的势力太大，一般人民之有公权者还不知道怎样行使，更说不到公民担负政治责任。于是国政日紊，国事日非，外有列强的压迫，内有军阀土匪的横行。人民底苦痛日深，所谓教育家亦弄到不能生存。教育界推溯原因，以为中国之所以如此，国民之无公民常识当为重要原因。加以欧战终了，民治主义大倡，其流波远到中国，而美国教育哲学家杜威于斯年来中国讲演，又极力鼓吹教育的民治主义，留美之习教育者又根据美国教育情形而极力提倡，于是公民教育的思想遂一日千里地发展，中小学校的修身科已改为公民科。至十五年则更以上海基督教青年会与江苏教育会底提倡，《新教育评论》之鼓吹而普及全国教育界，推广到学校以外。①

这表明，在清末颁布的教育宗旨中，"尚公"思想已被作为改造国民性的有力保障，这可以说是公民观念在教育制度中的初步萌芽。因此之故，真正意义上的近代教育改革，始于晚清。而在尚公思想颁布之前，晚清的教育制度改革中就已经开始渗透培养新民的意识了。1902 年，在张百熙的主持拟定下，清政府颁布了《钦定学堂章程》，这是中国近代史上由国家颁布的第一个系统规定学制的文件，也称为"壬寅学制"。在这个标志性的学制中，首设修身科，以对儿童进行道德教育。在某种意义上，修身科的设立就意味着培养新民的开始。正如近代学者们所言，"我国公民教学，实滥觞于逊清《钦定学堂章程》所列之修身一科，虽其宗旨在涵养个人德性，和公民涵义不同，但其后之公民科，实由此脱胎而来"。② 作为公民科的前身，修身教育的推行意味着近现代国民教育的开始。

然而，"壬寅学制"并没有推行实施，张百熙、张之洞等人又着手修订该学制，并最终于 1904 年颁布了《奏定学堂章程》，即"癸卯学制"。不同

---

① 舒新城. 近代中国教育思想史 [M]. 长春：吉林出版集团股份有限公司，2016：207 – 208.

② 吴家镇，高时良. 现阶段中国公民训练之鸟瞰及其改进 [J]. 教育杂志，1936，26（3）：43 – 56.

于"壬寅学制"，"癸卯学制"在全国范围内普遍推行，真正开启了近现代教育改革的步伐。该章程延续上一个学制的规定，在初小和高小均开设修身科，"其要义在随时约束，以和平之规矩，不令过苦，指示古人之嘉言懿行，动其羡慕效法之念，养成学童德性，使之不流于匪僻，不习于放纵，犹须趁幼年时教义平情公道，不可但存私吝，以求合于爱众亲仁、恕以及物之旨。此时具有爱同类之知识，将来成人后即为爱国家之根基"。① 修身科旨在从小培养儿童立身行事之德性，通过对个人道德修养的训练，最终达到明人伦、爱国家的目的。此时的修身科内容，主要还是立足于个人修养，但已经显露出了一定的公民训练色彩。

1906 年，为了造就"全国之民"，推行普通教育，学部提出了"忠君、尊孔、尚公、尚武、尚实"的五项教育宗旨。"窃谓中国政教之所固有，而亟宜发明以距异者有二：曰忠君，曰尊孔。中国民质之所最缺，而亟宜箴砭以图振起者有三：曰尚公，曰尚武，曰尚实。"② 在这五项教育宗旨中，前二者依然保留了浓重的传统色彩，后三项则展示了西方教育所特有的近代特征，开始关注国民的公共意识、国家观念、身体素质和基本生活技能的培养。其中，尤其是尚公思想的提出，使得教育思想开始由"私"转向"公"，从而初步体现了培养公民的教育意识。

> 所谓尚公者何？列强竞起，人第见其船坚炮利，财富兵雄，以为悉由英雄豪杰主持之故，国以强盛；而不知英雄豪杰，间世一出，不可长恃也。所恃以立国者，乃全国之民之心力如潮如海如雷霆而不可遏，相亲相恤相扶助而不可解耳！其所以能至此者，皆在上者教育为之也。其学堂所诱迪皆尚信义，重亲睦，如修身、伦理、历史、地理等科，无不启合校生徒之感情，以养其协同一致之性质。故爱国合群之理，早植基于蒙学之初，是即孔子之教弟子孝弟谨信而进之以泛爱亲仁也。惟我国学风日变，古意寝失，修身齐家之事，尚多阙焉不讲。至于聚民而成国，聚人而成众，所以尽忠义亲爱之实者，则更不暇过问，群情隔阂，各为其私，通国之中，不但此省人与彼省人意存畛域，即一州一县，乃至一乡一里一家一族之中，亦各分畛域。今欲举支离涣散者而凝结之，尽自私自利者而涤除之，则必于各种教科之中，于公德之旨、团体之效，条分缕析，辑为成书，总以尚公为一定不移之标准，务使人人皆能

① 吴履平 . 20 世纪中国中小学课程标准·教学大纲汇编 [G]. 北京：人民教育出版社，1999：7.
② 陈学恂 . 中国近代教育史教学参考资料（上册）[M]. 北京：人民教育出版社，1984：564 – 565.

视人犹己，爱国如家；盖道德教育莫切于此矣。①

学部基于当时中国私德日渐丧失而公德阙如的现状，提出了推行公德教育的举措，并将其作为国民道德教育的宗旨。针对学部对"尚公"之义的解释，舒新城指出："这段虽不曾提出公民二字，但欲'于教科书中将公德之旨、团体之效，条分缕析，以提倡爱国爱群之理，使人人皆能视人为己，爱国如家'，则明明公民教育之标的也。"② 因此可以说，在晚清的教育改革中，公民意识就已经开始显露了。尚公思想的提出，使得对儿童公德的培养以教育制度的形式被确立了下来。在修身科的教学内容上，除陶冶儿童个人德性外，开始出现有关公德的内容，注重对儿童进行爱国训练，以期做良好国民。

事实上，修身科的设置及清末学制的改革只是近代教育改革的一个缩影，其中所透露出的公民意识也只是冰山一角。在教育改革的背后，清末一系列"新政"的实施所体现的时代意识，更是为当时公民观念的崛起奠定了重要的制度基础。有学者指出，清末以来的"洋务运动""戊戌变法"等虽然没能成功，但在一定程度上开启了近代中国政治改革的先河，从而也促进了公民教育思想的诞生，而清末"新政"改革更是起到了这样的作用，"随着'新政'前后西方宪政制度在中国的初步实践，立宪思想、自治观念等西方公民教育思想在中国也得到了迅速发展"。③ 这就是说，清朝末年，由官方推动的社会变革也开始自觉不自觉地接受异己的政治思想，这是公民观念得以产生的重要制度条件。

国家的社会性质决定了教育的性质。不可否认，晚清社会的主流仍处于传统的封建专制之中，以孝为首的伦理纲常观念渗透在整个教育中。修身科教学也主要强调个人的德性修养，附带灌输着公德观念和国家观念。因而从本质上来讲，修身科仍然是传统教育的延续，并未触及公民教育的实质内容。但是，从形式上说，修身科的设立及这一时期的教育改革都基于一个新的历史背景，那就是处于国家存亡的重要时期。"晚清公民教育思想的兴起虽然在外在形式上体现的是中国传统教育制度向近代转型的自身需要，但在内在本质上它却体现了晚清国人为解决国家危机而形成的种种政治改革要求。这也决定了与西方原生态公民教育思想不同，近代中国公民教育思想从

① 陈学恂. 中国近代教育史教学参考资料（上册）[M]. 北京：人民教育出版社，1984：566.
② 舒新城. 近代中国教育思想史 [M]. 长春：吉林出版集团股份有限公司，2016：209.
③ 陆华东. 晚清中国政治转型与公民教育思想的兴起 [J]. 中国国家博物馆馆刊，2014（6）：133-146.

产生之初即包含有爱国主义、集体主义、改造国民性等共和主义内容,并呈现出鲜明的政治性大于社会性、工具性大于价值性等教育救国特征。"① 因此,修身科作为公民教育思想的萌芽,即使存在着各种不彻底和不完善的地方,也仍然具有开创性的意义。

(二)"五育并举"与公民教育的制度化

民国初年,蔡元培担任临时政府第一任教育总长,在此时期,他进行了一系列的教育改革。1912 年,他在《对于教育方针之意见》中,对清末学部制定的忠君、尊孔、尚实、尚武、尚公的教育宗旨进行了改造,认为忠君与尊孔不符合共和政体及其信教自由原则,可以去除,代之以世界观与美育,而其他三项予以了保留。这样,新的教育方针就变成了实利主义教育、军国民教育、世界观教育、公民教育、美育五项,即"五育并举"。其中,"军国民主义为体育,实利主义为智育,公民道德及美育皆毗于德育,而世界观则统三者而一之"。② 因此,蔡元培明确地将德、智、体、美、世界观教育有机地结合起来,为共和体制下的教育改革奠定了重要的制度基础,同时也真正开启了制度化的公民教育尝试。

在蔡元培看来,体育、智育、德育和美育是培养健全人格所不可缺的,这四育同等重要。在此基础上,蔡元培又特别强调公民道德教育的重要性,他指出:"五者以公民道德为中坚,盖世界观及美育皆所以完成道德,而军国民教育及实利教育,则必以道德为根本。"③ 因此,提倡实利主义教育和军国民教育都要以养成道德为前提。那么,什么是公民道德教育?蔡元培对此做出了自己独特的解释:

> 何为公民道德?曰,法兰西之革命也,所标揭者,曰自由、平等、亲爱。道德之要旨,尽于是矣。孔子曰:"匹夫不可夺志。"孟子曰:"大丈夫者,富贵不能淫,贫贱不能移,威武不能屈。"自由之谓也。古者盖谓之义。孔子曰:"己所不欲,勿施于人。"子贡曰:"我不欲人之加诸我也,吾亦欲毋加诸人。"《礼·大学》记曰:"所恶于前,毋以先后;所恶于后,毋以从前;所恶于右,毋以交于左;所恶于左,毋以交于右。"平等之谓也。古者盖谓之恕。自由者,就主观而言之也。然我

---

① 陆华东. 晚清中国政治转型与公民教育思想的兴起 [J]. 中国国家博物馆馆刊,2014 (6):133 – 146.

② 璩鑫圭、童富勇. 中国近代教育史资料汇编·教育思想 [G]. 上海:上海教育出版社,2007:687.

③ 高平叔. 蔡元培教育论集 [M]. 长沙:湖南教育出版社,1987:54.

欲自由，则亦当尊人之自由，故通于客观。平等者，就客观而言之也。然我不以不平等遇人，则亦不容人之以不平等遇我。故通于主观。二者相对而实相成，要皆由消极一方面言之。苟不进之以积极之道德，则夫吾同胞中，固有因生禀之不齐，境遇之所迫，企自由而不遂，求与人平等而不能者。将一切恝置之，而所谓自由若平等之量，仍不能无缺陷。孟子曰："鳏寡孤独，天下之穷民而无告者也。"张子曰："凡天下疲癃残疾茕独鳏寡，皆吾兄弟之颠连而无告者也。"禹思天下有溺者，由己溺之。稷思天下有饥者，由己饥之。伊尹思天下之人，匹夫匹妇有不与被尧舜之泽者，若己推而纳之沟中。孔子曰："己欲立而立人，己欲达而达人。"亲爱之谓也。古者盖谓之仁。三者诚一切道德之根源，而公民道德教育之所有事者也。①

在此，蔡元培将兴起于西方的自由、平等、博爱的政治道德与中国传统的义、恕、仁进行了对比分析，认为它们存在内在的相通性。通过古代思想家的经典言论，蔡元培为中西方的不同道德准则找到了一致性的论证。他认为这三者是一切道德的根源，并将其作为公民道德教育应遵循的基本原则。在此，蔡元培试图将中国社会的道德传统与西方启蒙思想进行糅合与对接，从古典传统中找到与现代西方民主政治相通的道德资源，从而既宣传了西方思想，同时也保留了传统道德。

蔡元培的"五育并举"思想，其出发点虽然是教育，但其最终目的在于通过培养健全公民，发展共和精神，承担国家责任。他在《临时教育会议》的演说中指出："所谓健全人格者：（一）私德为立身之本，公德为服役社会国家之本。（二）人生所必需之知识技能。（三）强健活泼之体格。（四）优美和乐之感情。所谓共和精神者：（一）发挥平民主义，俾人人知民治为立国根本。（二）养成公民自治习惯，使人人都负国家社会之责。"② 由此可见，无论是健全人格的培养，还是共和精神的熏陶，最终目的都是通过公民教育达成对国家社会的改造。

正是从这个意义上来看，他的公民教育理念被赋予了构建民主社会的政治特征，即与自由、平等、博爱的相通性所在。他指出："从教育着手，去改造社会，改造之点，繁不胜举。但是简单说来，可以归到教育调查会定的两句话'养成健全人格，提倡共和精神'。社会的各分子都具有健全人格，

---

① 蔡元培. 新教育意见 [J]. 教育杂志，1912，3（11）：18–27.
② 舒新城. 近代中国教育思想史 [M]. 长春：吉林出版集团股份有限公司，2016：143.

此外复有何求？所以第二句话离不了第一句话。所谓健全人格，分为德育、体育、知育、美育四项。换言之，和自由、平等、博爱的意思亦相契合的。都能自由平等，都能博爱互助，共和精神亦发展了。"① 由此可见，一个好的社会的形成归功于健全人格的培养，以及公共精神的形成，个人的教育与社会的发展是相辅相成的。公民的培养不仅是教育的问题，最终是一件关乎国家和社会的公共事务，这几乎是谈及公民的人们对公民教育的基本认同。

有不少研究者常常质疑蔡元培对公民道德的界定，事实上，蔡元培并非没有考虑过用自由、平等、友爱来解释公民道德含义的适切性，但结合中国的文化传统和社会背景，他认为这样的解读是合理的。"夫是三者，是否能尽道德之全，固难遽定，然即证以中国意义，要亦不失为道德之重要纲领。"② 这其实是与严复和梁启超同样面临的学术立场，他们虽然受到了西方思想的强烈冲击，但仍然基于本土的文化传统和社会使命在思考教育问题。从公民和公民教育本身的概念来看，这种中西糅合的方式似乎并没有更完备地解释公民观念，但从方法论的角度来说，始终考虑本土意识不啻为解决自身特殊问题的有效保障。

在这一原则性纲领的指导下，蔡元培对具体的公民美德做出了阐述。他在《德育三十篇》里详述了作为公民所需要的诸种德性，有公德亦有私德。"积人而成群。群者，所以谋各人公共之利益也。"③ 公德就是培养公民的公共意识和公共精神，主要表现为合群、舍己为群、注意公共卫生、维护公共利益、热衷公益等。在坚持上述公德的基础上，蔡元培还列出了二十余种私德，以培养日渐缺失的公民美德。而总的来说，合群利群思想依然是其公民道德的主旨。

尽管蔡元培如此重视公民道德教育，但他认为培养公民道德并不是教育的最终目的。他将教育分为两类，一类隶属于政治教育，一类超越了政治教育。"专制时代（兼立宪而含专制性质者言之），教育家循政府之方针，以标准教育，常为纯粹之隶属政治者。共和时代，教育家得立于人民之地位，以定标准，乃得有超轶政治之教育。""公民道德之教育，犹未能超轶乎政治者也。"④ 在蔡元培看来，五育中只有美育和世界观教育超越了政治，政治教育为的是现世之幸福，这是政治家考虑的事情，而教育家则不然。之所以会

---

① 高平叔. 蔡元培教育论集 [M]. 长沙：湖南教育出版社，1987：268.
② 高平叔. 蔡元培教育论集 [M]. 长沙：湖南教育出版社，1987：195.
③ 高平叔. 蔡元培教育论集 [M]. 长沙：湖南教育出版社，1987：95.
④ 璩鑫圭，童富勇. 中国近代教育史资料汇编·教育思想 [G]. 上海：上海教育出版社，2007：682.

有这样的主张，是由于蔡元培受西方古典哲学和康德哲学的影响，将世界分为现象世界和实体世界。"而教育者，则立于现象世界，而有事于实体世界者也。故以实体世界之观念为其究竟之大目的，而以现象世界之幸福为其达于实体观念之作用。"① 实体世界，实际上是宗教意义上的世界。

蔡元培的这一教育主张，一度被当作唯心主义观点而加以批判，但不得不承认其思想的独特价值。由政治家操纵的教育摆脱不了对功利目的的追求，教育的本质意义无从显现。真正的教育只有摆脱了功利的目的，才能体现其对于人的意义。公民道德教育之所以没有摆脱政治教育的窠臼，就是因为对个人美德的培养最终为的是实现现世的幸福，而没有真正达到对真善美的追求。仅仅从现象世界的教育来看，蔡元培对近代教育的改革依然有着重要意义。1912 年以后，教育部依据"五育并举"的新教育宗旨，对全国的教育进行了大规模的调整与改革，陆续颁布了多项教育制度和法令，促进了近代教育的发展，也为公民教育的制度化奠定了重要基础。

（三）公民教育的课程改革

对公民教育的重视经过教育思想的启蒙，以及教育政策的支持等多方努力之后，最终体现在了当时的课程改革中。从修身科改革到公民科的诞生，都加速了公民教育的制度化变革。1912 年 11 月，民国教育部颁布《小学校教则及课程表》，其中规定："修身要旨在涵养儿童之德心，导以实践。初等小学校，宜就孝悌、亲爱、信实、义勇、恭敬、勤俭、清洁诸德，择其切近易行者授之；渐及于对社会对国家之责任，以激发进取之志气，养成爱群爱国之精神。高等小学校宜就前项扩充之。"② 同年 12 月，民国教育部发布《中学校令施行规则》，其中规定："修身要旨在养成道德上之思想情操，并勉以躬行实践，完具国民之品格。修身宜授以道德要领，渐及对国家社会家族之责务，兼授伦理学大要，尤宜注意本国道德之特色。"③ 中小学的修身科都明确强调了公民品格和国家观念的培养。

清末修身科虽已加入了公德教育的内容，但就其实质而言，仍然体现了封建制度的需要。1912 年以后，为了体现当时社会所推行的民主共和理念，新的教学要求中除了保留个人德性修养的相关内容外，开始渗透国家观念和社会责任的教育理念，加强了对个体的国家社会观念的培养。而无论是清末

---

① 璩鑫圭，童富勇.中国近代教育史资料汇编·教育思想［G］.上海：上海教育出版社，2007：684.
② 小学校教则及课程表［J］.中华教育界，1913（1）：7－15.
③ 中学校令施行规则［J］.中华教育界，1913（1）：16－25.

修身科还是民国的修身科，都与传统的道德教育有所不同，传统道德教育的目的是培养顺从的臣民，修身科则在个人修养的基础上开始渗透公民意识的培养。在 1916 年民国教育部公布的《国民学校令施行细则》中，明确提出修身科教学要在原有的基础上"兼授公民须知"，并教授中国法制大意内容。由此可见，此时的修身科教育已不局限于对个人道德的训练，公民教育开始逐步渗透进传统的道德教育中了。

1922 年，全国教育会联合会通过了《学校系统改革案》，新学制由此诞生。新学制以美国学制为蓝本，深受杜威思想的影响，突出儿童中心观念，既强调个性发展，也关注社会需要，同时强调了民主教育和生活教育。新学制的颁布，使得学校教育教学的指导思想发生了重大变化，极大地推动了公民教育课程的建设。

随着新学制的颁布，民国政府于 1923 年制定了《新学制课程标准纲要》，规定"旧制修身科，归入公民科。关于个人修养，仍宜注重，各学科均应兼顾道德教育"。① 至此，中小学正式设立了公民科，并于同年颁发了《小学公民课程纲要》和《新学制课程标准纲要·初级中学公民学课程纲要》。公民科旨在培养适应新时代的合格公民，其诞生无疑是中国近代教育史上的一次重大变革，意味着学校教育开启了从传统的臣民教育到培养现代公民的尝试。

关于以公民科取代修身科，《"小学公民科课程纲要"审查报告书》中这样解释："谨按吾国旧学修身要旨，'穷则独善其身，达则兼善天下'，是仅以修身为齐家治国平天下之基础。人人以治者自居，殊违团体协进共同生活之道，且其事亦决非小学生所能知。兹列公民一科，使之了解'自己与其所生息之社会'之关系，冀养成适于营现代生活之习惯，可谓尽善尽美。"② 因此，"公民科的范围比修身科广的多。修身专注重个人修养；公民则重在研究社会环境的状况，把个人修养纳做是人生适应社会的条件"。③ 中华教育改进社在《修身科宜改称公民科》的议案中，则给出了更为详细的理由：

> 修身范围太狭，仅斤斤于个人之修养，务使个人适应社会；公民学
> 则改良社会以适应个人。故修身不适用于共和的社会，此应改之理由

① 新学制课程标准纲要 [J]. 广东省教育会杂志，1924，2 (4)：112-147.
② 武精公，郭子祥，孟菊蹊. "小学公民课程纲要"审查报告书 [J]. 山西省教育会杂志，1923，9 (4-5)：239-241.
③ 新学制小学学程纲要草案 [J]. 教育杂志，1923，15 (4)：1-3.

一。修身注意道德之涵养，缺乏法律的观念。法治国之人民，以富有法治精神为最要。其能培养法治精神，巩固法律观念者，莫公民学若。本是而言，则修身不适用于法治的国家，此应改之理由二。修身之标准太旧，多从消极方面立言，与公民积极图谋团体幸福适相反。修身不适用于合作团体，此应改之理由三。①

总之，从修身科到公民科的转变，体现了社会的要求和教育自身发展的需要。当旧的教育不再能够适应社会进步之时，课程改革必然会发生。时代的变迁使得教育培养的人才不仅需要注意个人的品德，还要明了社会生活、法律、国家组织乃至国际问题；不仅要关注修身养性的私德教育，更要关注公共事务及其问题解决的方法。此外，儿童中心论的张扬使得教育对个体的培养越来越关注儿童本位，强调对儿童生活和经验的观照，这都是修身科所不能满足的。因此，修身科无论从课程的价值理念、课程目标还是从教学内容上来看，都已经不能适应新的社会需要，公民科随即应运而生。

新学制下的公民课程与修身科相比，最重要的不同是让个体了解自身与社会的关系，培养个体的公共生活意识，这也正是公民教育的本质所在。小学公民科课程纲要由杨贤江起草，其中提出公民教育的主旨是"使了解自己和他所生息的社会（家庭、学校、组织、国家、国际）的关系，启发改良社会的常识和思想，养成适于营现代生活（如热心从公等）的习惯"。同时要求学生达到最低限度的目标，即明了各层社会组织和公共事业的性质、地方自治的常识、相关的国家知识、公民的责任与条件等。② 中学公民课程纲要由周鲠生起草，旨在让学生研究人类社会生活、了解宪政精神、培养法律常识、略知经济学原理和国际关系、养成公民道德。③ 从课程目标来看，中小学公民科都深受实用主义教育思想的影响，强调社会生活的建构，关注儿童在适应社会生活中应养成的道德习惯和公民精神。

通过公民科的设置及公民课程纲要的实施，公民教育正式进入了中小学教育体系之中。从 1923 年开始，上海商务印书馆和上海中华书局陆续出版了相应的公民教科书，思想上的启蒙和理论上的传播最终转变成了制度化的教育实践，为个体从臣民到公民的身份转变奠定了有力的制度基础。

---

① 舒新城. 近代中国教育思想史 [M]. 长春: 吉林出版集团股份有限公司, 2016: 211 - 212.

② 杨贤江. 小学公民科课程纲要 [J]. 山西省教育会杂志, 1923, 9 (4 - 5): 30 - 34.

③ 周鲠生. 初级中学公民学课程纲要 [J]. 山西省教育会杂志, 1923, 9 (4 - 5): 87 - 93.

三、公民教育的平民化实践

由于社会政治的转型和新文化运动的推进，近代中国教育救国的呼声高涨，自由民主思想快速传播，培养公民的观念被知识分子广泛接受，频繁地出现在众多教育家的言论中，如熊子容、袁公为、杨贤江、晏阳初、梁漱溟、陶行知、舒新城、刘湛恩等人都竭力推广和推动公民的培养。加之这一时期学生自治运动的高涨，以及公民科在中小学课程中的设立，都使得教育思想的传播拥有了转化为实践的社会基础，为公民教育的实践提供了有利的社会环境。在推动公民教育的过程中，以实施平民教育的方式所进行的公民教育实践尤为引人注目，这些教育实践为探索中国式的公民教育做出了卓有成效的努力。

（一）平民主义教育的思想渊源

自清末以来，西方平等思想和民主理念的引入就已经对近代中国教育的普及和平民化起到了积极的启蒙意义。五四运动前后，中国公民教育改革进入了一个新的发展阶段，及至 1922 年新学制颁布以后，公民教育的发展达到了顶峰。这一时期，美国教育家杜威、孟禄先后来华讲学，传播民主教育的理念。尤其是杜威教育思想的传播，直接促成了平民主义教育思潮的形成。常道直将杜威的著作《民主主义与教育》翻译为《平民主义与教育》，杜威在华演讲中也多次讲到平民教育问题，这对当时中国的教育变革起到了积极的推动作用。

在舒新城看来，民治教育思想即平民主义教育思想在中国的兴起，发源于民国初年而兴盛于 1919 年之后，其最显著的原因有三个方面：一是外部原因，即欧洲大战的结果。在提倡国际和平之时，盛行于美国的平民教育比德国的军国民主义教育更容易让人接受。二是"文学革命"，"当时所谓世界思潮，尽量由文学问题引入中国，更尽量由白话传播到一般民众"。民治教育思想也是在这种情形下传入中国的。三是"五四运动"，促进了各种新思想的猛烈传播，其中自然也包含了杜威的民治主义教育哲学。[①] 舒新城认为，民治教育思想事实上在民国元年就已经显现，主要表现为蔡元培所提倡的"养成共和国民健全之人格"一说，这是民治教育的要素之一。尤其是在

---

① 舒新城. 近代中国教育思想史 [M]. 长春：吉林出版集团股份有限公司，2016：140 – 142.

关于健全人格和共和精神的解释中，更是直接体现了民治教育的思想。"所谓共和精神者：（一）发挥平民主义，俾人人知民治为立国根本。（二）养成公民自治习惯，使人人能负国家社会之责。"① 虽然在民国元年的教育宗旨中就显露出了民治教育思想，但该思想达到极盛还倚赖于杜威思想的传播。

杜威是在反对专制教育的基础上提出其民主教育思想的，他提倡的平民教育就是要赋予每个人接受教育的权利，从而促进社会的进步。胡适在解读杜威的教育哲学思想时，提出了平民主义教育的基本内涵：

> 现代的世界是平民政治的世界，阶级制度根本不能成立。平民政治的两大条件是：（一）一个社会的利益须由这个社会的分子共同享受；（二）个人与个人、团体与团体之间，须有圆满的、自由的交互影响。根据这两大条件，杜威主张平民主义的教育须有两大条件：（甲）须养成智能的个性（Intellectual individuality）；（乙）须养成共同活动的观念和习惯（Co-operation inactivity）。"智能的个性"就是独立思想、独立观察、独立判断的能力。平民主义的教育的第一个条件，就是要使少年人能自己用他的思想力，把经验得来的意思和观念一个个的实地证验，对于一切制度习俗都能存一个疑问的态度，不要把耳朵当眼睛，不要把人家的思想糊里糊涂认作自己的思想。"共同活动"就是对于社会事业和群众关系的兴趣。平民主义的社会是一种股份公司，所以平民主义的教育的第二个条件就是要使人人都有一种同力合作的天性，对于社会的生活和社会的主持都有浓挚的兴趣。②

在杜威看来，所谓的平民也就是全体人民，是组成社会的各分子，只有这些普通大众受到了最基本的教育，民主社会的目的才能达到。他们所接受的教育，不是脱离了他们的生活和社会环境的教育，而是与其生活密切相关的教育。因此，这种民主的教育制度要满足两方面的特点："（1）学校自身须是一种社会的生活，须有社会生活所应有的种种条件。（2）学校里的学业须要和学校外的生活连贯一气。"③ 归根结底，这就是教育即生活、学校即社会、教育即经验的改组改造所体现的基本思想，也是平民主义教育的根本观念所在。

平民主义教育思想一经传播，即在中国引起了巨大的反响。受其影响，

① 舒新城 . 近代中国教育思想史 [M]. 长春：吉林出版集团股份有限公司，2016：143.
② 胡适 . 杜威的教育哲学 [J]. 新教育，1919，1（3）：81-91.
③ 胡适 . 杜威的教育哲学 [J]. 新教育，1919，1（3）：81-91.

北京高等师范学校的师生联合发起组织，成立了旨在改进教育和改造社会的平民教育社，开展了平民教育的相关调查，并于 1919 年 10 月发行社刊《平民教育》，专门讨论平民教育问题。[①]《教育杂志》《新教育评论》等期刊也分别以"德谟克拉西"和"平民教育专号"为主题，吸引大批教育家参与探讨平民教育的问题。最值得一提的是，在平民主义教育思潮兴盛不久的 1920 年，全国教育联合会就通过了《民治教育设施标准案》，分别从教育行政方面、职教员方面和学生方面对民治教育提出了具体的实施办法。其中，学生方面的实施办法如下："一、注重自动自学；二、练习公民自治；三、发展实际生活之知能；四、练习服务社会；五、注重体育；六、研究学术，扩充创造本能。"[②] 这是平民主义教育思想在学校教育中的实施方式，为培养学生的自主自治意识提供了积极的指导意义。到了 1922 年的新学制改革中，"发挥平民教育精神"则成了制定新学制的标准之一，进一步促进了学校公民教育中的民主和民治思想的培养。

（二）平民主义教育的本土化实践

自 20 世纪 20 年代起，中国涌现出了诸多以改造国民性、培育公民素养为己任的教育家，他们紧密结合中国当时的客观条件，对公民的培育做出了本土化的尝试。这其中，最具代表性的就是晏阳初、梁漱溟、陶行知等人开展的平民教育运动和乡村教育实验，他们秉承教育即生活的理念，将家庭、学校和社会结合在一起设计教育，以此来培养平民的公民性。

1. 晏阳初的平民教育思想与实践

五四运动之后，社会改造的呼声日渐高涨，大批知识分子纷纷选择通过教育改革来达到改造社会的目的。而在当时的中国，最需要接受教育改造的就是广大平民，晏阳初的平民教育思想就是在这一背景下形成的。晏阳初在法国留学期间，深谙华工平民生活之艰难，因此他对于开展平民教育的觉悟"不是专从书本上看来的，或从某大家学来的，乃是从经验中、生活中得来的。所以就在法国决定，他日归国，定投身于平民教育"。[③] 基于此，晏阳初通过实地调研和实验，结合中国平民的实际情况，最终形成了他自己的平民教育思想。

---

① 吴洪成. 中国近代教育思潮新论 [M]. 北京：知识产权出版社，2016：315.

② 全国教育联合会第六次议决案：民治教育设施标准案（通告各省区教育会）[J]. 教育杂志，1920，12（12）：10 – 11.

③ 晏阳初. 平民教育新运动 [J]. 新教育，1922，5（5）：96 – 115.

在晏阳初看来，中国的平民教育实乃贫民教育，生计问题是不能忽略的。而对他们来说，普及教育首要的就是识字。他先后在长沙、烟台、嘉兴等地做了大规模识字运动的实验，经过调查研究，他坚定了倡导平民教育运动的信心。1923 年 6 月，在晏阳初、陶行知等人的推动下，南京平民教育促进会成立，并于当年 8 月在北京召开平民教育大会（简称"平教会"），筹备成立了中华平民教育促进总会。① 此后全国各地开设了大量的"平民学校"，推行以识字教育为主的平民教育。

平教会成立后，选定河北定县为实验区，晏阳初开始了他的平民教育实验。他认为平民教育的目标就是要教平民做人，做"整个的人"，"作新民"，新民的实现包含以下几方面内容："（一）养成有知识，有生产力，有公共心的整个人。（二）养成社会健全的分子，发展社会的事业。（三）养成建设国家的国民，增高国际的地位。"② 而要造就新民，必须彻底根除国民的劣根性。晏阳初深入农民生活，进行乡村调查研究，指出当前中国平民存在愚、弱、穷、私四大病症。针对这四大病症，晏阳初提出了四大教育，即："（一）文艺教育，以培养智识力；（二）生计教育，以增进生产力；（三）公民教育，以训练团结力；（四）卫生教育，以发育强健力。此四者不可缺一，缺一则非健全的国民，缺四则尽失其国民的意义。国家不建设在国民的基础上，固然是很危险；建设在缺乏智识力、生产力、团结力、强健力的国民的基础上，更是危乎其危。"③ 他极力呼吁用文艺教育以治"愚"、生计教育以治"穷"、卫生教育以治"弱"、公民教育以治"私"。晏阳初自始至终致力于平民教育，被誉为"世界平民教育之父"。

在晏阳初的平民教育思想中，公民教育是一个重要的内容。晏阳初将公民教育作为平民教育的最终目的，他认为实施平民教育的步骤应分为三段：首先是识字教育，这是灌输知识的重要基础；其次是公民教育，这是平民教育的最终目的："识字以后，当更进一步，以中华民国国民必须之教育，完成其公民资格，平民教育之最后目的，亦即在此。"④ 第三步是生计教育，城乡平民分别侧重于工业与农业。达成这三步，意味着一个平民的基本教育就完成了，而这其中包含着公民的养成。他将学校的公民科、公民训练与针对

---

① 朱君允. 中华平民教育促进会筹备之经过 [J]. 新教育，1923，7（2 - 3）：499 - 500.

② 晏阳初. 平民教育概论 [J]. 教育杂志，1927，19（6）：1 - 10.

③ 晏阳初. 平民教育的宗旨目的和最后的使命 [G]. 宋恩荣主编. 晏阳初全集（第一卷）. 长沙：湖南教育出版社，1989：117.

④ 晏阳初. 关于平民教育精神的讲话 [G]. 宋恩荣主编. 晏阳初全集（第一卷）. 长沙：湖南教育出版社，1989：85.

平民的公民教育做了区分，认为两者的实施方法是不同的，从而提出了针对平民的公民教育观念。平民的公民教育不同于学校学生的公民科教育，它只是实现平民教育的其中一个步骤，教育内容也更广泛些。

> 公民教育这个名词的含义有种种不同。我这里所用的是指以养成好国民为目的的教育全体说的。我以为教育的正当目的，不仅是养成良好的个人，却是养成健全的公民。健全的公民应该有何种知能，公民教育内就得包含着何种相当教育。所以公民教育不当单指普通所谓公民科和公民训练说，就是什么生计教育啦，科学教育啦，卫生教育啦，都应得包括在内。①

晏阳初明确提出了公民教育的主张，并结合生计、文艺、卫生等教育来培育民众的公民素养。在公民教育方面，除了强调公德心之外，还特别强调公民参与政治和社会生活的意识与能力，注重培养他们对于国家的责任，例如对识字教育的提倡就是基于这一考虑。从中国平民教育的特殊性出发设计适合中国的公民教育之路，这可以说是晏阳初对构建本土公民教育所做出的最大贡献。关于这一点，他指出：

> "平民继续教育"的目的在于灌输程度较高的公民常识。因此，有两个重要问题，我们必须精思熟虑的：（一）什么是"中国的公民"？（二）什么是"中国的公民教育"？这两个问题不能在此做分析的讨论，可是盼望从事公民教育的同志不要忘掉它。务求所施的公民教育为真正中国的公民教育，不是由他国摹仿来的公民教育。外国的公民教育未必可直接摹仿以为中国的公民教育。外国的公民活动亦未必可直接摹仿以为中国的公民活动。有外国的历史文化和环境，而后产生出他所特有的公民教育。有我国的历史文化和环境，亦当有我国所特有的公民教育，方能适应我国的需要。要知道什么是中国的公民教育，非有实地的、彻底的研究不可。②

晏阳初强调要结合中国的国情，为中国的公民教育找到合理的根据，不应盲目模仿西方的公民教育。这是在充分考察中国社会实际的基础上提出的教育设想，跟之前的教育思想家提出的培养新民的主张相比，晏阳初提出的"除文盲，作新民"的口号更贴近当时的国民状况。在他看来，以识字为

---

① 晏阳初. "平民"的公民教育之我见. 新教育评论，1926，1（21）：8-12.
② 晏阳初. "平民"的公民教育之我见. 新教育评论，1926，1（21）：8-12.

起点的知识教育是民主制度中教育的基本责任，也是为民众提供公民权的基本途径。

2. 陶行知的乡村生活教育实践

与晏阳初同时开展平民教育实验的还有陶行知，他们一同发起创办了南京平民教育促进会及中华平民教育促进总会，对推动平民教育做出了重要的贡献。作为杜威的学生，陶行知深受杜威民主主义教育思想的影响，他结合中国的实际，创造性地提出了"生活即教育""社会即学校""教学做合一"的教育主张。

作为平民主义教育的倡导者和力行者，陶行知尤其注重乡村的平民教育。他认为中国的根本问题是乡村教育的根本改造，乡村教育是"立国的根本大计"，因为"中国每一百人中，有八十五个都在乡下。所以平民教育，是要到乡下去运动"。[①] 然而，中国的乡村教育却走错了路，"他教人离开乡下向城里跑，他教人吃饭不种稻，穿衣不种棉，做房子不造林。他教人羡慕奢华，看不起务农。……他教农夫子弟变成书呆子。他教富的变穷，穷的变得格外穷；他教强的变弱，弱的变得格外弱"。[②] 针对乡村教育所存在的这种脱离实际的情况，陶行知认为乡村教育必须寻找生路，而生路就是"建设适合乡村实际生活的活教育"。活教育是这样一种教育：

> 活的乡村教育必须要有活的乡村教师，活的乡村教师必须有三个条件：第一有农夫的身手，第二有科学的头脑，第三有改造社会的精神。他的功效：一年能使学校气象生动，二年能使社会信仰教育，三年能使科学农业著效，四年能使村自治告成，五年能使活的教育普及，十年能使荒山成林，废人生利，这样教师就是改造乡村生活的灵魂。活的乡村教育要有活的方法，活的方法就是教学做合一：教的法子根据学的法子，学的法子根据教的法子；事怎样做就怎样学，怎样学就怎样做。……活的乡村教育要用活的环境，不用死的书本。他要运用环境里的活势力，去发展学生的活本领——征服自然改造社会的活本领。他其实要叫学生在征服自然改造社会上去运用环境的活势力，以培植他自己的活本领。[③]

陶行知所提倡的活教育，是教育与生活的结合，其实质是为了生活的教

---

① 陶行知. 全国平民教育之现状 [J]. 括苍，1924 (3)：121 - 126.
② 陶行知. 中国乡村教育之根本改造 [J]. 中华教育界，1927，16 (10)：1 - 5.
③ 陶行知. 中国乡村教育之根本改造 [J]. 中华教育界，1927，16 (10)：1 - 5.

育（Education for Life），尤其强调在生活中进行教育。陶行知用八年的教育实践经验表明，杜威的"教育即生活"的理论在中国是行不通的。而在实践"教育即生活"理念的过程中，他悟出了一条新路，即"教学做合一"。"'教育即生活'的理论，至此乃翻了半个筋斗。实行'教学做合一'的地方，再也不说'教育即生活'。"① 但这并不是说教育即生活的理念在中国完全没有用，它也给了陶行知重要的理论启示，"没有'教育即生活'的理论在前，决产生不出'教学做合一'的理论。但到了'教学做合一'的理论形成的时候，整个的教育便根本的变了一个方向，这新方向是'生活即教育'"。② 由此可见，"生活即教育"观念的提出不是对"教育即生活"的简单应用，它是陶行知通过多年的教育实践得出的结论，是他结合中国教育实际所得到的宝贵经验。

活教育的主张将乡村学校作为改造乡村生活的中心，使乡村教育与社会的改造紧密地结合了起来。为了亲自实施活教育，陶行知于1927年在南京创办了晓庄师范学校，开展他的乡村生活教育实验。试验学校遵循教学做合一的原则，在生活中进行教育，将学校课程与乡村生活密切关联，使得教育与生活、生产都有机地结合在了一起。陶行知指出："全部的课程包括了全部的生活：一切课程都是生活，一切生活都是课程。我们不知道什么是课内活动和课外活动。"全部活动，即教学做，由五部分组成：一是中心小学活动教学做，包括国语算数组，公民组，卫生组，自然组，园艺组，游戏娱乐组；二是分任院务教学做；三是征服自然环境教学做；四是改造社会环境教学做；五是学生自动的教学做。③ 通过这些教育内容，陶行知将课程与生活、教师与学生、学校与社会有机统一到了一起，真正实现了生活即教育的理念。

与晏阳初进行平民教育的目的一样，陶行知也试图通过这种生活教育来培养能改造社会的公民。"我们要从乡村实际生活产生活的中心学校，从活的中心学校产生活的乡村师范，从活的乡村师范产生活的教师，从活的教师产生活的学生，活的国民。"④ 将乡村学校作为改造乡村生活的中心，通过活教育培养有生活实践能力的合格公民，这不仅是振兴乡村教育的有力举措，也是通过乡村来培养公民的积极尝试。

---

① 陶行知. 生活即教育 [G]. 陶行知全集第二卷. 成都：四川教育出版社，1991：7.
② 陶行知. 生活即教育 [G]. 陶行知全集第二卷. 成都：四川教育出版社，1991：7.
③ 陶行知. 中国乡村教育运动之一斑：中国代表致送坎拿大世界教育会议报告之一 [J]. 中华基督教教育季刊，1927，3（3）：5－16.
④ 陶行知. 中国乡村教育之根本改造 [J]. 中华教育界，1927，16（10）：1－5.

3. 梁漱溟的乡村教育与乡村建设实验

经过参观访问与实地考察，梁漱溟对晏阳初在河北定县开展的平民教育实验，以及陶行知的南京晓庄教育实验给予了高度的评价。与此同时，他也在山东邹平开展了一系列的乡村建设实验，试图通过乡村经济、政治、教育和文化的改革来振兴乡村，最终实现民族自救。他虽然没有明确提出公民教育的相关主张，但其乡村教育思想的实施本身就是培育公民的重要实践。

与陶行知一样，梁漱溟也认为要解决中国的问题就要从最多数人生活的地方入手，即乡村，中国的建设问题就是乡村的建设。对于乡村建设，梁漱溟有着自己独特的见解。他认为，当时的社会经过几十年近代化与革命化的过程，中国乡村所具有的传统伦理和文化遭到了严重的破坏，"原来中国社会是以乡村为基础，并以乡村为主体的；所有文化，多半是从乡村而来，又为乡村而设——法制、礼俗、工商业等莫不如是。在近百年中，帝国主义的侵略，固然直接间接都在破坏乡村，即中国人所作所为，一切维新革命民族自救，也无非是破坏乡村。所以中国近百年史，也可以说是一部乡村破坏史"。① 这无疑是一种深刻而沉痛的领悟，中国处于这种独有的特殊状态之中，没有任何现成的经验可以参照，而只能进行乡村自救。

之所以要进行乡村自救运动，是因为中国在经济上和政治上都无法解决乡村破坏的问题，在其实质上，乡村破坏是一个政治问题——不是政治的好坏，而是"政治的没有"。梁漱溟认识到，政治实质上就是一种秩序，"任何一社会，都要在一种社会秩序下，进行他的社会生活；而且一个国家，必有其秩序——国家与秩序是二而一、一而二的"。② 传统中国即使存在不平等，但并未失序，而近百年来的中国则处在一个失序的状态，这是导致乡村破坏乃至整个社会伦理体系崩溃的重要根源。梁漱溟指出，维持社会秩序最为重要的要素就是教化、礼俗和自力，因此，救济乡村的唯一办法就是运用教育的力量进行乡村建设，恢复乡村的社会秩序。

乡村自救并不是盲目的、无序的乡村革命，在梁漱溟看来，通过教化来恢复和重建礼俗是救济乡村的重要途径。他指出："中国近百年史，原可说是一部乡村破坏史。国际与国内的两重压迫，天灾与人祸的两种摧毁，使得乡村命运，益沉沦而就死。如此严重的压迫与摧毁，在知识短浅而又零散单弱的农人或农家有什么办法呢？非我们（知识分子作乡村运动者）使他们发

---

① 梁漱溟 . 乡村建设理论 . 2 版 [M]. 上海：上海人民出版社，2011：11.
② 梁漱溟 . 乡村建设理论 . 2 版 [M]. 上海：上海人民出版社，2011：14.

生公共观念,教他们大家合起来如何解决问题不可。"① 因此,乡村建设实际上也是一场启蒙运动,要通过知识分子的引导来使民众获得公共意识,从自身的改造开始,进而达到改造社会的目的。

虽说是由知识分子所主导的启蒙运动,但乡村建设并非是停留在理论层面的知识启蒙,它是在多年来的社会现实堆积下所催生的产物,是国人在近代化过程中对自身境遇反思的结果。"乡村建设运动当然不是偶然产生的,它的发生完全由于民族自觉及文化自觉的心理所推迫而出。所谓民族自觉就是自力更生的觉悟。"② 自清末以来,官方和民间都开始大刀阔斧地向西方学习,在引入西方政治和道德观念的同时,中国固有的传统道德规范日渐式微,旧的道德体系和社会组织已然崩溃,而新的社会秩序尚未建立,中国社会陷入了一种文化失调的状态。梁漱溟深刻认识到了中西方文化的不同,虽然西方文明有所长,但他反对盲目抄袭照搬,主张"须走自己的道路"。中国社会是乡村社会,乡村的破坏改变了中国社会的根基,那么社会秩序的重建就应当从乡村开始。

乡村的破坏是政治、经济和文化三方面的破坏,因此,乡村建设也应当从这三方面入手。"所谓乡村建设,事项虽多,要可类归为三大方面:经济一面,政治一面,教育或文化一面。虽分三面,实际不出乡村生活的一回事;故建设从何方入手,均可达于其他两面。"③ 经济上的改造,在于促兴农业,并由农业而带动工业,从而避免直接工业化所带来的危害。政治方面的改造,不是像西方社会那样进行资产阶级革命,在中国的经济状态和日益衰落的乡村背景下,不可能产生"欧化的地方自治",而须通过经济上的合作经营来展开,"非借经济一面之合作引入政治一面之自治不可"。④ 从农业到工业,由经济而政治,这是梁漱溟基于对中国社会特征的深入分析而得到的经验总结,盲目推行西方的近代工业化革命和资产阶级民主政治的改革,在中国都是行不通的。

无论是政治上的改造还是经济上的改造,最终都要落实到人的身上,这使得乡村建设问题最终要归到教育上。"办教育的往前进,天然的要转到乡村;我们正面解决社会问题的乡村建设者,由于方法的探求,也一定要归到

① 梁漱溟.乡农学校的办法及其意义 [G]. 宋恩荣编.梁漱溟教育文集.南京:江苏教育出版社,1987:139.
② 晏阳初.十年来的中国乡村建设 [G]. 宋恩荣主编.晏阳初全集(第一卷).长沙:湖南教育出版社,1989:559.
③ 梁漱溟.山东乡村建设研究院设立旨趣及办法概要 [J]. 村治,1930,1(11–12):1–19.
④ 梁漱溟.山东乡村建设研究院设立旨趣及办法概要 [J]. 村治,1930,1(11–12):1–19.

教育。"① 在具体的教育改造方面，梁漱溟认为，"以提高一般民众之知能为主旨"的成人教育应先于小学教育，这是因为改造中国的文化，必须要从成人教育入手。而成人教育的实施，一方面依赖于平民教育，一方面要构建一种特殊的环境。"此刻的中国，已不能用学校式的教育，而应以社会式的教育为主体；抽乡民而置之于学校，亦事实所不许。事实上非在其原来的环境里，教以农业改良，教以乡村自治不可。"② 这就是说，民众的教育必须在真实的社会生活环境中进行，即在他们原来的生活中展开。

正是在这个意义上，梁漱溟认为单靠平民教育实验是不能解决中国乡村教育问题的，必须将平民教育推广至更大范围的民众生活中。因此，在原有的乡村创造新的乡村文化就成为乡村建设的重要途径。而在梁漱溟看来，"要创造文化，故施行成人教育；施行成人教育，即所谓创造文化，即所谓乡村建设，即所谓社会教育。乡村建设与社会教育，是一而二、二而一者"。③ 在此，文化的改造和教育的改造被有机地统一起来，成为乡村建设的重要内容。

梁漱溟的乡村教育和乡村建设的理论与实践，是建立在他对中国传统文化的深切关怀之上的。他认为，传统中国伦理本位、职业分途的社会构造是中国文化的优越性所在，由家庭生活推演出伦理本位，以伦理关系组织社会，这种社会构造使得"社会以为国家，二者浑融莫分"。"由是居此社会中者，每一个人对于其四面八方的伦理关系，各负有相当义务；同时其四面八方与他有伦理关系之人，亦对他负有义务。全社会之人，不期而辗转互相连锁起来，无形中成为一个大家庭。观其彼此顾恤，夫宁有所谓自私？职业分途就是这样借伦理本位为配合，得以稳稳行之二千年。"④ 这种独特的人伦关系赋予了个体对他人和集体的基本义务，形成了以道德、礼俗和教化相互循环和影响的社会秩序，乡村教育和乡村建设都应当基于对这一秩序的维护和重建。

总之，与早期的启蒙思想家如严复和梁启超专注于知识层面的启蒙相比，20世纪20年代以来的平民教育运动和乡村教育实验，将培养新民的目标转向了中国最大多数和最底层的普通民众，以实践的方式真正推进了新民的诞生。晏阳初、陶行知和梁漱溟的教育改革虽然存在不同的方式和侧重

① 梁漱溟.社会教育与乡村建设之合流 [J].乡村建设，1934，4 (9)：1-5.
② 梁漱溟.社会教育与乡村建设之合流 [J].乡村建设，1934，4 (9)：1-5.
③ 梁漱溟.社会教育与乡村建设之合流 [J].乡村建设，1934，4 (9)：1-5.
④ 梁漱溟.中国文化要义.2版 [M].上海：上海人民出版社，2011：184.

点，但其目的都是改造国民、改造社会，实现教育救国。正如晏阳初所说，"平教运动的目的在改造民族，挽救危亡，这是十多年来一贯的精神。识字运动、乡村建设、县政改革，都不过是一种手段，一种工具"。① 由此可见，在这一特殊的历史时期，培养公民的尝试依然是一种与社会建构乃至国家建构密不可分的行动。

值得强调的是，基于共同的救国目的，他们对教育的探索并不是盲目地照搬西方的经验，而是在全面了解西方经验的基础上，充分挖掘和考虑我国的固有传统与实际，试图寻找适合中国国情的教育方案。因此，无论是从思想上开启公民启蒙的严复和梁启超，还是推动公民教育制度改革的蔡元培，抑或是尝试平民化公民教育实践的晏阳初、陶行知和梁漱溟，都是在贯通和结合中西方文化之理的基础上，探索本土化的教育改革之路。他们以各自的方式诠释了"中体西用"这一近代化思维方式，从不同的视角尝试了对现代公民的培养，为我们提供了宝贵的思想遗产和实践经验。

---

① 晏阳初. 对长沙办事处同仁之讲话——关于抗战形势的报告 [G]. 宋恩荣主编. 晏阳初全集（第一卷）. 长沙：湖南教育出版社，1989：508.

第三章
"公民"的教育：中小学公民教育的文本分析

自清末公民观念开始萌芽以来，近代中国的公民教育经历了一个快速的发展历程。1923年公民科正式进入中小学课程体系之后，公民教育的发展达到了顶峰，尤其是这一时期有关公民教育的课程标准和教科书的问世，为之后的公民教育提供了丰富的参考资料，在近代教育史上留下了浓墨重彩的一笔。

一、中小学公民教育的课程纲要（标准）分析

自民国元年以来，在蔡元培"五育并举"教育方针的指导下，中小学公民教育进入了制度化发展时期，新学制的推行和公民科的设立都进一步推动了公民教育的制度化变革。通过对这一时期中小学公民教育课程纲要的分析，可以更好地了解这一时期公民教育的发展历程，也可以感受到教育改革在近代化过程中的巨大变化。

（一）小学公民教育课程纲要分析

从公民科设立至其消亡的短暂历史中，小学的公民教育经历了一个曲折的过程。1923年至1927年，是近代公民教育发展的鼎盛时期。国民政府成立之后，于1928年在公民科之外增设三民主义科，时隔一年后，以党义科取代了三民主义教育，并取消了公民科。1932年，民国教育部颁布小学各科课程标准，取消了党义科，设立了公民训练科。小学公民训练标准的颁布，一定程度上恢复了公民教育的基本理念，但其训练色彩大大增强。

通过对不同阶段所颁布的课程纲要和训练标准的分析可以发现，公民教育在目标的选定、课程内容及实施方式上都有较大的变动。近代公民教育的课程实施目标，从修身科开始就逐渐显露了出来，在公民训练科中依然有着强烈的体现。因此，我们在此选取1916年的《国民学校令施行细则》、1923年的《小学公民课程纲要》、1932年的《小学课程标准总纲》和《小学公民训练标准》

等不同阶段的政策文本，对公民课程的目标和内容进行对比分析。

1. 修身科与《国民学校令施行细则》

民国成立后，为了体现共和体制的教育宗旨，修身科的教学内容也发生了相应的变化。1912 年，民国教育部颁布的《小学校教则及课程表》中，规定了小学修身课程每周教授时数为 2 小时。在教学内容方面，初等小学校主要是以道德要旨为主，高等小学校第一学年是道德要旨，第二学年和第三学年添加了民国法制大意。1916 年颁布的《国民学校令施行细则》，在延续修身科基本要旨和教学内容的基础上，要求国民学校从第三学年起"兼授公民须知"，以此代替了之前的民国法制大意。

> 修身要旨在遵照教育纲要，涵养儿童之德性，导以实践。
> 宜就孝悌、忠信、亲爱、义勇、恭敬、勤俭、清洁诸德，择其切近易行者授之，渐及于对社会国家之责任，以激发进取之志气，养成爱群爱国之精神。
> 对于女生尤须注意于贞淑之德，并使知自立之道。教授修身，宜以嘉言懿行及谚辞等指导儿童，使知戒勉，兼演习礼仪。
> 自第三年起，兼授公民须知，示以民国之组织及立法行政司法之大要。①

从细则中可以看出，小学修身科的目标是"涵养儿童之德性，导以实践"，强调通过实践来培养儿童的品德。而所要养成的德性，如孝悌、忠信、亲爱、义勇、恭敬、勤俭等要求，体现出修身科更多地继承了传统的道德德目，注重个体修身养性等私德的培养。尤其是对女生提出"注意于贞淑之德，并使知自立之道"的特殊要求，表明修身科的教育依然深受传统教育的影响。但与传统教育不同的是，细则中增加了使国民养成爱国爱群精神的教育要求，并且自小学第三年后兼授公民须知，明了国家组织及立法行政司法的基本情况。

因此，这一时期的修身科不仅注重个人私德的培养，还开始了对团体意识的重视和培养。"兼授公民须知"的提出，是修身科融入公民教育的开始，意味着有关公民的知识和常识教育被真正纳入了课程体系。尽管这一内容在细则中体现得并不多，但依然可以感受到西方公民教育思想对中国近代教育的影响及其改变。可以说，修身科是传统道德教育向公民教育过渡的一种特

---

① 国民学校令施行细则 [J]. 中华教育界，1916，5（2）：18－32.

殊形式。

2. 公民科与《小学公民课程纲要》

1922 年，新学制改革开始推行"六三三学制"，小学由原来的七年改为六年，前四年为初级小学，后两年为高级小学。1923 年，公民科正式设立。在初小阶段，卫生、公民、历史、地理合并教学，称为社会科，占总课时的 20%；高小阶段设公民科，占总课时的 4%。[①] 同年，杨贤江起草了《小学公民课程纲要》，对小学公民教育的目的、程序、方法和毕业最低限度标准分别做出了规定，主要内容如下：

（一）目的

使学生了解自己和社会（家庭、学校、社团、地方、国家、国际）的关系，启发改良社会的常识和思想，养成适于现代生活的习惯。

（二）程序（规定了一至六学年的任务，具体内容见后表）

（三）方法

1. 以讲述、表演等为公民修养的教学方法。以参观、调查、讨论等为社会组织的教学方法。以学校服务、学校自治为公民训练的具体方法。均注重实践。

2. 前四学年与卫生、历史、地理合为社会科教学，第五六年仍须与各科联络。

（四）毕业最低限度的标准

初级：

1. 明了个人与家庭、学校、职业的关系，和服务的责任；

2. 明了市、乡、县、省的组织，和公共事业的性质大概；

3. 有投票、选举、集会、提案等关于地方自治的常识。

高级：

1. 明了国家的组织、经济、地位，以及国际的情势；

2. 明了公民对于国家、国际的重要责任；

3. 能述做良好公民的重要条件。[②]

《小学公民课程纲要》是根据 1922 年新学制的指导思想编写而成的，它与之前的修身科相比有了本质的改变。无论是从课程目标及具体的教学内容上看，还是从毕业要求及教学方法上来看，《小学公民课程纲要》都体现了

---

① 新学制课程标准纲要 [J]. 广东省教育会杂志，1924，2 (4)：112 –147.
② 杨贤江. 小学公民课程纲要 [J]. 小学教育界，1922，2 (3)：185 –187.

现代公民教育的本质，它完全按照培养现代公民所需要的知识和能力来设计课程。

首先，从目标上来看，《小学公民课程纲要》要求学生了解自己和社会的关系，启发改良社会的常识和思想，鼓励个体参与社会并改良社会，这旨在培养学生的公民身份意识和公共精神。可以说，新学制下的公民课程以培养符合社会发展的公民为目的，它所要培养的不再是一个依附或臣服于统治者的个体，而是一个具有公民身份的独立个体。通过公民身份、公民知识及公共意识的启蒙和教育，个体在发展自我的同时能积极主动地将自己纳入社会，作为团体中的一员去承担应有的责任，自发地参与到社会的改造中去。

其次，从实施程序即一至六学年的具体教学内容，以及毕业最低限度的标准来看，公民课程注重从儿童的生活出发，以同心圆扩散的方式由近及远地对其进行相关公民知识的教育，旨在让儿童明了自身与社会各组织之间的关系，以及自身所应承担的公民责任，最终达到做良好公民的重要条件。1923 年小学公民课程纲要教学内容见表 3-1。

表 3-1　1923 年小学公民课程纲要教学内容

学年	教学内容
第一学年	家庭生活概况，学校规约和遵守方法，自己对家庭、学校的行为和责任
第二学年	学校生活概况，邻里关系及公共事业，邻近职业状况观察，自己对家庭、学校的行为和责任
第三学年	市乡生活概况，县省组织概况，学校自治服务，自己对家庭、学校、地方团体的责任
第四学年	参与县省公务的直接和间接方法，国家组织的概况，公民对于地方和国家的责任，时事研究
第五学年	学校组织和与公民与教育的关系，地方自治事业与公民的关系，团体的组织研究，公民的责任和娱乐，各种服务公众的方法，时事研究
第六学年	县、省、国的组织、事业，国内的家庭、妇女、劳动等特殊问题，职业的种类和择业方法，本省中等学校的种类和选校等升学方法，时事研究，完成一个公民的条件

（注：本表由笔者根据 1923 年《小学公民课程纲要》整理而成）

从上表中可以看出，前三个学年主要让学生了解家庭、学校、市乡的规约及自身所需要承担的公民责任，在此基础上，后三个学年进一步了解各级国家组织、地方自治、公共事业及时事方面的知识。通过对家庭生活、学校生活、市乡生活及国家生活等层面的逐级展开与推广，引导学生了解相关公民知识，初步培养其参与公共事务的意识和兴趣。在六个学年的不同内容中，都特别注重两个方面的问题。一是注重学校与社会的联系，将社会中的特殊问题融入学校教育之中，如邻里关系、职业状况、公共事业、地方团体、地方自治、时事等，以培养儿童成为一个真正公民所需要的身份与能力。二是注重个体对于他人和社会所承担的责任。人的生活离不开团体生活，从家庭到国家，个体无不承担对团体的基本责任。

最后，从教学方法来看，公民科的教学要求摒弃了将儿童作为被动的规则接受者的立场，充分考虑了儿童的年龄特征和能力。根据课程纲要中的"方法"要求，涉及公民教育的三种类型需采用不同的教学方法，公民修养的教学以讲述、表演为主；社会组织的教学以参观、调查、讨论为主；公民训练的教学方法以学校服务、学校自治为主。关于这几种方法的教学顺序，有学者做出了如下说明：

　　1. 属于故事修养方面的

　　（1）引起动机；（2）决定目的；（3）讲演或范作；（4）复演或仿作；（5）讨论；（6）判断；（7）欣赏；（8）实践

　　2. 属于社会组织方面的

　　（1）引起动机；（2）决定目的；（3）参观或调查；（4）搜集资料；（5）讨论；（6）判断；（7）欣赏；（8）指导将来实践的方法

　　3. 属于服务自治方面的

　　（1）引起动机；（2）决定目的；（3）计划；（4）试行；（5）判断；（6）欣赏；（7）指导怎样实践的方法[①]

从中可以看出，教学方法的使用充分考虑了儿童在教学过程中的地位，每种方法的使用都注重从引起儿童动机开始，激起其对相关问题的兴趣，并引导他们通过模仿、参观、讨论或调查来做出自己的判断，产生欣赏的情感，最终实现导之以行的目的。

总之，对于小学生来讲，从自身的生活出发，熟悉个人与家庭、学校、社团、地方、国家乃至国际的关系，知道各级组织和公共事业的关系，以及投票、选举、集会等地方自治的知识，从而明了自己应当承担的责任，这些都是成为一个公民所应该具备的条件。如此，一个儿童经过六年的教育，才可以达到"完成一个公民的条件"。

---

① 杨逸群. 新制小学公民课程的实际讨论 [J]. 中华教育界，1924，14（5）：1–11.

3. 公民训练与《小学公民训练标准》

1932年，《小学公民训练标准》颁布，公民训练科诞生，其教学目标如下：

> 发扬中国民族固有的道德，以忠孝仁爱信义和平为中心，并采取其他各民族的美德，制定下列目标，训练儿童，以养成健全公民。
>
> （一）关于公民的体格训练：养成整洁卫生的习惯，快乐活泼的精神；
>
> （二）关于公民的德性训练：养成礼义廉耻的观念，亲爱精诚的德性；
>
> （三）关于公民的经济训练：养成节俭劳动的习惯，生产合作的知能；
>
> （四）关于公民的政治训练：养成奉公守法的观念，爱国爱群的思想。[①]

这四方面目标的提出是基于近代中国在这几方面存在的严重问题，即政治没落、经济崩溃、道德沦亡、体格衰弱。而之所以出现上述四种问题，"根本原因还在中国没有健全良好的公民"。[②] 因此，公民训练的目标中明确提出要训练儿童成为健全的公民。从体格、德性、经济、政治四方面对公民进行训练的思想，无疑是受西方公民教育理念的影响，但具体的训练内容大多是对传统德目的回归。从形式上看，1932年公布的《小学公民训练标准》较1923年的《小学公民课程纲要》更为具体和完善。从目标和内容上看，训练标准对健全公民的要求更偏重于传统道德的角度，在《小学公民课程纲要》中处处洋溢的现代公民观念有所减弱，这是政治变革所带来的结果。

虽然公民训练标准体现出了强烈的政治色彩和传统道德观念，但公民课程发展的理念和成果并没有被一笔勾销，其基本的教育思想已然渗透进了课程改革中，尤其是尊重儿童身心规律、体现儿童本位的教育理念得到了充分体现。在1932年颁布的《小学课程标准总纲》中，提出了小学教育总目标："小学应……发展儿童身心，培养国民道德基础及生活所必需的基本知识和技能，以养成知礼知义爱国爱群的国民。"具体目标分析如下：

（1）培育儿童健康的体格；

---

① 小学公民训练标准 [J]. 教育部公报, 1933, 5 (7-8): 33-37.

② 吴福元. 析论小学公民训练问题：为部颁小学课程标准而作 [J]. 教与学, 1936, 2 (2): 230-244.

（2）陶冶儿童良好的品性；

（3）发展儿童审美的兴趣；

（4）增进儿童生活的技能；

（5）训练儿童劳动的习惯；

（6）发展儿童科学的思想；

（7）培养儿童互助团结的精神；

（8）养成儿童爱国爱群的观念。①

从上述目标解析中可以看出，虽然小学公民训练渗透了政治化的指导思想，但围绕儿童生活和成长所展开的课程理念还未被完全破坏。这一方面说明教育乃至课程本身具有相对的独立性，另一方面表明培养公民的理念在当时已得到了普遍的重视。此外，作为一个伦理型的社会，忠、孝、仁、爱、信、义的道德基础依然根深蒂固，总纲中提出的知礼、知义、爱国、爱群的课程培养目标就体现了中国本土文化与西方公民观念的碰撞和融合。

1936年，《小学公民训练标准》进行了修订，主要变化如下：第一，制定目标的根据由原来的"以忠孝仁爱信义和平为中心"改成了"并新生活运动的精神"；第二，删除了原标准中的第二部分"纲要"，具体内容在"条目"部分一并呈现；第三，"实施方法要点"有了较大改变，分别从公民训练实施的原则、程序、方法三方面做出了更为细致的规定。② 总的说来，《小学公民训练标准》的制订虽然体现了一定的政治化色彩，但其为公民教育的实施提供了更具操作性的模式，对培养儿童的公民意识和道德行为起到了积极的促进作用。

（二）中学公民教育课程标准分析

中学公民课程的发展，也经历了从修身科到公民科的发展过程。中学公民科自1923年设立以后，课程标准几经修订，一直持续到了1949年。在此，我们只选取1936年之前的几个课标加以分析，即1913年的《中学校课程标准》、1923年周鲠生起草的《初级中学公民学课程纲要》、1932年的《初级中学公民课程标准》和《高级中学公民课程标准》，以及1936年的《初级中学公民课程标准》和《高级中学公民课程标准》。

---

① 部颁小学课程标准总纲 [J]．教育周刊，1933（139）：55 – 56.

② 小学公民训练标准 [J]．湖北省政府公报，1936（238）：21 – 38.

1. 修身科、法制经济科与《中学校课程标准》

1912 年，民国教育部颁布《中学校令施行规则》，规定了中学课程的门类、目标、教学内容及相关教学要求。其中，与培养公民相关的课程为修身科与法制经济科，其目标如下：

> 修身要旨在养成道德上思想情操，并勉以躬行实践，完具国民之品格。修身宜授以道德要领，渐及对国家、社会、家族之责务，兼授伦理学大要，尤宜注意本国道德之特色。

> 法制经济要旨在养成公民观念及生活上必需之知识。法制经济宜授以现行法规及经济之大要。①

从《中学校令施行规则》所规定的修身科、法制经济科的目标来看，修身科仍然体现了教育对个体传统道德养成的关注，以及对国家社会家庭所应承担责任的重视。此外，相比小学阶段的教育，中学修身科提出了更高的要求，即通过法制经济的教育使学生养成公民观念、生活常识，以及初步的法律和经济常识。

根据《中学校令施行规则》的要求，《中学校课程标准》于次年出台。各年级均设修身科，每周授课 1 小时，法制经济科则只在第四学年开设，每周授课 2 小时。通过教学内容可以看出，中学修身科除了教授待人处事之道以外，更增加了个人对国家、社会、家族、自身和人类所承担的基本义务的重视，以及对于伦理学的基本知识和本国道德特色的了解。总的来说，中学修身科依然体现了中国传统道德教育与现代教育理念的结合。《中学校课程标准》见表 3-2。

表 3-2　中学校课程标准②

学科目＼学年	第一学年		第二学年		第三学年		第四学年	
	每周时数	教学内容	每周时数	教学内容	每周时数	教学内容	每周时数	教学内容
修身	1	持躬处事待人之道	1	对国家之责务 对社会之责务	1	对家族及自己之责务 对人类及万物之责务	1	伦理学大要 本国道德之特色
法制经济							2	法制大要 经济大要

---

① 中学校令施行规则 [J]. 教育部编纂处月刊，1913，1（2）：8－20.

② 中学校课程标准 [J]. 教育部编纂处月刊，1913，1（3）：30－33.

关于法制经济的教育，最早来自于 1904 年颁布的《奏定中学堂章程》中规定的"法制及理财"。其中指出："讲法制理财者，当就法制及理财所关之事宜，教以国民生活所必需之知识，据现在之法律制度讲明其大概，及国家财政、民间财用之要略。"① 对法制经济的重视，源于近代以来西方政治经济思想的影响。"今日世界各国竞言法治，凡人之行动，无不受制于法律之下。权利赖法律而得保护，义务因法律而受拘束，故国民者，当知一国法制之大要。"② 同理，经济亦为人生必需之学问，其目的在于"经国济民"，既涉及一人一家的生活，更关联着国家社会的发达。因此之故，"法制经济，为一般国民所必需之学问，而中学生尤以注意。中学生者，社会之中坚而国民之表率也，使不粗知法制之大要、经济之原理，一旦出而与社会相接近，则其普通学识为不完全。其何足以为社会之中坚？而为国民之表率？"③ 由此可见，对法制和经济的重视是培养国民基本生活常识的需要，更是促进国家经济发展、提升法治精神的重要途径。

2. 初中公民科与《初级中学公民学课程纲要》

1923 年，《新学制课程标准纲要》颁布，在初中设立社会科，包含公民、历史、地理三科。高中则开设了人生哲学、社会问题、伦理学、心理学等一系列课程，虽然没有直接的公民科，但上述科目对培养公民同样具有重要作用。根据《新学制课程标准纲要》的规定，初中授课以学分计，每一周上课为一个小时，算为一学分，学生只有修满了 180 个学分才可以毕业，其中必修课 164 个学分，选修或补习必修课占 16 个学分。在必修课中，社会科为 22 个学分，公民科占了 6 个学分。④ 虽然公民科在课程总学分中所占比例并不高，但此次公民科的开设却具有重要的时代意义，其课程纲要为培养现代公民奠定了坚实的基础。周鲠生起草了《初级中学公民学课程纲要》，其主要内容如下：

（一）目的

（1）研究人类社会的生活；（2）了解宪政的精神；（3）培养法律的常识；（4）略知经济学原理；（5）略明国际的关系；（6）养成公民的道德。

---

① 吴履平主编. 20 世纪中国中小学课程标准·教学大纲汇编（思想政治卷）[G]. 北京：人民教育出版社，2001：132.

② 天顽. 中学生宜注意法制经济说 [J]. 学生，1914，1（2）：37－39.

③ 天顽. 中学生宜注意法制经济说 [J]. 学生，1914，1（2）：37－39.

④ 新学制课程标准纲要 [J]. 广东省教育会杂志，1924，2（4）：112－147.

（二）内容

第一段 社会生活及其组织

第二段 宪政原则

第三段 中华民国之组织

第四段 经济生活

第五段 社会问题

第六段 国际关系

（三）毕业最低限度的标准

（子）具有卫生、法制、经济及社会之常识而能应用者。

（丑）能明了人己关系而实践公众生活之规律者。①

从课程目标中可以看出，初级中学公民课程的目标和要求与修身科相比，有了很大的变化，其教学目的更为全面而深入。小到公民道德，大到人类社会生活及其所涉及的政治、经济、法律、国际关系等方面的知识，都成为公民所应具备的基本条件。教学目标的扩大使得教学内容更加丰富，几乎关系到个人、社会和国家的方方面面（见表3-3），试图培养学生成为真正适应民主社会的公民。

表3-3　1923年初级中学公民学课程内容

学段	主旨	教学内容	学分
第一段	社会生活及其组织	家庭及其组织，学校生活，同业组合，地方自治团体，国家，个人的习惯，维持社会组织的原则	1
第二段	宪政原则	国家之性质，政治组织，代议制度之运用，政府组织，人民权利自由，人民对国家之义务，法律，公共治安	1
第三段	中华民国之组织	中华民国之起原，临时约法之原则，地方政府组织，省宪	1
第四段	经济生活	生产原则，交易制度，分配制度，消费，财政	1
第五段	社会问题	教育，卫生，劳动问题，禁酒禁烟的问题，救贫及其他慈善设备，救荒问题	1
第六段	国际关系	对外关系，国防，外交，国际关系维持之法则，国际不平等的关系，国际组织	1

（注：本表由笔者根据周鲠生1923年《初级中学公民学课程纲要》整理而成）

在社会生活的要求中，学生需要了解和参与家庭生活、学校生活、同业团体和地方自治团体、国家生活等，并养成良好的个人道德习惯，了解社会

---

① 周鲠生. 新学制课程标准纲要草案：初级中学公民学课程纲要［J］. 教育杂志，1923，15（5）：2.

组织。其中，对同业团体和地方自治团体的了解，是鼓励学生参与社会公共生活的知识条件。通过培养学生的"同业公共利益及互助的精神"，让他们了解个体对于团体的义务和责任，从而更好地参与公共事务，这是公民教育培养个体公共意识和公共精神的重要途径。

公民课程要求初中生不仅要了解社会生活，还对宪政、法律、经济等方面的知识提出了要求。在宪政原则中，要求学生对国家性质及国家义务有一定的了解，这是培养学生国家观念的重要途径。自清末思想家们开始倡导培养国民的国家观念以来，人们逐渐接受了这一思想的重要性，而公民科课程纲要的制定，才使得培养学生的国家观念真正在教育体系中以课程的方式确定下来。在突出个人对国家承担义务的同时，对个人权利和自由的强调也在公民课程中得到了体现，权利与自由的结合才是培养公民的核心所在。

宪政原则除了对国家和政治问题的关注外，也涉及了对法律和宪法问题的强调，一方面体现了国家要求国民知法、懂法的迫切性，这是建设法治国家的基础；另一方面也反映出了国人对权利问题的关注，因为"现今法律之规定，多以权利为本位"，"故法律思想之厚薄，即为权利思想之厚薄"。[①]相对于中国传统观念而言，在教育中推行法律观念实为现代化的产物。此外，初中公民课程要求学生不仅要有国家视野，还要有国际性视野，学生需要明了国家的外交与对外关系、国家之间的相互联系、国际组织等内容。对国际关系问题的关注，一方面是现代教育的基本趋势，另一方面重在让学生了解当时中国所处的国际环境，以及不平等的国际关系带给中国的影响。

总的来说，1923 年的《初级中学公民学课程纲要》是中学公民教育的转折点。它和同年颁布的《小学公民课程纲要》一样，是 1922 年新学制的产物，更是公民教育思想发展到一定阶段的成果。其中所渗透的儿童本位、注重社会参与、实践公共生活等教育理念，都使得当时的公民教育达到了其历史发展的顶峰。

3. 中学公民科与初、高中公民课程标准

中学公民科设立六年以后，民国教育部于 1929 年颁布了新的《中学校课程标准》，用党义科取代了公民科。但由于教育界的强烈抵制，又于 1932年取消党义科，重设公民科。然而，回归以后的公民科已经不再是当初的模样，三民主义和党义教育的渗透对其指导思想、课程目标和教学内容都产生了深刻影响，公民教育的理念逐渐黯淡了下去。通过 1932 年颁布的《初级

---

① 天顽．中学生宜注意法制经济说［J］．学生，1914，1（2）：37 –39.

中学公民课程标准》和《高级中学公民课程标准》的目标，可见一斑。

1932 年《初级中学公民课程标准》的目标：

壹 使学生由实际生活，体己群己之关系，养成修己待人之善良品性。

贰 使学生明了三民主义之要旨，及政治经济法律与地方自治之基本知识，培养健全之公民资格。

叁 使学生了解我国固有道德之意义，确定复兴民族之道德的基础。[①]

1932 年《高级中学公民课程标准》的目标：

壹 使学生习得社会生活必需之知识，为服务社会之准备。

贰 使学生认识中国国民党之主义政纲政策，为建国及解决社会问题唯一之途径。

叁 使学生明了人生之意义，启发其自觉心，以确定其人生观，并养成其对于复兴民族之责任心。[②]

从目标上来看，公民教育的基本理念代之以三民主义的政治纲领而成为课程的指导思想。课程虽仍为公民科，目标中亦仍提倡"培养健全之公民资格"，但 1923 年公民课程纲要所提出的多方面目标均已不见，其狭隘性和封闭性却跃然纸上。从内容上看，1932 年的公民课程对教材大纲的规定更为细化，在公民教育的大框架下渗透了一定的党化教育内容，在提倡现代公民生活的同时，也不忘强调公民的修身意识、家庭伦理意识、民族意识等我国固有的道德基础。1932 年中学公民教育课程教材大纲见表 3-4。

表3-4 1932 年中学公民教育课程教材大纲

	第一学年第一、第二学期	第二学年第一、第二学期	第三学年第一、第二学期
初中	1. 公民生活与公民道德（学校生活，家庭生活，社会生活）2. 公民与政治生活（国家，公民与政府，革命建设之程序）	1. 地方自治（地方自治与训政及宪政关系，地方自治之组织，地方自治之实施）2. 法律大意（法律与公共生活，权利主体与客体，财产与财产继承，契约与损害赔偿，犯罪与刑事制裁，法院）	公民与经济生活（经济生活之意义，消费，生产，交换，分配，财政，中国经济之现状与将来）

① 部颁初级中学公民课程标准［J］. 教育周刊，1934（201）：33-36.
② 部颁高级中学公民课程标准［J］. 教育周刊，1934（201）：29-33.

续表

	第一学年第一、第二学期	第二学年第一、第二学期	第三学年第一、第二学期
高中	1. 社会问题（社会问题之意义与范围，家庭问题，人口问题，劳动问题，农村问题，妇女问题，贫穷与生计问题，犯罪问题）2. 政治概要（国家之意义与种类，我国现行政治制度，各国政治制度之比较，宪法，政党，国际关系与国际组织）	经济概要（经济与经济学，消费，生产，交换，分配，国家财政，中国经济状况，中山先生实业计划）	1. 法律大意（法律之意义与渊源，权利能力与行为能力，法律行为与意思表示，动产与不动产所有权，婚姻父母子女与亲属，法定继承与遗嘱馈赠，各种犯罪制裁与监狱，法院组织与民刑诉讼）2. 伦理大意（伦理之意义，伦理学说，中国青年之责任与义务）

（注：本表由笔者根据 1932 年《初级中学公民课程标准》和《高级中学公民课程标准》整理而成）

仅就初中阶段的教学内容来看，1923 年和 1932 年的公民课程都包含了大致相同的内容，如公民道德，公民的家庭生活、学校生活、社会生活，国家与政治，法制问题，经济问题等。但在具体的模块分类和内容安排上，存在着较大的不同。值得一提的是，这种不同并不完全表明 1932 年的公民课程标准丧失了公民教育的初衷，相反，在某些问题的处理上，它体现了一种进步。也就是说，目标上的政治化并未完全掩盖内容上对公民性的延续，这表明，公民教育在当时虽然已经失去了昔日的荣光，但近十年的推行也留下了难以磨灭的影响。

具体来说，两版课程标准的不同主要有如下方面：

第一，1923 年版的公民课程由于只在初中开设，需要在三个学年学完六大主题的内容，其教学容量相对比较大。在 1932 年的版本中，"社会问题"和"国际关系"两大问题被安排在了高中阶段，更符合学生身心发展和认知能力的需要。

第二，在 1923 年的公民纲要中，地方自治和法律问题分别属于社会生活和宪政原则中的一个小问题。在 1932 年的版本中，这两个问题被放大，单独作为两大学习主题呈现。尤其在法律大意的教学主题中，明确提出了"公共生活"的观念。公共生活的观念不仅在涉及法律大意时被提及，事实上，这一观念贯穿于整个教学内容，即公民生活、公民与政治生活、公民与经济生活等。政治生活、经济生活乃至公共生活概念的提出，进一步体现了公民培养不是一个独立的实践，而是与其生活的方方面面密切相关。从某种意义上讲，公民的养成就是培养个体参与公共生活的过程。

第三，在公民道德的养成中，1923 年的公民课程强调培养"公正、诚信、义勇心、尚秩序的精神，自制力、礼节、清洁诸德"①，以此作为良好公民的必要条件。而在1932年的公民课程中，公民道德仅限于"善良品性之培养"，学校生活的多方面内容均为了养成这一品性。"养成修己待人之善良品性"被作为课程目标之一，这使得对公民的道德要求变得更加单一和封闭，同时也折射出了课程要求对传统修身教育的回归。

第四，受训育思想和小学公民训练课程的影响，初中公民课程亦开始强调公民训练。在"实施方法概要"中，多次提到运用适当方法对学生进行公民训练，这也是与1923年的公民课程所不同的地方。后者在毕业最低限度的标准中，提出要"明了人己关系而实践公众生活"，强调通过公共生活实践公民道德，没有直接提出进行公民训练的要求。虽然公民训练思想是伴随着1923年公民科的设立而高涨的，也是培养公民的一种重要方式，但也体现了公民教育的方式从重生活实践到重行为规范训练的变化。

以上是对1932年的初高中公民课程标准的大致分析，这两个课程标准实施四年之后，又于1936年进行了修订。修订后的课程标准具有如下新的变化：第一，初中公民课程的目标中增加了"实践新生活运动"的要求；第二，原有的公民生活与公民道德、公民与政治生活、公民与经济生活、法律与公共生活等观念不再出现；第三，目标中原有的"修己待人的善良品性"代之以"立己合群之善良品性"，具体的养成内容或途径在教材大纲中没有规定；第四，初中公民课程取消了法律大意，全部归入了高中阶段。高中阶段的课程内容做了相应调整：第一学年分两学期学习社会问题、政治概要和经济概要；第二学年全部学习法律大意；第三学年第一学期学习伦理大意，第二学期则没有相关学习内容。1936年中学公民课程教材大纲见表3-5。

表3-5　1936年中学公民课程教材大纲

	第一学年第一、第二学期	第二学年第一、第二学期	第三学年第一、第二学期
初中	一、公民之意义 二、学校生活与公民道德之培养 三、家庭生活 四、社会生活	五、公民与国家 六、公民与政治	七、地方自治
高中	第一学期：社会问题和政治概要 第二学期：经济概要	法律大意	第一学期：伦理大意 第二学期：无

（注：本表由笔者根据1936年《修正初级中学公民课程标准》和《修正高级中学公民课程标准》整理而成）

---

① 周鲠生.新学制课程标准纲要草案：初级中学公民学课程纲要［J］.教育杂志，1923，15（5）：2.

此后，中学公民课程标准又于1940年、1941年和1948年进行过三次修订。每一次的修订，都意在加强政治意识形态的教育，虽然"公民"一词仍然频现课程标准之中，但其目标和内容都在逐渐远离公民教育的本质。

综合以上对小学、中学公民课程纲要或标准的分析，如果仅从课程标准本身来看，其发展变化呈现出由模糊走向清晰，变得逐渐完善、成熟的特点。同时，也体现出这一时期公民教育的开展在中小学是同步进行的，只是在目标、内容、实施方式等方面的设定上，针对不同年龄阶段的学生有所不同。然而，课程标准结构的完善并不能掩盖其本质的变化，在公民课程的演变过程中，政治意识形态的渗透对公民教育造成了不可逆转的影响，使得公民教育的蓬勃发展期仅维持了不到十年就草草收场了。近代中小学修身、公民课程标准结构见表3-6。

表3-6　近代中小学修身、公民课程标准结构

	年份/名称	课程标准结构
小学	1912年小学校教则及课程表	没有独立课程标准
	1916年国民学校令实施细则	没有独立课程标准
	1916年高等小学校令实施细则	没有独立课程标准
	1923年小学公民课程纲要	目的、程序、方法、毕业最低限度的标准
	1932年小学公民训练标准	目标、纲要、愿词及规律、条目、实施方案要点
	1936年小学公民训练标准	目标、愿词及规律、条目、实施方法要点
中学	1912年中学校令施行规则	没有独立课程标准
	1913年中学校课程标准	没有独立课程标准
	1923年初级中学公民学课程纲要	目的、内容、毕业最低限度的标准
	1932年初级中学公民课程标准	目标、时间支配、教材大纲、实施方法概要
	1932年高级中学公民课程标准	目标、时间支配、教材大纲、实施方法概要
	1936年初级中学公民课程标准	目标、时间支配、教材大纲、实施方法概要
	1936年高级中学公民课程标准	目标、时间支配、教材大纲、实施方法概要

（注：本表由笔者根据1912—1936年的修身科和公民科课程细则、标准整理而成）

二、中小学公民教育的教科书分析

教科书是教育内容的载体，民国前期为提倡公民教育引发了一场教科书

革命，各类公民教育的教科书如雨后春笋般涌现。公民教育教科书的诞生，既是中西文化融合下新教育思想的表达，更是一种时代的见证，注入了对教育救国的满满期待。通过对教科书的分析，我们可以更加清楚地了解这一时期的思想家和教育家对公民教育的理解与运用。同时，彼时教科书中所展现的公民思想和内容依然可以为今天的公民教育提供借鉴。

与前述对课程标准的分析一样，以下对中小学教科书内容的分析，不局限于公民科，也纳入了修身科的教材。这是因为，民初以来的修身科开始渗透了公民教育的相关内容，体现了公民教育的某种过渡。同时，1923 年设立的小学公民科在一至四年级是与历史、地理合并为社会科的，因此公民教育教科书的分析中也会包含社会科的教材。

（一）小学公民教育教科书内容分析

小学修身科和公民科教科书的发展，既呈现出了某些共同之处，也有着各自不同的特点。在此，我们将主要结合两类教科书的优点进行分析，以期获得有益的启示。同时，考虑到下一章专门讨论公民训练问题，有关公民训练的教科书不在此论述。

1. 低年级修身教科书呈现方式以图画为主

1912 年初，随着新的教育宗旨和学制的颁布，中华民国临时政府下令禁止使用清学部发行的教科书，并着手编辑适应新形势的"共和国教科书"。同年 4 月，"共和国教科书"陆续出版发行并投入使用，《共和国教科书·新修身》就是其中的一种。《共和国教科书·新修身》分初等小学校适用和高等小学校适用，前者共八册，后者共六册。其中，《共和国教科书·新修身（初等小学校）》针对的是低学段儿童，在内容设定上以培养儿童的规则意识和养成良好习惯为主。在对规则和习惯等内容的呈现上，主要借助图画的形式，以形象具体的动作引导儿童明了规则、养成习惯。比如，第一册中的第一课"入学"，通过一个学校的图片及一个背着小书包的儿童，呈现出一个穿戴整齐、彬彬有礼的学生形象，这也在隐性地告诉学生学校是什么样的，学生又是怎样的。简单的一个图画向学生展示了入学的场景、学校的规则及对学生的要求。

此外，1916 年由婺源方钧编的《新式修身教科书》，以及 1920 年商务印书馆出版的《新法修身教科书》，同样体现了上述特点。以前者为例，本套书共分八册，第一、第二册以图画呈现，第三、第四册图文并茂，第五至第八册则以文字为主。以第一册为例，从第一课的"上课"开始，到第十五课的"家庭之乐",内容涵盖了学校生活和家庭生活中的各种规则与习惯,都是用图画的形式展示出来的。如第五课"敬师",由上下两幅图画组成,上图是全体学生在教室里向教师鞠躬行礼,下图是两名学生路遇教师鞠躬行礼,教师则脱帽回礼。[①] 对一年级的儿童来说,图书就是最好的认知方式。

上述特点在《新小学教科书社会课本》中同样有所体现,第一、第二册为图画,第三、第四册以图为主,搭配少量的文字,第五册到第八册主要为文字的陈述。低年级的教科书内容就是通过类似这样看似浅显,实则蕴藏着深刻道理或者展示生活图景的图画来展示的,这样的处理方式十分符合低年级儿童的认知特点,用简洁明了、通俗易懂的形式传递出了各种规则和习惯的重要性,让儿童直观地认识自己所生活的世界。

2. 内容选择上结合了传统道德德目与公民观念

无论是修身科还是公民科,在内容的选取上,都体现了传统道德德目与现代公民观念的结合。所不同的是,前者的传统道德内容更为丰富,后者的现代公民观念更加突出。以《共和国教科书·新修身》为例,无论在初等小学还是高等小学,传统道德德目都占据了很大的比重(见表3-7、表3-8)。修身教科书通过图画或者故事的形式,将中国传统文化中的礼义廉耻、忠孝仁爱等一一讲述。

表3-7 《共和国教科书·新修身(初等小学校)》课目

册别	课目
第一册	入学、敬师、爱同学、课室规则、操场规则、仪容、早起、清洁、应对、孝父母、友爱、慎食、衣服、温习、勤学、游戏、休息
第二册	守时刻、好学、守秩序、诚实、整理、专心、勤操作、亲恩、爱亲、敬老、敬客、公平、礼节、竞争、尚武、扶助他人、公德、爱生物
第三册	起居、强身、清洁、节饮食、惜物、惜时、好学、贮蓄、爱亲、事亲、友爱、睦邻、正直、礼貌、去争、合群、爱同类、济贫
第四册	职业、勇敢、镇定、戒惰、整洁、卫生、食礼、爱物、友爱、礼让、守信、不妄语、投报、不拾遗、御侮、尚武
第五册	自省、求己、惜时、惜物、整理、节俭、戒赌博、养生、运动、家庭、孝勇、友爱、公德、恤族、敬长、善待童仆、信实、让功
第六册	技能、苦学、自治、责己、不妄取、择友、友谊、睦邻、隐恶、宽容、忠勤、仁勇、公益、合群、仁慈、爱国、国旗

---

① 方钧. 新式修身教科书(第一册)[M]. 上海: 中华书局, 1916: 3.

续表

册别	课目
第七册	自重、改过、去伪、立志、御侮、恒心、坚忍、名誉、知耻、谦虚、慎言、戒吸烟、戒饮酒、去迷信、治产、职业、廉洁、报德
第八册	孝道、兄弟、慈幼、尚义、宽厚、公益、守法律、服兵役、纳税、教育、选举、尊重名誉、博爱、对外人、重自治、戒贪争、戒躁进、好国民

（注：本表由笔者根据李保田主编的《共和国教科书·新修身（初等小学校)》整理而成）

表3-8 《共和国教科书·新修身（高等小学校)》课目

册别	课目
第一册	道德、求己、自助、不畏难、循序、专一、励志、自省、慎言、韬晦、戒贪、贮蓄、节用、清洁、节饮食、职业、习勤
第二册	孝道、友爱、爱敬、念旧、高义、正直、不拾遗、公德、扶弱、救恤、慈善、公义、忠烈、义勇、果敢、自由、平和、爱众、人道、爱生物
第三册	勉学、惜阴、存诚、卫生、勤勉、储蓄、立志、习惯、规则、名誉、悔励、戒迁延、安贫、戒荒嬉、谦逊、戒赌博、廉介、知足、进取、坚忍、壮勇
第四册	孝道、爱兄、祖先、睦族邻、守信、报德、正直、商业道德、博爱、济众、行恕、爱生物、义勇、公益、公德、合群、教育、纳税、守法、爱国
第五册	家庭教育、知识、祛惑、专一、忍耐、自奋、励志、自守、修省、改过、勤俭、戒吝啬、戒贪、惜物、尚勇、警游惰、躬行
第六册	师弟、交友、责善、戒轻薄、度量、宽容、义勇、公益、公众卫生、博爱、慈善、仁厚、公德、公义、强毅、武勇、报国、国民义务、人权、人格、国际道德、中华国民

（注：本表由笔者根据李保田主编的《共和国教科书·新修身（高等小学校)》整理而成）

从上面列举的课目中可以看出，修身教科书包含了很多传统的道德德目，如孝道、礼节、守信、勤俭、修省、慎言、忠烈、义勇、知耻、安贫、行恕、仁厚等。其中，"孝道"不论是在初级小学还是高级小学中都多次出现，足以表明这一品质对培养中国国民的重要意义。

在初级小学第八册第一课中谈到"孝道"，即"报亲之道，安乐其身，顺承其志。而洁身修行，勿贻父母忧辱，又孝之大者也"。[①] 高级小学第二册第一课也提倡"孝道"，"孝道始于奉养，而尤贵能安父母之心。子女幼时，识短力微。虽知爱其父母，而未能奉养，则以能安亲心为贵。谨听其语言，

---

① 李保田主编. 共和国教科书·新修身（初等小学校全八册)[M]. 桂林：广西师范大学出版社，2012：168.

服从其命令，有事则代操作，入学则勤读书，父母见之，自不胜喜悦矣"。①
除此之外，还有多处内容也都涉及孝道，教导儿童从小懂得孝敬父母，这可
以说是在以家族为本位的中国社会中需要形成的重要品质。

通过对这些德目的总结可以看出，它们主要涵盖的是中国传统文化中一
直强调的礼、义、廉、耻和忠、孝、仁、义、信、爱等品质。修身科以宣扬
这些传统道德为主要内容，以实现其"修身"的本意。除此之外，新的道德
观念和公民思想也逐步体现在了其中，如自由、公德、公益、公平、人权、
人道、合群、自治、博爱、纳税、义务、国际道德等。例如，高等小学校修
身教科书第二册第十六课为"自由"，其中提到："人类者，天赋以自由权
者也。有身体之自由，有思想之自由，有信仰之自由。""然自由者，固以法
律为范围也。""吾人自己之生命、财产、名誉，固当贵重，而尤不可妨害他
人之生命、财产、名誉。妨害他人者，即轶出于法律之外者也。"② 第六册第
十九课论述"人权"，如下所述：

> 人权者，人人所自有，而非他人所能侵损者也。析而言之，有对于
> 公众之权，有属于个人之权。组织社会，参与政治，选举议员，举吾学
> 识之所及，皆得发布于外，以求有益于人类。此人权之对于公众者。信
> 教自由，营业自由，生命自由，财产自由，意志所在，即权力所在，非
> 他人所得干涉，此人权之属于个人者。具此伟大之人权，但能各保其
> 权，而不相侵犯，任所欲为，无施不可也。③

同册教材第十三课论述"公德"，如下所述：

> 人不能离社会而独立。如欲彼此相安，讵能以己所不欲，施诸他
> 人。此人之所以宜讲公德也。

> 公德之事不一，略举一隅，以当反三。勿以污秽不洁之物，弃诸道
> 路、沟渠中。勿损坏公共之物。勿谈人隐私。勿偷视人书信。勿蹂践公
> 共之居处。勿以艰难之事推诿他人。凡人有所询问，苟我所知，必以详
> 告。凡人在困苦中，力能扶助则扶助之。严守相约及集会之时刻。扶持
> 老幼之人。

---

① 李保田主编. 共和国教科书·新修身（高等小学校全六册）[M]. 桂林：广西师范大学出版社，2012：
27.

② 李保田主编. 共和国教科书·新修身（高等小学校全六册）[M]. 桂林：广西师范大学出版社，2012：
42.

③ 李保田主编. 共和国教科书·新修身（高等小学校全六册）[M]. 桂林：广西师范大学出版社，2012：
149.

凡此种种，不胜缕述。总之文明国人，能爱己，尤能爱人。此之谓公德。①

有关公德的论述在教科书中也是多次出现，从低年级到高年级均有涉及，这表明培养公德的重要性在修身科时期已被认识到。虽然中国传统文化中更加注重对私德的培养，但并不表示传统中国社会没有"公"的概念，只是公德更多的是被当作私德的延伸，是一种推己及人的道德观，没有获得足够的独立价值。

不仅《共和国教科书·新修身》如此，此后不同版本的修身教科书陆续出版，它们都呈现出了时代的新气息。1912年12月，中华书局陆续出版"新制中华教科书"，戴克敦、沈颐、陆费逵编写了《新制中华修身教科书》。本套书也分为初小和高小，初小全书共有十二册，其中的课目与《共和国教科书·新修身》基本一致，侧重于个人和家庭的礼节，以及诸种品德的培养，此外还添加了自由、平等、博爱、合群、人权、义务、公德等新的内容。另外还有中华书局于1916年出版的《新式修身教科书》，编撰者为婺源方钧，共八册，课目内容与前书大体相似。

从初、高等小学校修身教科书的内容来看，它不仅在课目内容上将传统德目与现代德目进行了融合，在内容的表达方式上也体现了这一特点，即不仅用传统文化中的故事解释传统德目，也用西方文化中的故事来做解释；同时，用中国传统故事来解释西方公民观念。在对传统德目的内容阐述中，大多采用的是中国传统的典故、寓言故事、名人名事、名人语录等，但也不乏国外的名人事迹。如在初小部分第六册中，第十二课"仁勇"，所举事例为意大利爱国志士加里波第的故事；第十三课"公益"，所举事例为中国历史名人乌古孙泽的故事；第十四课"合群"，也例举了中国历史故事。高小第五册第八课中讲到"励志"时，引用了美国总统林肯的故事；第二册第八课"公德"，引用了颜之推的观点。诸如此类，对传统德目与现代德目的分析综合采用中外故事，加强了学生对不同道德观念的理解与融合，也促进了公民观念在传统德目中的渗透。

总之，这一时期的修身科已不仅仅是以关注个人道德和修身为目的的教育，而是接纳了新时期的社会发展需求，将国民的培养上升到了一个更高的层次，开始关注其公共性的一面。1916年颁发的《国民学校令施行细则》

---

① 李保田主编. 共和国教科书·新修身（高等小学校全六册）[M]. 桂林：广西师范大学出版社，2012：141.

提出在修身科中"兼授公民须知",从教学制度的角度确立了公民观念在修身科中的渗透。在这一思想的指导下,最早的公民教科书开始诞生。"1917年1月,有两种公民教科书同时出版。一种是中华书局出版、方洌生编辑的国民学校用书《公民读本》,另一种是商务印书馆出版、刘大绅编辑、陈承泽校订的'共和国教科书'《公民须知》。"① 这些公民教育教材都试图在修身科之外传递公民知识和公民道德,以及国家、政体等相关政治常识。此后,虽然公民科还未设立,但公民教育的理念已经呼之欲出。1919 年,全国教育联合会提出《编订公民教材案》,认为"凡属国民,自应具有公民知识"。而实际上,与公民知识相关的教育和教材都非常稀少,因此编订了此教材案。

（一）宜编订公民教本专为中小学校教授公民科之资料。除国民学校应于第三年起,授公民须知外,凡高等小学校及中等学校,当于修身科中,加授是科。俾青年学子,得知公民应负之责任。此等教本,当由各省区教育会,聘请教育家,精选教材,按其程度,分别编制。

（二）宜编订公民常识表解专为通俗讲演之资料。现今通俗讲演,虽未十分发达,而在各地实行者颇多。惟所用材料,每多临时凑集,既鲜系统,又乏目的,故其所得效果甚少。当由各省区教育会,搜集公民常识资料,分别门类,制成表解,庶担任讲演者得资参考。②

由此可见,在公民科还未诞生之前,编订公民教育教材的需求就已被提上了议事日程。1923 年 6 月,《新学制课程标准纲要》颁布,随后颁发了中小学公民课程标准,公民科正式进入中小学课堂。从公民科的培养目标中可以看出,小学公民的培养,既重视公民美德,也关注公民知识和公民观念的启蒙。但与修身科相比,公民教育教科书中体现现代公民观念的篇幅明显增多。由杨贤江于 1923 年编著的《新法公民教科书》中,这一特点体现得十分明显。以《新法公民教科书》前两册为例,我们可以发现,有关公民知识的教育内容明显增加,强调让学生获得对个人与社会关系的了解,通过不同的生活层面展示应有的公民规范。

第一册:一、游戏的规则;二、集会的方法;三、会议的方法;四、我们的学校;五、我们的家庭;六、我们的社会;七、我们的国

---

① 毕苑 . 中国人如何成为现代公民——过去的公民教育［EB/OL］.《东方历史评论》官方微博,https: // weibo. com/1980953575/FSVEyr9eD? type = comment, 2017 – 10 – 31.

② 第五届全国教育会联合会议决案: 编订公民教材案［J］. 教育杂志, 1919, 11（12）: 57 – 58.

家；八、国体和政体；九、法律；十、国会；十一、政府；十二、法院；十三、公民的权利；十四、公民的义务；十五、地方自治；十六、户口；十七、公安；十八、健康；十九、娱乐；二十、交通。

第二册：一、我们的世界；二、市自治；三、地方美景；四、公益事业；五、个人习惯；六、社会恶习；七、平民政治；八、学制；九、选举；十、租税；十一、社会组织；十二、家庭组织；十三、妇女运动；十四、劳动运动；十五、职业；十六、资本；十七、经济活动；十八、国际关系；十九、国际公法；二十、公民资格。[①]

以上内容中，更多的篇幅都旨在培养儿童建立现代公民观念。同年，朱文叔编制了《新小学教科书公民课本》，也可以看到这一特点。这一套小学公民教科书紧扣公民课程纲要，渗透了公民美德的培养和相关的公民知识。教科书前两册着重通过中外名人故事，阐述了诚实、勤俭、整洁、节约、互助、仁慈、平等、爱国等公民美德的重要性，第三册和第四册融入了国家、政府、地方自治、公民概念、公民的权利义务、守法、参政等内容，开始逐步培养儿童的公民观念和公民知识。

3. 题材范围广，涵盖古今中外名人故事

小学公民教育的一个突出特点就是以名人故事作为引导，对儿童进行榜样的示范，无论是在修身科教材中还是公民教育教材中，都采用了大量的名人事迹对儿童进行教化。围绕着不同的德目要求，这些名人故事涵盖古今中外。

以戴克敦、沈颐、陆费逵于1913年编制的《新制中华修身教科书》为例，课文中提到了很多中国历史上的人物，如孔子、孟子、曾子、朱子、司马光、诸葛亮、晏敦复、范仲淹等人，通过他们的修身故事讲述中国人的修身之道。同时，该教科书还涉及了南丁格尔、林肯、富兰克林、华盛顿、哥伦布等人，通过他们的事例陈述谦虚、进取、自立、博爱、公益等品质的重要性。例如，有关南丁格尔的博爱，以及富兰克林热衷公益的内容如下：

英法军中病兵伤兵不计其数，远隔本国，医士看护妇甚缺乏，从军兵士，委顿异常。来廷革儿闻之，率同志妇女三十四人，渡海趋战地，尽力看护。久之以积劳致病，群趋其归，来廷革儿不许，病愈仍尽其职不少懈。[②]

① 杨贤江. 新法公民教科书 [M]. 上海：商务印书馆，1923：第一、二册目录.
② 戴克敦，沈颐，陆费逵. 新制中华修身教科书（第二册）[M]. 上海：中华书局，1913：6.

富兰克林，美利坚合众国之人，父以制造蜡烛、肥皂为业。兄弟甚多，富兰克林第十七。幼入学校，成绩甚优，家贫不能卒业。十岁遂退学助父营业。富兰克林，自幼养成俭约惜时之习惯，贮蓄零钱以购书籍，暇辄读之。年十二，其兄归自英国，营印刷业。富兰克林请于父往为职工，业甚精，不劣于成人。夜则读书，不少间断。年十六，愈省日用以购书籍，乘间读之，学识大进。后从事印刷业，渐以繁昌，为世界各国敬慕之伟人。①

富兰克林曾发起一图书馆，得赞成者百人，为美国图书馆之鼻祖。至今公立私立不可胜数，裨益社会，颇非浅鲜，殆皆富兰克林之赐也。②

在公民教育教科书中，这一特点同样存在。以朱文叔编撰的《新小学教科书公民课本》为例，教科书内容的题材范围进一步扩充，中外融合特点愈加明显。涉及的中国名人如"怎样方能整洁"中的朱熹，"可以一生遵守的是什么"中的司马光，"捐躯报国的好男子"中的文天祥，以及叶澄忠、陶侃、范仲淹，等等。与此同时，国外名人的占比也大幅增加。第一册 14 篇课文中，林肯（"工作不忘求学"）、富兰克林（"富兰克林"）、德人约翰安斯坦（"老师的临别赠言"）、日本人滨吉（"救人却救了父亲"）、英国女王维多利亚（"玩具和穷苦的老人"）、林肯（"仁慈的林肯"）等在 6 个篇目中分别被提及，约占全书的 36%；第二册提及的外国人包括法国人蒲丰（"时间与天才"）、英国人杜琉（"鞋匠改过"）、美国总统席克森（"不刷靴"）、德国的铁路转撤员（"铁路转撤员和他的儿子"）、美国马丽翁将军（"只求自由"）等，同样约占全书的 36%。由此可见，无论是修身还是公民，其教科书题材范围广泛，跨越古今中外，同时也展现出了传统与现代的融合。

4. 公民科内容的编排从做人过渡到做公民

修身教科书以传统修身德目为主，穿插了一定的公民主题，而公民教育教科书则体现了从做自己到做公民的转变。也就是说，内容编排的顺序是从个人的美德培养到公民的品质和能力培养逐步展开的。以朱文叔于 1923 年编制的《新小学教科书公民课本》课目（见表 3-9）为例，该公民课本无论是在内容上还是形式编排上都有别于修身教科书。这套教材共四册，供小学五六年级使用，其主要内容如下：

---

① 戴克敦，沈颐，陆费逵. 新制中华修身教科书（第三册）[M]. 上海：中华书局，1913：3.
② 戴克敦，沈颐，陆费逵. 新制中华修身教科书（第三册）[M]. 上海：中华书局，1913：4.

表3-9 《新小学教科书公民课本》课目

册别	课文
第一册	一、应该怎样的学做人；二、好学生自述；三、工作不忘求学；四、怎样方能整洁；五、勤俭是做人最要紧的；六、叶澄衷；七、富兰克林；八、可以一生遵守的是什么；九、老师的临别赠言；一〇、救人却救了父亲；一一、援助患病的朋友；一二、玩具和穷苦的老人；一三、小孩救火；一四、仁慈的林肯
第二册	一、欢喜种田的学问家；二、时间和天才；三、沟里的饭粒；四、葛洪的卫生法；五、愚公平山；六、鞋匠改过；七、不刷靴；八、铁路转撤员和他的儿子；九、家庭；一〇、吕氏乡约；一一、爱国的女孩子；一二、赵奢收税；一三、只求自由；一四、捐躯报国的好男子
第三册	一、职业；二、我自信决不是无用之人；三、他也是人；四、陶侃的故事；五、范仲淹的故事；六、守塔人的话；七、国家的统治机关；八、国会；九、英国国会旁厅；一〇、英国国会的趣话；一一、政府；一二、法院；一三、地方自治；一四、省议会和省政府
第四册	一、何谓公民；二、公民的权利和义务；三、守法；四、参政；五、社学；六、夹谷会；七、公众卫生；八、地怛尼邮船的沉没；九、不刻碑；一〇、"要使民众娱乐"；一一、"大北之父"；一二、个人人格的完成；一三、社会的进步；一四、国家的隆盛和世界的和平

（注：本表由笔者根据朱文叔《新小学教科书公民课本（全四册）》整理而成）

　　这套公民教科书同样体现了传统德目与公民观念的结合，并且体现了从做人到做公民的过渡。总的来看，教科书强调先养成基本的个人美德，在此基础上发展其公民观念。因此，前两册重在传递传统道德观和个人道德，后两册则重在培养公民观念。以第一册为例，编写者通过一个个简单风趣的故事讲述了深刻的做人道理，包含了本土文化中那些熠熠生辉的品德。在我国传统文化中，一个人的德行对于其发展起着至关重要的作用，所以传统教育主要是以修身为主，强调先成人后成才。公民教科书的编制继承了本土教育的特点，坚持做学问先学做人，所以在这一册中我们可以看到多篇体现传统道德观念的课文。

　　例如，"应该怎样的学做人"一文中，讲述的是一个贫穷家庭的孩子通过自己的努力和勤奋，成为一个有学问有声誉的人；以及一个富有家庭的孩子不依靠父母，而通过自己的双手赚钱为自己做一身军服。这两个故事都旨在说明一个道理，我们应该做一个勤奋的人。"工作不忘求学"也是要告诫儿童学习林肯的勤奋；"怎样方能整洁"是让儿童学习朱熹整洁的习惯；"勤俭是做人最要紧的"是让儿童学习勤俭的品质；"吕氏乡约"讲述的是要践约。总之，课文通过一个个简单的故事，将勤奋、好学、守规则、整洁、勤俭、自营自立、诚实、助人、仁慈、信义、惜时、爱惜粮食、卫生、毅力、合群、互助、践约、报国、正直、敬业、改过等一系列的传统道德品质——展示了出来，告诉学生应该学做怎样的人。

在后两册中，重点阐述了一系列的公民观念，如公益、博爱、平等、自由、权利与义务、国家组织与地方自治等。在关于"公益"这一主题中，编写者选用了两篇文章"叶澄衷"和"富兰克林"，生意成功后回报社会、热衷公益事业的故事。公益一词，虽然来自西方社会，但其实质与中国"穷则独善其身，达则兼济天下"的道理如出一辙。在"玩具和穷苦的老人"一文中，编写者选用了英国女王维多利亚为了帮助穷苦的老人退回了自己的玩具这个故事，教育儿童要有博爱之心。

第四册第一课"何谓公民"，规定了公民的基本含义及其在法律上的公民资格："能够享受法律上规定的权利，担任法律上规定的义务的人民，叫做公民。"[①]同时规定了法律意义上的五种公民资格，即在年龄、户籍、财产、学识和经验五方面的相关条件。前二项资格，无论何人都必须具备，后三项能够有一项及格，就可称为公民，就能够享受公民的权利，就应该担任公民的义务。第二课随即介绍了"公民的权利和义务"，如下所述：

> 公民的权利约有三种：——
>
> 一、参政权：如选举权、被选举权、服官权等是；
>
> 二、请求权：如请愿权、诉讼权、诉愿权等是；
>
> 三、自由权：如身体自由、营业自由、居住迁徙自由、言论自由、著作自由、集会结社自由……等是。
>
> 公民的义务也有三种：——
>
> 一、纳税的义务；
>
> 二、当兵的义务；
>
> 三、守法的义务。
>
> 权利的作用，在使个人不受侵害而自由发展；义务的作用，在使民众各尽本分而协谋生活。所以权利是个人生活的基础，义务是适应共同生活的需要而发生的。[②]

通过以上对公民教科书课文内容的分析可以发现，公民教育在继承修身科部分传统美德的基础上，努力展现了对现代公民的培养要求。我国本土文

---

① 朱文叔.新小学教科书公民课本（高级第四册）[M].上海：中华书局，1923：1.

② 朱文叔.新小学教科书公民课本（高级第四册）[M].上海：中华书局，1923：3-4.

化中的优秀道德品质，如仁慈、正直、信义、诚实等，是教育需要传承的最基本的做人品质，也是传统道德教育的优越性所在。然而，我们的传统教育又缺乏西方公民教育中关于公德、博爱、平等、自由的教育，小学公民教科书充分考虑了上述两方面的特点，将二者有机地融合在了一起。最重要的是，它不像修身科那样将公民观念无序地穿插在修身德目之中，而是按照年级的不同从低到高逐步展开的。

通过一个个有趣的故事进行基本的修身教育，逐渐涉及公民的内容，阐述公民的权利和义务，以及公民在社会、国家中承担的角色，让小学生对公民的身份和相关知识能力有一个初步的认识，从而为初中阶段的公民教育奠定基础。这样的内容编排比较符合小学生的认知发展规律，一定程度上也体现了从私德到公德、从做人到做公民的教育顺序。

5. 公民科中社会生活内容的比重增大

与修身科相比，公民科特别强调儿童对社会生活的了解和参与，要求儿童获知基本的生活常识和公民学知识，以利于参加社会公共生活。重视社会生活内容的渗入，这是1922年新学制实施以来公民课程最显著的特点。"从前旧制小学，修身和法制分别教学。自改为新制小学后，就把修身和法制的名称废除，改做公民科。公民科的教材，是包括从前的修身和法制两科。但从前的法制，专讨论国家的组织问题。现在的公民，更包括家庭、学校、社会、国家等生活和组织问题，所以范围比较从前扩大，而又适于实际些。"[1]可见，公民教科书的编制充分考虑了教育和生活、学校和社会之间的关联，使得公民教育更加适应社会发展的需要。

新学制下的公民教育通过教科书完整地展现了课程标准的要求，即通过个人生活、家庭生活、学校生活、市乡生活及国家生活，实现对个人与社会关系的认识，以及对公共生活的了解。在上述几方面的内容中，相对之前的修身科教材来说，社会生活的内容得到了显著增加，这是与新学制标准中的"适应社会进化之需要""注意生活教育"的观念相一致的。在生活教育方面，不仅关注中外名人的生活事例示范美德，还将目光投向现实社会生活，关注儿童视角，模仿儿童身边的人、事、物来教导儿童。例如，《新小学教科书公民课本》第一册中的第一课"应该怎样的学做人"和第二课"好学生自述"，都是以儿童身边熟悉的场景为切入点，以儿童视角来讲述道理的。

这一点尤其体现在低年级的社会科中，一至四年级的社会教科书中的公

---

① 杨逸群. 新制小学公民课程的实际讨论 [J]. 中华教育界，1924，14（5）：1-11.

民主题，大多涉及个人生活、家庭生活、学校生活和社会生活，并凸显儿童本位。尤其是在一年级的社会科中，所涉及的内容都是与儿童生活相关的主题，以第二册为例：

一、开学了；二、从学校回家的路；三、我送你去；四、要雇船吗；五、都聚会了；六、送什么东西好；七、玩具比赛会；八、快乐的节日；九、邮差送信真快；十、我们也去远足；十一、公园是谁的；十二、客来了；十三、到市场上买菜去；十四、这菜做得真好；十五、肚子里闹架；十六、吃水果要注意什么；十七、请走上一步；十八、怎样清理教室。①

随着年级的升高，历史、地理的常识和公民学的知识随之增加，但社会生活的内容依然占据了一定的比例。例如，第五册中的以下课目"十六、住宅的选择；十七、睡的卫生；十八、日光空气与人生；十九、工作运动休息；二十、洗澡有什么益处；二十一、饮食物的选择和消化；二十二、增进健康的方法"等，第八册中第十课"正当的娱乐"、第十一课"烟酒的害处"、第十二课"最简单的急救法"、第十三课"怎样保护人体"等，都是与学生生活密切相关的内容。

郑航的研究表明，小学公民科和社会科教科书的取材主要来源于三个方面，即"历史故事、生活环境和公民学（或卫生、历史、人文地理）知识"。其中，社会科的取材完全源于生活环境和科目知识，中华书局和商务印书馆两种版本的教材分别占据25%～35%，以及65%～75%。在中华书局出版的《新小学教科书公民课本》中，第一、第二册中的题材来源主要是历史故事和生活环境，而第三、第四册则降低了二者的比例，增加了公民知识的内容，第三、第四册分别为42%和57%。② 随着年级的增高，生活环境材料减少，科目知识内容增加，但在郑航看来，"这些知识性的材料还是十分浅显的，与社会生活紧密相连。这些情况说明了社会科教科书的取材基于社会生活、源于社会生活的特点"。公民科的取材在社会科的基础上，"更加偏重生活习性和共同体生活，以体现公民科的特点"。③ 这是符合儿童的身心发展规律和认知特点的，同时也体现了社会科与公民科的不同之处。

对社会生活的关注，还体现在对职业、娱乐和社会进步的论述上，如

---

① 蒋镜芙，陆费逵，陆衣言，戴克敦. 新小学教科书社会课本（第二册）[M]. 上海：中华书局，1925：目录.

② 郑航. 中国近代德育课程史 [M]. 北京：人民教育出版社，2004：183－184.

③ 郑航. 中国近代德育课程史 [M]. 北京：人民教育出版社，2004：184－185.

《新小学教科书公民课本》第三册第一课讲述"职业"，其中提到："原来，社会生活的成立，全靠社会中的各个人能够各尽其能，经营种种职业，互相供给生活上种种必需的事物。所以凡是人，都该有一种职业。有了职业，才算能尽我对于社会的责任，才得享受社会施于我的供给。"① 第四册第十三课谈论"社会的进步"，其中指出社会进步有四种原动力：个人的自由、社会的制裁力、互助的组织、向上的理想。② 总之，对社会生活的关注是小学新学制公民教科书的重要特点，也是公民教育基本内涵的体现。

（二）中学公民教育教科书内容分析

中小学生的公民教育在内容上和形式上都有着较大的不同，由于他们的认知能力不同，所以小学生侧重于行为习惯的养成，而中学生则侧重于对伦理道德原理的认知。同样从修身科中的公民教育和公民科两方面来看，这一前期关于公民教育的教科书也有不少种类，如 1912 年的《中华中学修身教科书》、1914 年李步青编纂的《新学制修身教本》、1923 年顾树森主编的《新著公民须知》、1923 年周鲠生编纂的《新学制公民教科书》、1923 年上海中华书局出版的《新中学公民课本》、1925 年舒新城编著的《新中学教科书初级公民课本》、1934 年孙伯謇编著的《复兴公民教科书》等。同一时期的公民教育内容，在不同版本中差异不大，但在不同时期，由于公民教育指导方针的不同，其相应的教科书内容也存在较大差异。限于篇幅原因，此处仅选取部分教科书进行分析。

1. 题材范围涵盖个人、家庭、国家、社会

无论是修身科还是公民科的教科书，其内容选择都体现了从个人、家庭向社会和国家扩展的特点。首先以《新学制修身教本》为例，教科书的内容分为修身之道，以及对国家、社会、家庭的责务等。此套教科书分为四册，具体的教学内容如表 3-10 所示。

表 3-10　1914 年《新学制修身教本》主要内容

第一册
第一编　持躬处事待人之道
一、总论

---

① 朱文叔. 新小学教科书公民课本（高级第三册）[M]. 上海：中华书局，1923：1–2.
② 朱文叔. 新小学教科书公民课本（高级第四册）[M]. 上海：中华书局，1923：20–21.

二、在校之责务	对于学校之规则；对于学校之人；对于学校之物
三、修学	立志、勉学
四、卫生	节制、清洁、锻炼与活泼
五、修德	诚意、克己、反省、孝友、公德
六、治事	勤劳、秩序、忍耐、进取
七、治生	自立、简约、贮蓄
八、交际	礼仪、信义、博爱、报德
九、奉公	忠节、武勇、义务
第二册	
第二编上　对国家之责务	
一、总论	
二、义务	守法、纳税、当兵、教育
三、权利	公权、自由、平等
四、公务	
五、爱国心	
六、对国际之关系	
第二编下　对社会之责务	
一、总论	
二、对个人之责务	交友之道、待常人之道
三、对公众之责务	协同、秩序、谋公益、爱护公物
四、对国体之责务	
第三册	
第三编上　对家族之责务	
一、总论	
二、亲子	
三、兄弟姐妹	
四、夫妇	
五、祖先及族戚	
六、佣仆	

续表

第三编中 对己之责务	
一、总论	
二、身体之保卫	生命、健康
三、精神之修养	知力、感情、意志
四、生活之准备	技能、职业、资产
第三编下 对人类及万有之责务	
一、对人类之责务	
二、对万有之责务	
第四册	
第四编 伦理学大要	
一、绪论	伦理学之定义、东西伦理之异同、伦理学研究法、伦理学之效用及其范围
二、善恶之标准	善恶之意义、性之善恶、行为、心之作用与行为之关系、立志说
三、义务论	义务总论、对于己身之义务、对于家族之义务、对于社会之义务、对于国家之义务、对于万有之义务
四、德论	德之意义、德之修养、德之分类、德之应用、吾国超绝之德

（注：本表由笔者根据 1914 年李步青编纂的《新学制修身教本》整理而成）

与小学修身教科书相比，中学教科书除了修身科特有的为人处世之道和家庭伦理规范以外，特别增强了对国家、社会乃至人类、万有的责任教育。在第一册中，主要陈述了持躬处世待人之道，这是修身教育的基本宗旨，同时也是家族、国家、社会建立的基础。"人之生也，不能离人而独立。道德者，即本己与他之关系而生。然己也者，行为之主体，且家族社会国家之所由立也。"① 孔子曾说，"修己以安人，君子求诸己"，修己是为了更好地与人相处，其意义是举足轻重的。持躬处世待人之道讲述的正是个人如何与他人相处的道德规范，中学修身科将其作为贯通国家与社会的基础，体现了修身齐家治国平天下的文化理想。

对于持躬处事待人之道的个人德性的养成，教科书中首先明确了学生对于学校的责务，如对学校规则的严格遵守，对师长要敬之、爱之、从之、顺之，对学校的公物要有明物权、惜物力等。然后从修学、卫生、修德、治

---

① 李步青.新制修身教本（一）[M].上海：中华书局，1914：1.

事、治生、交际、奉公等几个层面，围绕"是什么""为什么"及"怎么样"三方面来引导学生学习持躬处世待人之道。在"修学"中，修身科教导学生要立志、勉学，因为立志就是确立方向，但是志向不是越远大越好，而是要脚踏实地、坚定不移地朝着目标前进；其次是要勤奋学习，不然就容易功亏一篑。"修德"主要是培养学生诚意、克己、反省、孝友、公德的品质，前三种是对自身的要求，后两种则涉及别人。关于诚意，大学曰"意诚而后心正，心正而后身修，是诚意，为人德之要也"。诚意是从正面来修养自己的德性，而克己则是通过反面抑制来抵抗诱惑，修养自己的德性，这一正一反让学生更好地领悟了德性养成并非一蹴而就，而是要不断地进行自我反省。随后便设置了反省这一小节，进一步说明自我反省在修德中的重要性。关于孝友，其中孝是中国传统伦理道德中非常重要的一种品质，是道德的根本；孝友则是孝与友爱的结合，类似于博爱。关于公德，教科书中做了详细的阐述，如下所述：

> 社会益进化，则公共之事业益发达。吾人处此协同生活之中，其德性之修养，不可不扩而充之，使其分量与时世相应，此公德所以急宜养成者也。人类公德之缺乏，第一在不明人己之界，徒顾己之便宜，因而损及他人之利益。第二在不知公共之性质，为己与人相共之利害，徒以己之利害为主，因而与他人之利害相违反。欲明此义，当随事随物，推己及人，斯养成公德之道也。[①]

这段叙述详细地阐述了公德的重要性，并结合了中国传统文化中的信义、正直等品质，解释了如何做才是具有公德心的公民。同时，还运用了孔子"己所不欲，勿施于人""己欲立而立人，己欲达而达人"的思想来说明，要有公德就不能只关注自己的利益，而是要设身处地为他人着想。在传统的修身内容中加入对公德的论述，表明这一时期的修身科已经渗透了公民观念的培养意识，试图从公共道德的角度去培养个体。

此外，本册第八章和第九章分别阐述了"交际"和"奉公"，具体内容为礼仪、信义、博爱、报德和忠节、武勇、义务，这两章涵盖了传统文化中"四维八德"（礼、义、廉、耻和忠、孝、仁、爱、信、义、和、平）的主要内容。其中礼仪更多地表现为谦让、从顺、恭敬，信义则表现为不欺人不负人，博爱和报德更多地表现为学会爱他人、感恩他人。奉公则教导学生要

---

① 李步青. 新制修身教本（一）[M]. 上海：中华书局，1914：24.

有爱国之心，能够守卫国家，主动承担国民的义务。

除了以上传统的个人德性修养的内容外，该教科书第三册中还专门论述了"对己之责务"。虽然都是从个人角度展开的论述，但对己之责务不同于前面的德性修身，它侧重于个人对自身身体的保护、精神的修养和生活的准备，强调对生命、健康、知力、感情、意志、技能、职业、资产等方面的关注。由此可见，中学修身科对个人修身的关注不再仅仅局限于个人品德的培养，对个人的关注从私德扩展到了更为广阔的视野，开始渗透了生命意识、精神修养和对社会生活的关注。在此基础上，本册教科书还对家族、人类及万有的责务进行了阐述，将家族、个人、人类和万有的责任关联了起来。

对家族的责务在中国传统文化中是非常重要的一部分，因为社会和国家是由人组成的，而人的繁衍是从家族开始的，所以家族在人类的发展中所占的重量不言而喻。此外，与欧美国家不同的是，中国的家族不仅仅包括父母和子女，还包括各种叔伯、爷爷奶奶等长辈，所以中国是以家族为本位的，具有严格的宗法。家族在人的道德养成过程中起到了启蒙和引导的作用，要想进行公民教育，离不开对家族伦理的讨论。

家族伦理不仅是个人道德成长的基础，也是公共生活和国家社会生活的开端。"家族之制，为公共生活之始基。同饮食、同居处、同作同息，是公共心之见端也；家长有命，无敢抗违，是守法之见端也；一人有疾，举家不宁，是同情之见端也；扶老携幼，是秩序之见端也；男外女内，是分工之见端也。本此义扩而充之，视社会国家如一家族然，则可以尽健全国民之本务。"① 这段论述清楚地表明，家庭是培养人类伦理道德的起源地，无论是公德还是私德的培养都离不开家庭，要培养合格的国民先从家族道德开始。基于这样的思路，家族之责务分别从亲子、兄弟姐妹、夫妇、祖先及族戚、佣仆等几层关系来阐述家庭伦理。如亲子中主张子女对父母要爱之、敬之、从之、顺之，兄弟姐妹之间要相爱、相助，夫妻之间要相爱、相敬等，通过对家庭成员间相亲、相爱、相敬的教育，扩充到对自己的同胞和国家的基本责任。最后，对人类和万有之责务则再次强调了国民应该有公德心，能够推己及人，主动帮助别人，爱护公物等。

对国家和社会之责务，在新制修身教本第二册中进行了详细阐述。总的来说，在国家层面，国民应具有义务、权利、公务、爱国心和对国际之责务；而社会层面，国民要有对个人、社会、团体之责务。在对国家之责务的

---

① 李步青. 新制修身教本（三）[M]. 上海：中华书局，1914：3-4.

阐述中，开篇提到"国家者，人民集合于一定之土地，统治于最高主权者也。共和政体之国，主权在人民全体，故必人民之智德日进，而后国家可期健全之发达"。① 通过对国家概念的界定，指明了国家的性质，以及国家与个人间的相互关系。义务篇中介绍了公民具有守法、纳税、受教育、当兵的义务，关于"守法"，教材中指出宪法是国家的根本大法，一切法律都应该依据宪法而制定。而国家设定法律是为了控制和治理社会变乱，使人民安居乐业，但是如果国家只依靠法律来管理也是不行的，还要用道德来约束国民的行为。这也就是孔子所说的"道之以政，齐之以刑，民免而无耻；道之以德，齐之以礼，有耻且格"的传统政治伦理。教科书将传统文化中的礼、德与法律相结合，认为只有这样才可以更好地使国民养成守法的习惯，法律和道德之间因而是一种相辅相成的关系。

权利篇中介绍了国民具有公权和自由、平等的权利。公权是人民所享有的最重要的权利，有选举权、被选举权、诉讼权、为官吏公吏军人等的权利；自由是个人具有独立的人格，不受他人干涉且受到法律的保护；平等则是在一国之中，人人都受治于同一法律。通过对权利和义务的阐述可以看出，中学的修身科已经具有了公民意识，开始接触到公民教育的核心内容。在表述这种公民思想的过程中，它通过孔子、孟子等思想家的语录做进一步的解释，这使得新兴的公民观念更容易为国民所接受，同时也将中国传统文化与西方公民观念有机地结合了起来。

对社会之责务包括对个人、公众、团体的责务，这也是与传统伦理道德有区别的地方。在传统的伦理中，我们更多地侧重于对国家、家庭的义务和责任，缺少对社会其他团体和公众等社会道德的关注和阐述。而时代的变迁使得人与人的联系越加紧密，公共事业的发展则促进了社会的发展与国家的兴旺，因而个人对社会的责务就显得越来越重要。"欲讲社会道德，先当明社会之义。社会者，即一群之人，有同一之趋向，有公同之利害，自然结合而成者也。其范围广狭不一，小之仅为数人之团体，大之包括世界之人类。人处其中，具有公共生活之必要，而维持此公共生活之安宁，且增进其幸福，是所谓社会道德也。"② 对社会道德和公共生活的关注，体现出中学修身科的视野大大超越了传统的修身教育，已具有了公民教育的雏形。

具体来说，社会责任的三方面有以下要求。个人的责务如交友之道要遵

---

① 李步青．新制修身教本（二）[M]．上海：中华书局，1914：1.
② 李步青．新制修身教本（二）[M]．上海：中华书局，1914：23.

从以信为体、以敬为用、以勤善规过为责任的原则；对待常人要尊重他人的人格、生命、财产、名誉，相互帮助体谅。对公众的责务要求做到协同、秩序、谋公益、爱护公物，这四个方面是对公民在公共生活中的规范和道德的基本要求。对团体的责务不同于个人和公众，它是对社会中结合而成的团体所负有的责任，有其重要意义，"觇社会之发达，视团体事业之发达何如；团体之发达与否，又视组织之完否，与吾人对于团体之责任心何如。此团体之责务所以重要团体之性质"。① 团体的性质多种多样，而其目的都是通过成员的协力、守秩序而达到对公益的维护。

以上是对 1914 年中华书局出版的《新制修身教本》的分析，之所以用如此多的篇幅分析本套教材，就是因为这四册教科书完整地展示了公民在个人、家庭、国家与社会四方面所应具有的权利与义务，以及由此构成的公共生活所具有的要求和规范。通过对上述内容的详细梳理和分析我们可以发现，这一时期的修身教科书对公民知识的普及并不亚于公民科的要求，这为公民科及公民教科书的发展提供了重要的基础。

再以公民教科书为例，此处主要以 1923 年周鲠生编纂的《新学制公民教科书》作为分析对象，这套教科书的内容同样涉及了从个人、家庭到国家与社会的范围，并且突出了对公共生活及其道德规范的强调。从个人向家庭、国家及社会的过渡，是公民履行自身权利和义务的过程，也是促进公民意识产生、形成公民身份认同的过程。

此套教材共三册，在第一册第一编"社会生活"中，详细阐述了个人与社会的关系，以及家庭、学校、社会团体和社会组织的相关知识。具体而言，第一编"社会生活"包括了以下课目：人和社会、家庭和学校、职业团体和地方自治团体、个人的习惯及社会组织维持的原则。通过这些课目内容，展示了公民在社会中的基本生活样态、方式及其公共准则。对共同生活和社会道德的强调依然是公民在社会生活中最需养成的规范，如在"人和社会"中，突出强调了人类的合群性及社会的基本性质，认为分工合作是维持人类生活的要件。

> 人是社会的动物，生性不能离群独居，是要常与同类生息于社会的。有人类生活即有社会。人类生活上的需要惟在社会乃能满足。人有共通的需要，亦有各别的需要。惟其有共通的需要，非营共同生活不能满足所需。

---

① 李步青. 新制修身教本（二）[M]. 上海：中华书局，1914：40.

社会不是乌合之众。凡称社会，皆有相互的利益与关系，多少必具有组织的。社会是指"依共同利益结合的一群人类"而言。家庭是一个社会，学校也是一个社会，但是偶然群众的集合，不能算是社会。前二者是依共同利益而组织的人群，后者是无确定的利益关系，无组织的。①

上述对人的社会生活及社会本质的论述，体现了西方传统共和主义和现代社群主义的公民理念，它强调群体的重要性，认为个人不能脱离社群而独立存在。这一理念的盛行，一方面源于近代思想家们对西方政治思想的大力传播，另一方面也是杜威教育理念的直接渗透。杜威提出的教育即生活、学校即社会，以及共同体观念等观点，对公民教科书的编写产生了深刻影响，从而形塑了公民教科书中对个人与社会关系的基本概念框架。例如，关于家庭和学校的论述，就具有这样的特点：

家族是一个小社会，是人类一切关系之基础。家族组织可说是一个政府组织的雏形。……家族生活是社会生活之初基，家庭就是练习做公民的好地方。……

这个学校的组织，也自成一个小政府，主持这政府的就是教师。学校立有校规为学生所当共同遵守的。出席有恒，上课按时，守秩序，尚肃静，顺从教师的教导，都是学校生活维持的要件。②

由此可见，无论是家庭生活还是学校生活，都是作为一种团体生活而存在，不能独立于社会而存在，它们本身就是社会的重要组成部分，本身就构成一个社会组织。个人与社会的关系就体现和渗透在个人所生活的不同情境之中，在家庭中，在学校中，个体都可以通过日常实践形成基本的道德与规范，从而为成为一个社会公民打下基础。除了家庭和学校，中学的公民教育还包含了对职业团体和地方自治团体的认识与实践，这是中学生走出学校之后必然会面临的角色转换，它要求学生养成团体服务意识和公共意识，懂得维护公共利益，承担公共责任。无论是职业团体还是地方自治团体，都采取多数决议的原则，"少数不单是有服从多数决议之义务，并且大家要积极的为团体的事业尽力"。③ 作为团体的一分子，就应当服从公意，积极参与公共活动，为发展和改良公共事业做出努力，这是公民生活的起点。

在以建构和改造公共生活为目的的公民教育中，对个人道德习惯的培养

① 周鲠生.新学制公民教科书（第一册）[M].上海：商务印书馆，1923：1-2.
② 周鲠生.新学制公民教科书（第一册）[M].上海：商务印书馆，1923：2-3.
③ 周鲠生.新学制公民教科书（第一册）[M].上海：商务印书馆，1923：4.

不再是囿于自身修身养性的私德教育，而是为形成健全社会生活所需要的共同体的观念与价值。因此，在关于"个人的习惯"的论述中，突出强调了个人习惯对公共生活的影响，"凡在一个社会中，要有健全的生活，就要组成社会的各分子，具有善良的习惯。一个人所有的习惯之好恶，不单是关系本人自己的生活，并且影响他人的生活。个人有许多恶习惯原在家庭或学校中养成的，及到出外从事职业，投身公生活，这些恶习惯常不免发生恶影响于社会"。① 既有恶习惯，亦有好习惯，从家庭生活到社会生活，有一些好习惯是公民必须要养成的，即诚信、名誉心、自制力、秩序、清洁和礼貌。仅仅从名称上看，这些个人习惯与修身科里强调的个人美德似乎并无不同，但教科书中对这几方面的个人习惯所进行的阐述，无不是从社会公共生活的角度提出来的。在此，摘取对诚信、名誉心、秩序三方面的陈述以窥一斑。

诚信：不说谎，不失信，是两个最平常而最重要的习惯。说谎是怯懦之表征；失信误人家的事；有一于此，都不利于共同生活。人生从家庭学校生活起，就要习于说真话，守信约。

名誉心：凡人好为欺骗的手段，或偷巧图利，损人益己，都是没有名誉心的。没有名誉心的人，不能得社会的信用，因为没有人肯倚托他。假设一个社会内多数分子没有名誉心，那个社会决不会有健全的共同生活。

秩序：守秩序的习惯，也是个人在社会生活中必备的一个习惯。组成社会的个人若没有守秩序的习惯，小之则妨害社会公务之圆满进行，大之且不免扰乱社会的平和秩序。这种习惯，最好是当儿童时代在家庭学校中养成。②

个人习惯的养成不再是一己之私德，而是健全公共生活的必需。这样一来，个人与社会、私德与公德之间的距离也被缩小了。个人生活、家庭生活、学校生活、社会生活组成了一个有机的整体，为培养公民提供了一个完整的社会条件。

除了以上在个人、家庭、学校、团体、社会方面涉及的公民知识以外，此套教科书也论述了个人对国家的道德义务。在第二编"政治组织"部分，通过"国家"和"个人对于国家的义务"的阐述，解释了有关国家的基本知识，以及个人与国家、国家与社会的关系。

---

① 周鲠生．新学制公民教科书（第一册）[M]．上海：商务印书馆，1923：6．
② 周鲠生．新学制公民教科书（第一册）[M]．上海：商务印书馆，1923：6 - 7．

国家是人类社会组织之最大的形体，包容一切社会生活。国家之根本的特质在其行使组织的权力，强人服从其命令。凡在一个人类社会有一个最高的权力，支配社会内的一切个人或团体之行动，而其本身不受支配于何等权力，则那个社会，具有政治的形体，而可说是一个国家。简单说来，国家是"政治的组织之社会"。①

基于上述对国家性质的基本理解，教科书进一步明确了国家的起源、国家的要素、国家的目的、国家的职务及国家的种类等问题。此外，在"个人对于国家的义务"中，提出个人对于国家社会有两大义务，即法律的义务和道德的义务。法律的义务为纳税、服兵役、教育子女、做证人、担任名誉公职、做陪审官、保卫治安。道德的义务为投票、守法、尊重国家权力。与修身科相比，公民教科书中划分了义务种类，并增加了相关的具体义务，进一步完善了个人对国家承担的义务。

2. 重视公民政治常识的教育

与小学重图文并茂、贴近生活的呈现方式不同，中学公民科中的公民知识不再是取材于生活的初步启蒙，而是以理论知识的普及为主。这一方面是与中学生认知能力的发展相关联的，另一方面也和中学公民教育的内容相关。中学公民教育重在公民学知识的传递，涉及基本的政治、法律、经济、国际关系等内容，其深度远远高于小学公民教育的内容。这其中，对政治常识教育的强调是中学公民教科书中比较突出的一块内容，也是中学阶段的公民教育不同于小学的显著特点。

政治常识是构成公民知识的重要内容，有人甚至将狭义的公民教育界定为对公民的政治常识教育。如熊子容就认为，"公民教育之宗旨，有广狭两种意义，狭义之公民教育，以训练一国之公民，在政治上之知识，技能，欣赏，理想。广义之公民教育，以训练一国之公民，除培植政治活动以外，兼及家庭，社会，职业，人文之修养"。② 因此，在学生对家庭、学校和社会团体组织有了一定的了解之后，还需要学习相关的政治常识，以便了解国家的基本组织结构及相关的政治制度。在此套教材的第一册中，第二编和第三编的内容都是有关政治常识的知识，具体内容见表3-11。

---

① 周鲠生. 新学制公民教科书（第一册）[M]. 上海：商务印书馆，1923：11.
② 熊子容. 课程编制原理 [M]. 上海：商务印书馆，1934：28.

表3-11 中学公民教科书中的政治常识教育内容

编别	课目内容				
第二编政治组织	六、国家	七、政制	八、政府	九、直接立法	十、人民的权利自由
	十一、个人权利自由的保护	十二、个人权利自由的停止	十三、个人对于国家的义务	十四、今世主要民主政治的国家组织	
第三编中华民国国家组织	十五、民国政治的变迁	十六、民国组织要素	十七、国会	十八、大总统	十九、国务员
	二十、法院	二十一、地方政府	二十二、民国宪法		

（注：本表由笔者根据1923年周鲠生编纂的《新学制公民教科书》第一册整理而成）

　　从上表中可看出，中学政治知识的教育旨在让学生明了基本的国家组织结构、政治体制、人民的权利自由、宪法等。意在让学生通过这些内容的学习，形成健全的国家意识，对自己所处的政治社会及自身的公民身份产生相应的认同感。传统的封建社会只有臣民而无公民，就是因为个体缺少对国家组织和政治制度的足够认识，也不明了作为国家的一员应该具备的权利和义务。因此，政治常识的教育是公民获得民主政治启蒙的必要条件，也是其参与社会公共生活和政治生活的前提。

　　在上述政治常识的教育中，个人的权利自由被作为一个重要问题进行了深入阐述。对个体权利自由问题的重视，体现了公民教育的基本追求。教科书中对自由和权利的论述，即使在今天看来也具有深刻启发，对当时的国民来讲，无疑更具有启蒙意义。它对自由和权利分别做了如下的界定：

　　　　什么是人民的自由？这就是人类在社会享有的自由，这就是人类之天赋的自由，受着为社会公益而设的必要之制限的。换句话说，所谓人民的自由，就是一切个人行使或发达他自己体质上知识上精神上的活动之权能，国家机关对于此项权能之行使除为保护他人自由必要之制限外，不得格外加以何种制限。①

　　　　与自由相关联的是权利，权利可说是自由之具体的表现。在公法上通常分出两种权利：一种是政治的权利又叫做公权；他一种是个人的权利又叫做私权。私权是一个以私人资格而享有的权利，受国家的支配和保护，但与国家本身组织无关系，例如人身自由，言论自由就是此种权

---

① 周鲠生. 新学制公民教科书（第一册）[M]. 上海：商务印书馆，1923：52.

利。政治的权利或公权是人民以参与国政者之资格而享有的权利。①

　　基于上述对自由和权利内涵的基本认识，教科书共用了三章的篇幅对其做出了进一步详述。除了对自由和权利问题的详解之外，教科书对其中所涉及的其他政治知识也做出了深入而详细的解释，如国家组织、政治制度、宪法等。从内容广度上来看，公民教科书对政治知识的设置几乎覆盖了全部的政治领域，对学生而言无疑是一种全面的启蒙。与此同时，与小学公民科中浅显的政治常识教育相比，中学公民教科书中的政治教育在某种程度上来说超出了教科书的意义，其深度更接近于政治学专业知识的普及。这一方面源于编纂者周鲠生作为法学专家的学科背景，充分考虑到了公民知识的全面性和深刻性；另一方面也表明，在民主政治的启蒙时代，公民教育的改革者们不遗余力地传播、推广公民知识，迫切希望能通过教育让学生吸收更多的理论知识，得到思想上的启蒙，但在一定程度上忽略了初中生的接受能力。而无论如何，相对于整个公民教育的改革过程来说，这也只是一个瑕不掩瑜的问题，教科书中对公民政治常识的客观陈述和深入分析仍然是其不可忽视的价值所在。

　　3. 以道德与法制来综合公民教育内容

　　中学公民科重视道德教育与法制教育的并行，这在《新著公民须知》和《新学制公民教科书》中都有清晰的体现。事实上，在中小学修身科的教育中，向来既不缺少道德教育，也不缺少法制教育。但 1923 年的《新著公民须知》围绕这两方面的内容，从道德和法制的视角归纳了公民应具备的各种素养，为公民教科书的内容做了必要的补充，同时也以简明扼要的方式勾勒了中学公民教育的基本内容。

　　顾树森、潘文安编写的《新著公民须知》分为道德篇和法制篇，这两册教科书几乎涵盖了公民教育的所有内容。因此，这里所说的道德与法制并未局限于狭义的道德和法制知识，而是以道德和法制作为分类方式涵盖了公民应具备的所有品质、知识和能力等。通过对道德篇和法制篇课目内容的分析，可以清晰地看到这一特点，详见表 3-12。

---

① 周鲠生 . 新学制公民教科书（第一册）[M]. 上海：商务印书馆，1923：56.

表3-12 1923年《新著公民须知（道德篇）》课目

单元	课目内容			
第一章 总论	一、共同生活 和道德	二、公民和 人格	三、公民善良 习惯和道德	四、道德 的分类	
第二章 个人道德	一、道德和真 善美	二、发展 个性	三、诚实不欺	四、自助 和成功	五、服从
	六、自制	七、坚韧和 胆力	八、谦让和 和平	九、劳动 和勤勉	十、奋斗和 创造
	十一、精细和 敏捷	十二、情爱	十三、快乐		
第三章 职业道德	一、职业上必 须的品性	二、职业上必 须的行为	三、职业上特 别注意的四点		
第四章 家族道德	一、婚姻和 夫妇	二、父母和 子女	三、大家庭和 小家庭		
第五章 社会道德	一、互助	二、服务	三、公共秩序	四、牺牲	五、协同心
	六、组织能力 和共同生活				
第六章 国家道德	一、服从法律	二、慎重选政	三、爱国心	四、国民运动	
第七章 国际道德	一、世界主义 和国家主义	二、国民外交	三、待遇外人		

（注：本表由笔者根据1923年《新著公民须知（道德篇）》整理而成）

道德篇中提出，公民的道德包含六个方面：个人道德、职业道德、家族道德、社会道德、国家道德和国际道德。之所以有这些类别，是与社会发展需要相关的。"新道德本于社会的需求，他的范围就渐渐扩大起来。从前的人，对于一己负责任，现在的公民，要对社会负责任；从前的人，只抱个人观念和家族观念，现在的人，要抱社会观念、国家观念和世界观念了。所以在个人有个人道德，在家族有家族道德，在社会有社会道德，在国家有国家道德，在世界有世界道德，还有最最要紧的职业道德，凡是公民，都应该十分注意。"[1] 由此可见，道德不是固定的条文规范，而是随着社会的发展变化更新的，不同的生活领域拥有不同的道德要求。

个人道德旨在让个体具备诸种美德，发展其个性。具体的德性如诚实、自助、服从、自制、坚忍、胆力、谦让、勤勉、奋斗、创造、精细、敏捷

---

[1] 顾树森. 新著公民须知（道德篇）[M]. 上海：商务印书馆，1923：5.

等，这些个人道德的培养不是为了修身的需要，而是作为公民道德的基础存在的。"守权利，尽义务，重礼貌，勤动作，营职业，顾名誉，都是个人应有的道德。因为人类性能是活的，不是死的，只要下番功夫，自然人格完美，道德高尚，和环境适应起来。……并且个人道德，尤为基础的基础，个人道德完美，那家族社会国家国际等种种道德，自然随之增高，人类文化自然增加许多的色彩咧。"① 可见，个人道德不仅是和个体品性有关的德性，还是和权利、义务、职业等相关联的道德规范，这是公民在共同生活中必需的道德要求。

职业道德是在个人道德之外对个体的特殊道德要求，"人类职业，万有不齐，经营职业的人，第一需讲道德"。② 但在传统的教育中，职业道德常常被忽略，以至于培养的人才缺乏应有的职业素养。对职业道德而言，必需的品行是朴实、温和、精神、安分、和睦、信用，职业上必备的行为是通事理、勤服务、能谨慎、有决断、无嗜好、守秩序。除此之外，职业道德还应特别注意组织力、团结力、责任心和专心四方面品质的养成。职业是一个公民安身立命的本领，所以职业道德与个人道德、公共道德都是相关的。

家族道德的重要性在于，它是国家和社会的基础，"家族是一切共同生活的根本，又是一切共同生活的模范，关系十分重大"。③ 家族道德涉及婚姻和夫妇、父母和子女、大家庭和小家庭三方面的道德要求。在婚姻问题上，提倡纯洁高尚的婚姻，认为婚姻应该出于自由的意志去选择，父母不应强行干涉，也不应该根据家产、职位、色相等选择婚姻。父母与子女的关系，是他们与社会建立其他关系的基础。关于大家庭和小家庭，公民须知中指出，大家庭指的是类似五代同堂、九世同居这样的大家庭，在这种家庭中，容易让孩子养成依赖的品性、意气的争执、保守的习惯。故而应该学习欧美国家，在一夫一妻制的原则下建立小家庭，这样更有利于孩子养成独立生活的能力，家庭常保康乐和平的气象。

关于社会道德，是与个人密切相关又深切影响个人幸福的道德要求，主要表现为互助、服务、公共秩序、牺牲、协同心、责任心、组织能力等。人类社会是一个集合，正如亚里士多德所说的"人类是社交的动物"，社会和国家的存在与发展需要依赖人与人的互助、协同、牺牲等，反过来，社会和国家的发展会影响到个人的发展，所以公民要有公共意识，养成社会道德。

---

① 顾树森. 新著公民须知（道德篇）[M]. 上海：商务印书馆，1923：6.
② 顾树森. 新著公民须知（道德篇）[M]. 上海：商务印书馆，1923：27.
③ 顾树森. 新著公民须知（道德篇）[M]. 上海：商务印书馆，1923：35.

国家的道德其实就是公民对国家的义务，主要包括服从法律、慎重选政、爱国心、国民运动。由于公民在国家的范围内享有种种权利，所以应该承担相应的义务，义务和权利是同时存在的。国际道德是本土文化中所没有的，因为在封建社会中，国与国之间以土地为临界，相互仇视。而现在各国之间门户大开，互通贸易，本土的攘外主义是会妨碍两国国民的交通自由的，不益于本国的发展，所以国际道德的要求是很必要的，涉及世界主义和国家主义、国民外交、待遇外人等方面的内容。

一个合格的公民不仅要有道德规范，还要有法治精神。《新著公民须知（法制篇）》对公民应该具有的政治常识和法律知识做出了规定，见表3-13。

表3-13 《新著公民须知（法制篇）》课目

单元		课目内容
第一章	总论	一、公民和法制知识；二、公民和国民；三、公民和立宪国家；四、公民和国际；五、公民的资格；六、公民的责任、公民的体力知识和道德
第二章	共和国的精神	一、自由的真义；二、平等的真义；三、博爱的真义
第三章	公民的权利	一、自由权；二、请求权；三、参政权；四、选举的重要和注意
第四章	公民的义务	一、纳税；二、服兵；三、教育；四、守法
第五章	国家的组织	一、国体和政体；二、立法机关；三、司法机关；四、行政机关
第六章	地方自治	一、自治的区域；二、县自治；三、市自治；四、乡自治；五、市乡组合；六、自治经费；七、预算决算
第七章	法律	一、法律的种类；二、法律的制定和公布；三、法律的效力；四、公法大意；五、私法大意；六、国际法大意

（注：本表由笔者根据1923年《新著公民须知（法制篇）》整理而成）

从上表中可看出，法制教育的内容包含了基本的公民知识，自由、平等、博爱的意义，公民的权利与义务，国家组织和地方自治，以及法律常识，这些内容也是公民教科书中基本的公民学知识。让学生通过对公民政治常识和法律知识的学习，了解国家政治的基本组织，懂法、知法，学会关注自身的权利和义务，主动关注和参与国家的政治事务，最终成长为合格的公民。

4. 关注学生的公共生活实践教育

在突出政治、经济、法律、国际关系等方面的公民学理论知识的同时，中学公民课程同样关注学生对公共生活实践的教育。从中学课程纲要和教科书中都可以看出，中学阶段的公民教育比较关注学生对公共生活的了解和参与，并将公共生活观念渗透进了课程内容之中。在《新著公民须知》和《新学制公民教科书》中，都可以看到上述特点的体现。

在小学公民教育通过社会生活培养公民德性和行为习惯的基础上，中学阶段的公民教育进一步关注学生在公共生活中的道德素养及相关的公民知识。就公民的培养而言，观念和知识的教育固然重要，但更重要的是通过公共生活中的实践去体验知识。中学阶段的公民教育正是抓住了这一特点，将公民的培养与公民的社会生活紧密地结合在了一起。在《新学制公民教科书（第一册）》中，开篇就对"社会生活"做了基本的阐述，"人是社会的动物，生性不能离群独居，是要常与同类生息于社会的。有人类生活即有社会"。"社会不是乌合之众。……社会是指'依共同利益结合的一群人类'而言。"① 因投身"公生活"之故，个人德性的养成也不仅仅是修身所需，更是健全的共同生活所必需，"凡在一个社会中，要有健全的社会生活，就要组成社会的各分子，具有善良的习惯。一个人所有的习惯之好恶，不单是关系本人自己的生活，并且影响他人的生活"。② 因此，诚信、名誉心、自制力、秩序、清洁、礼貌等个人习惯的培养，都是共同生活的基本品质，传统道德习惯的养成和现代公民素养的培育被结合起来了。

中学公民教育自 1927 年之后开始渗透党化教育，但公民课程仍然延续了培养学生参与公共生活的理念。1932 年颁布的《初级中学公民课程标准》在提出培养健全公民资格的目标基础上，在实施方法中要求"于可能范围内应令学生参加实际公民活动，如社会调查及经济调查等项"。③ 在教材大纲中，进一步陈述了中学生参与公民生活的具体类型和范畴，以及与各个领域相关的公民知识，并将这些要求都体现在了公民教科书之中。

从课程培养目标及其具体内容来看，养成"我国固有道德"和培养"健全之公民资格"同等重要。在"公民生活与公民道德"的教育中，特别突出了使学生通过实际生活体验群己关系，养成善良品性的基本目标，比如通过课业活动、体育活动、劳作活动、课外活动、新生活运动等方式培养学生的善良品性。再从家庭生活的孝与友爱出发，推及社会生活的群己关系和共同生活的道德，将个人的德性养成和公民的共同生活实践紧密结合。在政治生活、经济生活和法律大意等部分，重在让学生了解相关公民知识，形成

① 周鲠生. 新学制公民教科书（第一册）[M]. 上海：商务印书馆，1923：1 – 2.
② 周鲠生. 新学制公民教科书（第一册）[M]. 上海：商务印书馆，1923：6.
③ 部颁初级中学公民课程标准 [J]. 教育周刊，1934（201）：33 – 36.

公民观念，参与公共生活，从而具备"健全之公民资格"。从学校生活、家庭生活到社会生活，再到政治生活和经济生活，对学生的培养从个人美德转移到共同道德，既强化了固有道德，更体现了对健全公民资格的追求。

以上是对近代中国公民教育教科书的相关分析，从中我们感受到了教科书对教育、社会产生的重要启蒙作用。公民教科书的改革与发展为公民教育思想的推广，以及公民观念的确立奠定了坚实的基础，它不仅对学校内的学生起到了知识启蒙的作用，同时也促动了对社会民众公民观念的启蒙。正如石鸥教授所言：

> 教科书在当时以民主、科学为核心的现代文明启蒙中的影响之所以是持久而强大的，还不仅是因为教科书的数量惊人，更重要的是因为它的垄断地位。公众的许多观点和思想是通过教科书来组织和表达的，并且教科书表达的内容和形式日益成为所有话语的模式、象征和衡量标准。教科书比鲁迅、陈独秀的作品，更具有平民意义而不是精英意义，因为其激进性不是很突出，因而更有接受性。
>
> 从一定意义上说，清末民初中小学教科书对科学理性的传播、对民主政治的启蒙、对现代伦理精神的宣传，几乎与中国近代文明发展进程"互为因果"。①

对近代教科书给予如此高的评价，确实是源于教科书在当时社会中所具有的不可替代的价值。这是所有教科书的时代价值，也是公民教科书的价值。可以说，在传递启蒙思想、开启现代文明的过程中，公民教育教科书的价值更具时代意义，"对民主政治的启蒙、对现代伦理精神的宣传"正是公民教育的使命。虽然公民教育最终没有完成，但其教科书作为一种历史遗产已经成为具有现代价值的宝贵资源，启发着一代代后来人。

---

① 石鸥. 百年中国教科书论［M］. 长沙：湖南师范大学出版社，2013：72.

第四章
"公民"的训练：公民教育的实施途径

公民训练是培养公民的一种实践方式，因而是实现公民教育目的的一种途径。严格意义上的公民训练是在西方社会反对宗教统治和君主专制，追求民主政治的背景下产生的，因而是社会变迁和国家现代化进程中培养现代公民的需要。自20世纪初西方公民教育思潮在我国教育界兴起之后，公民训练的思想也随之产生。在1923年公民科设立以后，公民训练仅仅是在公民科课程基础上培养公民的辅助方式，但自从1932年小学设立公民训练科以后，中小学的公民教育都倾向于以"训练"代替"教育"，通过全方位的训练细目培养公民的行为。公民训练虽源于公民教育的基本理念，但作为一种实施途径，它也有其自身的理论传统和实践特点。

一、近代西方公民训练的理论与实践

近代国家在实施公民训练时，既存在相似之处，也有着自己的独特方式。相似之处主要是通过公民训练来培植国民的爱国心和国家认同感，不同之处更多表现为具体的实施原则或途径的不同。例如，在中央集权制下的法国，以训练公民的爱国主义与道德为准则；联邦德国在公民训练的问题上，主张个体对政府的尊重与对国家政治制度的知晓，以培养公民的爱国观念；美国作为一个新兴国家，其种族的复杂及移民数量的庞大，决定了美国更加关注对公民进行民族教育，并通过培养国民的爱国心、社会公共意识来促进美国化的实现；苏俄以训练公民服从信仰共产主义的理论与理想为基本目标；日本则试图通过"日本精神的训练"，培养忠君爱国的思想。以下将以美国与德国为例，分析其公民训练的理论特点与实践情况。之所以选择这两个国家做分析，是因为其公民教育和公民训练的思想分别从民主主义和国家主义的角度对我国的公民训练产生过深刻的影响。

（一）民主转向中的美国公民训练

美国的公民训练实践深受杜威思想的影响，杜威试图通过民主主义的教育，促进民主社会的实现。19世纪末20世纪初，杜威思想掀起的波澜是壮丽的，也有着划时代的意义。在杜威看来，民主社会是教育的沃土，公民训练需根植于民主的环境才能发展。杜威的公民训练强调从社会生活的角度出发，对公民实施全方位的训练，使其进行合乎社会发展需要的一切训练。杜威提出的公民训练思想，是实用主义教育思想的一部分，成为美国改造旧教育、建立新教育的有力武器。

在现代化的过程中，美国对公民训练的重视也是前所未有的，因为公民训练不仅仅涉及公民自身的行为，更与国家的制度改良相关联，"公民的训练，不仅是为了他自己能够顺应环境，却是改组与他同时存在的制度"。[①] 同时，公民训练也被看作影响政府行为和社会政治经济制度的重要因素，"瞻望美国的未来，我们社会生活当中，没有一个单独的特点，比下代所受的一种公民训练，还更紧要的。所受的一种公民训练，将要限制并且决定人民与政府所下的决心的范围及种类、经济、社会政治制度的性质"。[②] 既然公民所受的训练与国家利益之间的关系如此之大，那么国家政治的变革也会深深地影响公民训练的实施。从20世纪开始，美国政治出现了新的转向，追求民主的呼声越来越成为社会主流。公民训练逐渐将民主主义作为其实践的依托，附着于民主制度，这不仅是为了使公民训练本身能够顺应新的社会环境，同时也为民主社会的改组提供有力的支持。

在政治向民主化迈进的背景下，依托于民主主义的公民训练也逐渐走向完善。1923年1月12日，美国大总统令设中央公民训练委员会，专门研究锻炼美国公民的方法，主要以公民的体格锻炼和职业培养为训练内容。[③] 1926年，美国又设立公民训练联合会，该联合会有三大宗旨：

1. 用下列的方法以训练美国的男女儿童，使成为更好的美国公民：

（a）研究时事及现代问题。

（b）理会"美国公民"的意义及其权利与义务。

（c）从事各种足以激发服务社会国家的志气之活动。

（d）培养注意世事的态度。

---

① 孟利欧. 美国公民教育 [M]. 严菊生译. 上海：商务印书馆，1937：20.
② 孟利欧. 美国公民教育 [M]. 严菊生译. 上海：商务印书馆，1937：作者序：1.
③ 职业教育消息：美国之职业教育与公民训练 [J]. 教育与职业，1925（67）：505－511.

2. 用下列的方法以帮助公私立学校的教师去训练他们的学生：

（a）每月供给以帮助。

（b）对于特殊的问题加以个别的注意。

3. 用下列的方法以使教师明了时事研究的重要：

（a）为师范班定一公民教学法课程。

（b）使时事研究在课程中另立一科，或在他项科目中组成重要之一部。

为实现上述之诸项宗旨起见，该联合会作如下之服务：（1）为师范学校定一时事研究教学法的课程；（2）定一宪法及现代公民问题的课程，以供教师的需用；（3）设立研究部，以注意社会科学教学之最新的发展；（4）设一服务部，a、对于时事研究及公民科之特殊的问题，给与教师以个别的帮助；b、叫行政人员知道，如何由对于时事的注意，使课程成为生命化；（5）设时事教学法的公共讲演；（6）发行月刊，供给时事教学的材料。[1]

该联合会意图通过学校的公民课程、时事课程等，训练儿童成为具有国家服务意识和政治观念的美国公民。美国在对学校公民训练的实践上十分重视，学校是民主主义实践的主要场所，学校中有关公民生活的训练是一种特殊的教育方式。不可否认，学校在培养未来公民方面有着不可替代的作用，学校课程、儿童生活都被作为训练公民的有效途径。"凡儿童所有社会的活动，无不可为公民训练之资；而历史，地理，经济等科，又皆在公民教育范围以内。"[2] 由此可见，公民训练包括的不只是和公民教育直接有关的课目或者内容，与培养儿童成为完整个人相关的课程也是实现公民训练的有力保障。其中，"美国把学校中的历史教学看作培养维持政治制度的观念的一个最好的方法"。[3] 通过对美国的建立过程及其历史的追溯，让儿童感受美国的民族精神，从而使美国各种族人群实现美国化。

可见，利用课程的途径进行公民训练，是美国公民训练的重要方式。随着自然科学的快速发展，公民训练也应体现这一社会变化，表现在学校中，就是要把传统的社会学科与这些体现现代科学发展的学科结合起来，从而避免"科学与社会的脱臼"。因此，在中小学中，除重视历史学的意义外，地

---

① 轶尘. 美国公民训练联合会 [J]. 教育杂志, 1926, 18 (5): 24 – 25.

② 汪懋祖. 美国公民教育之新趋势 [J]. 教育丛刊, 1921, 2 (1): 1 – 8.

③ 王国柄. 各国学校的公民训练 [J]. 教育周报（桂林）, 1932 (10): 1 – 4.

理学、生物学、化学、物理学、机械学等都应该结合起来，它们是对未来社会有深远影响的学科，是培养未来公民的工具与手段。通过教授这些科学性比较强的现代学科，试图为培养具有现代素养的公民奠定基础，从而也为美国政治和社会的进步打开了门路。

然而，学科教学大多是以书本教授为主，其缺陷也是难以避免的，如缺乏实际锻炼，容易脱离生活。故此学校成立了学生自治组织，"利用儿童社会的本能，导之于有组织的活动；以发展其共和精神，而为平民政治之预习者也。其作用为增进训育，整美校风，提高学生人格，发展公民能力"。① 借此发扬学校中的平民精神，加强学生与社会生活的联系，增强学生的政治意识与适应未来生活的能力。美国的学生自治多模仿市政府组织，采取三权分立的形式，分设立法部、执行部和监导部。立法部的主要职责是由本校学生选举产生学生自治代表及其他成员，投票通过学校法律；执行部负责维护校纪校风，对不遵守法律者进行惩戒；监导部拥有解释自治宪法的权利、规定自治成员之职务等。

在通过学校教育制度进行公民训练之外，多数国家都成立了特殊的会社，为的是培养爱国心或者培养公民态度。美国也不例外，其中最显著的就是针对青年开展的各种运动。"此种运动中强有力的代表，就是女童子军，与女子营火团，男童子军，幼年红十字会，男青年会与女青年会。这一切的会社的目标，决不是都为爱国而起的，但是在公民教育重要的途径上，他们是极有关系的。他们的活动，实在不但是包括了它们所定有影响于公民活动的计划，且要企图来影响学校本身的公民讲授的范围与式类。"② 这就是说，这些团体运动，通过影响公民活动计划甚至影响公民课程，对训练学生的公民行为起到了积极的作用。

除了以上学校内的公民训练和社会上的青年团体组织以外，美国对公民的训练方式还包括另外一套办法，就是通过广用言语、文学、报纸、电影等公共媒体来影响公民。尤其是无线电与电影的发展，成为国家公民训练计划中的重要工具。通过无线电传播有关总统竞选活动的相关演讲、政府评论员关于国家政策的讨论，让民众对于国家政治决策有充分认识，将政治话题带入公民生活之中。电影的发达，更是为公民的政治教育提供了广阔的舞台。大量体现政治团结、爱国心、民主意识等题材的影片引入电影市场，对培养

① 汪懋祖. 美国公民教育之新趋势 [J]. 教育丛刊，1921，2（1）：1-8.
② 孟利欧. 美国公民教育 [M]. 严菊生译. 上海：商务印书馆，1937：94-95.

未来公民来说实则是一种带有娱乐趣味的训练。

此外，还有另外一种形式的公民训练，是通过节假日活动、庆典、仪式、公共建筑等形式来体现的，总称为"象征主义"。"休假日、庆祝典礼、音乐、公共建筑、纪念碑、纪念馆，这一切是广大努力的式类，以历历在目的形式，以色彩、动作、声音，刻印下政治上结合的重要性。重要日期、重要示威举动、伟大的歌曲、各种伟大的纪念物，这一切也是公民教育过程的一部；它们对于参观者及参加者的影响是深远的。"① 例如，通过引导儿童参观一些伟大人物，如华盛顿、林肯等的纪念馆、纪念碑，讲述相关的故事等，让儿童意识到这些伟人们对社会、对国家所做出的贡献，从而培养儿童的公共意识，建立民族认同。在这种方式中，这些人物的纪念馆、纪念碑等都变成了公民教育的媒介物。

以上各种公民训练的方式，在产生国民的公民意识、团结力、爱国心、责任心的方式上，彼此互相牵制，引起相互作用与反应。它们与正式的学校制度互相关联，成为美国政治民主化转向中的有力武器，也为培养未来的美国公民提供了重要保障。

（二）阶层化的德国公民训练

19 世纪末 20 世纪初，凯兴斯泰纳的思想在德国的教育改革运动中崛起，他将杜威的教育学说进行内化、改良并创新，传之德国。他是德国职业教育的主要奠基人，其职业教育思想更是成为德国教育的鲜明旗帜，对德国职业教育乃至整个欧美都产生了积极的影响。凯兴斯泰纳将职业教育作为公民训练的一种重要方式，因此，凯兴斯泰纳的公民训练思想离不开其职业教育的思想。在他的思想体系中，公民教育、职业教育和劳作学校互相依托，相辅相成。凯兴斯泰纳的公民训练正是在职业教育的基础上，通过公民教育、劳作学校和补习学校来实现的，其目的是训练公民具备符合社会生活、生产需要的能力，陶冶公民的性情，培养公民具有爱国心、对国家的忠诚与牺牲精神，最终成为对国家有用的公民。

在德国的现代化进程中，社会分级现象一直存在，并牵制着整个德国前进的脚步。德国社会的分级几乎是固定不变的，这样一种阶层化的制度直接影响着国家公民训练的性质。德国社会中普遍存在两种阶级，一种是上层或统治的阶级——贵族与资产阶级，另一种是下层或被统治的阶级——农业与

---

① 孟利欧．美国公民教育［M］．严菊生译．上海：商务印书馆，1937：97.

手工业中的无产阶级，而社会的争斗也大多从这两个阶级之间产生。资产阶级和无产阶级之间无硝烟的斗争一直存在，并有愈演愈烈的趋势，处于这两个阶级之间的还有城市和乡间的中产阶级。在德国，公民、公民训练的概念最初是资本主义社会发展的产物，是通过训练公民以增强资产阶级的能力，来反抗封建势力的方式。"所谓公民训练，无非是将资产阶级所需要的经济、社会和政治的观念，传授给其他民众。"① 随着 1918 年共和政体的成立，德国社会中的封建分子基本被铲除，公民训练的内容也转向拥护政府，与政府所提倡的对国家尽忠的概念不谋而合，成为资本主义执政党用来维持本身权力的工具。因此，从公民训练的概念和内容来看，德国的公民训练一直受统治阶级所牵制，成为其发展的附属品。公民训练成为德国上层阶级的专有产物，被用来训练国民对政府的忠诚度。

纵观德国学校公民训练的历史，可以追溯至 20 世纪初叶，德国政府在经历战争洗礼之后，试图唤起青少年对国家、对政府的忠诚与爱国的民族精神，用公民训练来挽救处于意志消沉边缘的德国青年。1909 年 11 月在戈斯拉尔召开大会，成立"德意志民族公民训练协会"，不久改称"公民训练与教育协会"。1909 年 10 月，德意志青年福利促进总会在柏林召开会议，讨论公民训练的目标与方法。1910 年 3 月，普鲁士师资训练学校教员大会当场议决，向政府建议将公民教育作为师资训练学校的一种课程。1910 年 10 月，又成立"学校公民教育实施事务委员会"。这些政府会议，对德国学校公民训练的开展起到了强有力的推动作用。1914 年，各学校开始正式实施公民训练。1920 年，教育家与政府人员合作讨论如何用切实的公民教育来培养儿童对现有政体的忠诚，通过的议案中直接与公民训练有关的有下列各节。

（1）公民教育成功的根本条件，是要在各级学校整个的课程与学校生活中彻底贯注公民情感的精神。

（3）在小学的毕业班，和在中学与中间学校的同样班级中，公民教育作为单设的学科，普通定为每周二小时。在补习学校和工艺学校中，公民科授课时间与普通学校同。

（4）在各种学校候选教师检定试验中，候选人应有曾受普通公民教育的证明。

（5）公民教学的特殊训练，得与其他学科教学的训练连在一起，最好能将全部历史教学的训练与公民教学的训练连成一片。

---

① 可索克. 德国公民教育 [M]. 金澎荣，等译. 上海：商务印书馆，1937：7.

（8）已聘任之教师，应补修数星期的公民课程，以后还得继续修习特设公民课程。

这些为一切设施所因循的原则，对公民训练在教育上的一般发展，与政府采用的各种方法，都发生影响。①

从上述规定中，我们大致可以看出，公民训练可以分为直接性教学与间接性教学两种形式，一方面通过开设公民科，灌输儿童有关公民情感的精神。另一方面在各学科中融入公民教学，尤其是将公民教学与历史学科相结合，培植儿童对国家、对民族的忠诚度，对儿童进行政治事业的准备教育。但此时的公民训练仍旧被政府所掌控，是资产阶级政府操控民众的工具，实则是训练公民对政府的忠诚。在德国政府看来，"教育是训练公民的工具，所以德意志的教育计划组织，异常完美。而此所谓教育计划，并不仅指正式的学校教育。换言之，德国的正式学校，是训练公民的机关之一"。② 此时的教育系统掌握在了资产阶级政府手中，学校成为公民训练的重要场所之一，被用来发扬对现有资产阶级政府的忠诚。德国虽然还不曾有全国统一的学校制度，但是在培植学生的爱国观念、秩序的观念及尊重政府的习惯等这些方面是统一的。③ 德国学校在对儿童进行政治训练上的意愿是如此强烈，以至于将学校几乎所有的课程都进行了相应的修订。

这体现在 1922 年德国教育部的会议精神中，即"普通课程标准，也按照施行公民教育的办法修改"④，认为公民训练不应当附属在其他科目当中作为一种附庸，而应当和整个课程发生联络。基于此项要求，历史、地理、文学、德国语、生物、音乐等学科都加强了与公民训练的结合。例如，强调公民与历史的结合，"目标在使青年熟悉本地社会，德国的国性和国体……最紧要的是关于德意志民族的历史、特性和地位的讨论"；"地理的教学与其他各科合作，要唤起和发扬学生对家乡和本国的爱护心，使学生了解德意志过去和现在的文明，作学生公民训练的辅助。"⑤ 从目的上来讲，德国学校中的公民训练，无疑是资产阶级政府用来维护自身利益、训练青少年养成对现有政体的忠诚、发扬坚强的国家主义的工具。从形式上来看，通过学科渗透的方式来训练公民，这也是许多国家共同采用的办法，试图从课程综合的角度

① 可索克. 德国公民教育［M］. 金澎荣，等译. 上海：商务印书馆，1937：164-165.
② 方东澄. 新德意志之公民训练［J］. 校风，1936（359）：1433-1434.
③ 王国柄. 各国学校的公民训练［J］. 教育周报（桂林），1932（10）：1-4.
④ 可索克. 德国公民教育［M］. 金澎荣，等译. 上海：商务印书馆，1937：166.
⑤ 可索克. 德国公民教育［M］. 金澎荣，等译. 上海：商务印书馆，1937：169-170.

培养学生的公民意识。

德国校外的公民训练主要是由一系列的组织所支配，"因为在德国几乎每个国民必隶属于一个教会，新教会、天主教会，以及附带的一切组织"。①但是，这些教会和组织也受政府掌控，成为拥护政府的一分子，在教会活动中传达政府的意愿和思想。最终，这些教会或组织便成为政府在民众中培养公民忠诚的重要机关。此外，德国的公民训练也有各种特殊团体的支持，如各种青年团体、战前的泛日耳曼团体、战后的钢盔党，从事国家主义的运动。

除此以外，报纸、无线电、电影是帮助德国宣传政治意见的重要媒介，对养成公民尽忠于国家的意识起到了很大的帮助。德意志日报、十字报、德意志通报、日日评论报、科尼时报、巴特时报等都成为用来发扬公民对国家的忠诚、传播爱国心的手段。无线电受到政府的指导，播送的节目大部分是音乐，有军队进行曲、爱国歌曲、民歌等。在德国无线电播送的节目中，没有政治的讨论，可是关于爱国性质的政治事件，如国务总理的讲演、总统和其他政府大员的讲演等都是要强制播送的。电影在德国也变成培养国家意识的重要媒介，有些影片以直接的方式传播国家主义，还有的是设法用情感和幽默的方式来间接传播国家主义的观念。

总的来说，德国的公民训练起初是资产阶级为争取公民权利而发生的挣扎，然而随着资本主义在德国社会中站稳脚跟之后，公民训练成为资本主义维持自身权力的工具，成为训练国民对政府的忠诚及强烈爱国心的手段，这使得德国的公民训练刻上了阶层化的烙印。这一点虽然不是凯兴斯泰纳直接主张的，而且凯式的公民教育理论还吸收了民主思想，不赞成狭隘的民族主义，但在实际的操作中，他提出"培养有用的公民"的国家主义公民观念很难确保不会走向民族主义。

二、近代中国公民训练的发展演变

"公民训练"一词源自西方，受公民教育影响而被提及。但公民训练的理念在我国教育史上渊源甚久。"我国教育，素重道德。粤稽古昔，圣门训徒，列礼为六艺之一；而洒扫应对，定为弟子分内之事。是为修身教育之嚆矢。"② 至清末维新变法之后，教育改革声势浩荡，废科举、兴学校、改革教

---

① 可索克. 德国公民教育 [M]. 金澎荣，等译. 上海：商务印书馆，1937：185.
② 张粒民. 小学校之公民教育 [J]. 教育杂志，1924，16（4）：1–20.

育行政体制，设立修身科，拟定"尚公"的教育宗旨，注重国民公共心、国家观念的培养，公民教育思想由此发轫。"当清季开始设立学校的时候，课程中有'修身'一科，在修身科中有一部分关于公德的条目，即可视为公民训练的胚胎。"① 修身科在学校课程中的确立，也意味着公民训练在此时初步萌芽。

1912年民国成立初期，教育部施行以"道德教育"为主的教育宗旨，并在学校设立修身科加以辅助。但民初修身科较清末时期已大有不同，开始含有公德的思想，关注对儿童进行社会、国家观念的培养。因而这一时期的公民训练，也主要是以学校中的修身科课程为实践依托，开展以德性训练为主的教学活动，同时也进行相应的公德养成的训练。

20世纪20年代前后，以美国为代表的西方教育思想在中国大量传播，尤其是公民教育思潮的引入，激起了中国教育改革的浪潮。1922年新学制施行之后，各学校原有的修身科改为公民科，规定小学公民科旨在使学生了解自己和社会的关系，启发改良社会的思想，养成适于现代生活的习惯。中学公民科的宗旨则为研究人类社会生活、了解宪政精神、培养法律常识、略知经济学原理、略明国际关系、养成公民道德。公民科以社会生活为核心，广泛涉及个人、家庭、学校、社会、国家、国际等领域，从综合的视角培养儿童的公民品质。

由于公民训练是实现公民教育目的的一种途径，因而公民科的设立，也使得公民训练获得了应有的价值。在此，有必要厘清一下公民科和公民训练的关系。关于二者之间的关系，陈浚介做过相关的阐述。他认为，公民科具有三种职能：第一是培养儿童公民的意识，使儿童知晓个人和社会相关的道理，确立正当的人生观，发生道德上的理想。第二是培养儿童有参与公共事业的兴味。第三是培养儿童公民的习惯，如守秩序、帮助人家、讲究公众卫生等事情，都必须养成了习惯。② 在他看来，这三个职能缺一不可，第三个职能尤为重要。而在实际的公民科教学中，往往只达到了第一个职能，儿童的公民习惯和参与公共事业的兴趣都没有培养起来。要培养后两者，就得进行公民训练。从这个意义上来讲，陈浚介认为公民训练的意义是大于公民科的，指出了公民训练对于培养儿童公民习惯的重要性。

由此看来，好公民的养成绝非依靠一门公民科就能完成。正如学者程湘帆在《小学校训练公民之机会》中所言："学校各科大都有直接间接训练公

① 祝丕荫. 小学公民训练研究 [J]. 福建义教，1935，1 (1)：66-67.
② 陈浚介. 公民科和公民训练 [J]. 初等教育，1923，1 (2)：8-10.

民之效能。譬如算术，就其训练明晰的思想，正确的观念，整齐的习惯数项而言；其关系公民训练已非浅鲜。其他若言文，史地，乐歌，体操诸门，更有直接的贡献。"① 可见，学校各科的学习都渗透着公民训练的思想。除了学校的课程教授之外，还可以利用各种机会对儿童实施公民训练，如课外实践活动。"现在新式的中学校里面，有'学校市''自治会'等各种组织，皆所以使学生得着练习服务的机会，以为将来担当公民的重任以尽力于社会事业的预备。"② 儿童通过参与自治，能够获得实际锻炼的机会，这也成为公民训练的有效途径之一。由此可见，在公民科开设以后，公民训练成为推进公民科的有力辅助手段；而且，此时的公民训练已经从学校延伸至社会，渗透进社会生活的方方面面，通过各种训练公民资格的活动开展公民教育，引导民众做一个好公民。

1927 年以后，国民政府开始在教育上实行党化教育，力图以国民党的训练方法和组织纪律约束学生的思想和行为，达到教育为政治服务的目的。此时的公民训练也因此披上了一层党化的外衣，成为为政治服务的工具。与此同时，国民政府对学校课程进行重新改组，将三民主义科和党义科作为学校必修科目，代替原有的公民科，纳入中小学课程。及至 1932 年，在教育界的强烈要求下，国民政府取消了党义科，开设了公民训练科并颁布了公民训练标准。自此，公民训练不再是公民教育的一种实施方式，而是代替公民教育成为训练儿童道德行为的一门课程。从某种程度上来看，陈浚介所提出的"学校里可不设公民科，而不可不注重公民的训练"观点得到了体现，但实际上，丢失了陈浚介所说的公民科应具备的前两条宗旨，公民训练的性质也会发生改变。

在 1932 年颁布的《小学公民训练标准》中，提出从体格、德性、经济、政治四个方面训练儿童，"以养成健全公民"。同年颁布的《初级中学公民课程标准》中，也着重提出了对中学生的公民教育要结合团体的和个别的公民训练。两个《标准》均强调了公民训练的重要性。

纵观公民训练的发展过程可以看出，公民训练的变迁有以下几方面的特点：首先，在训练对象上，从以学校儿童为主要训练对象，逐步扩展为对社会民众的公民训练；其次，在训练内容上，由最初的对个人道德修养的训练，到开始兼顾公民知识、法律知识和国家意识的培养，最终发展为对公民进行体格、德性、经济、政治等多方位的训练；最后，在训练方式上，从偏

---

① 程湘帆. 小学校训练公民之机会 [J]. 教育与人生，1924（32）：2-3.
② 朱经农. 公民训练与初级中学 [J]. 教育与人生，1924（32）：1-2.

重个人训练转向个人训练与团体训练的结合，从校内训练为主转向了校内训练与校外训练的结合。总之，公民训练的发展从综合化走向了专门化，在降低了公民教育标准、窄化了公民教育目标的同时，也取得了一定的进步。如公民训练的范围扩大到了儿童生活的方方面面，更具全面性；公民训练标准的制定使公民训练有了详细而具体的实施方案与细则，具有了更强的实践性和可操作性。

三、近代中国公民训练的实施途径

近代中国的公民训练，是公民教育思想发展的产物，无论是否开设了公民科，公民训练都有其存在的可能。"公民训练，是包括在学校教育与社会教育以内的一种训练。它的对象，在学校是全体学生，在社会是一般人民。"[①] 因此，此处对公民训练实施途径的分析，将从学校和社会两方面展开。

（一）学校公民训练

学校是公民训练实施的主要场所之一，通过颁布相关公民课程标准、实施公民课程、编订公民教科书、开展课内外活动等方式，对儿童展开公民训练，培养儿童良好的行为习惯与品性。

1. 课程标准中的公民训练思想

民国初年，学校公民训练的课程以修身科为主，侧重于个人道德的养成。虽然 1916 年民国教育部颁布的《国民学校令施行细则》明确提出"兼授公民须知"，但主要还是介绍国家组织及立法行政司法等方面的政治常识。1923 年，民国教育部制定《新学制课程标准纲要》，将旧制修身科改为公民科，同时颁布《小学公民课程纲要》和《初级中学公民学课程纲要》，使学校公民训练在课程的实施上更具统一性和规范性。此时的公民科更为注重对儿童公共意识的培养，小学阶段侧重于公民习惯的养成，能够初步感知个体和社会的关系，树立正确的人生观；中学阶段的公民教育不仅要了解社会生活，而且要熟知法律常识、经济知识，拥有国际视野，使儿童具备成为良好公民的资格。

公民课程的开设及课程标准的颁布，虽然十分强调培养儿童养成好公民的习惯，积极参与公共事业、服务社会，主动承担公民的责任和义务，但

---

① 沈世璟，朱炎颟．小学公民训练［M］．上海：中华书局，1948：6.

《小学公民课程纲要》和《初级中学公民学课程纲要》在公民训练方面并没有提出专门的课程要求。正如陈浚介所说，实际的公民科课程更偏向于公民知识的普及，在公民习惯养成和参与公共事务方面的作用是十分有限的。从这个意义上来说，1932年颁布的《小学公民训练标准》，相较之前的课程标准更为具体、完善，为公民训练的实施提供了参考依据，是学校开展公民训练的指导性文件。下面将从目标制定、内容安排、实施要点三个方面，对这份公民训练标准进行详细分析。

（1）学校公民训练的课程目标

小学公民训练在以养成健全公民为目的的基础上，以中华民族固有的忠、孝、仁、爱、信、义、和平为中心，结合各民族的传统美德，制定了如下四个目标：

（一）关于公民的体格训练：养成整洁卫生的习惯，快乐活泼的精神；

（二）关于公民的德性训练：养成礼义廉耻的观念，亲爱精诚的德性；

（三）关于公民的经济训练：养成节俭劳动的习惯，生产合作的知能；

（四）关于公民的政治训练：养成奉公守法的观念，爱国爱群的思想。[①]

健全公民的养成首先要有健康的体格，这样才能有充沛的精力和坚强的意志承担未来社会的责任。"德性是我们人类的一切活动的指针，人类能够忠、孝、仁、爱、信、义、和平是受了德性的促使；人类能够济弱扶倾，养老恤贫，是受了德性的促使；人类能够牺牲自己的利益，为大众谋幸福，也是受了德性的促使。"[②] 因此，对德性进行教养和训练尤为必要，被视为教育中最重要的目标展开，无论是哪种教育，都必须与道德发生关联，尤其强调对儿童施加符合时代特色的道德训练。经济问题是人类生活不可回避的，主要包括生产和消费两大主题。对儿童进行经济上的训练是为将来生活做的准备。从生产的角度看，让儿童拥有生产财富的力量；从消费的角度看，使儿童能有一个理智而有计划的消费观。过去的中国人对政治不闻不问，缺乏政治的常识，而在倡导民主自由的新时代，人们已无法脱离政治生活而单独存在。一个民主社会的公民，在政治上既享有权利，又需履行义务，这是时代赋予公民的特权，也是责任。

---

① 小学公民训练标准 [J]. 教育部公报，1933，5（7-8）：33-37.
② 范公任. 小学公民训练概论 [M]. 上海：商务印书馆，1935：4.

可以说，这四项目标几乎囊括了人生的全部活动，旨在使儿童获得体格、德性、经济和政治等方面的全方位发展，养成实际的公民习惯和能力。季锡麟在《公民训练》一文中就曾指出："此次所订的小学公民训练标准，实包括人生全部的活动，力矫过去知而不行的病症，重在道德行为习惯的养成。"① 通过以下对课程内容的分析，便可以体现出对道德行为习惯的重视。

（2）学校公民训练的课程内容

《小学公民训练标准》对于公民训练课程内容的安排，主要体现在纲要和具体条目两方面。在课程目标的基础上，制定了如下的公民训练纲要：

公民训练要目
- 关于体格的——强健 清洁 快乐 活泼
- 关于德性的
  - 自制 勤勉 敏捷 精细 诚实 公正 谦和
  - 亲爱 仁慈 互助 礼貌 服从 负责 坚忍
  - 知耻 勇敢 义侠 进取 守规律 重公益
- 关于经济的
  - 节俭 劳动
  - 生产 合作
- 关于政治的
  - 奉公 守法
  - 爱国爱群 拥护公理

此纲要是对总目标的细化，共列举了 32 个德目。包括基本的精神层面、行为习惯和正确观念等方面的内容。之后的条目是对德目进行的详细规定，共分为 267 个条目细则。从这些条目细则中，我们可以发现，对于不同年龄阶段的儿童所实施的条目是不一样的，低年级段主要以良好行为习惯的养成为训练内容。例如，第一条"中国公民是强健的"要求：

（1）我不把不能吃的东西放在嘴里。
（2）我不用手指挖鼻孔、挖耳朵、擦眼睛。
（3）我吃东西分量不过多。
（4）我吃东西细细地嚼碎了才咽下去。
……
（16）我在下课的时候，做适当的游息。②

第二条"中国公民是清洁的"：

（1）我身边要常常带手帕。
（2）我咳嗽或喷嚏的时候要用手帕掩住口鼻。

---

① 季锡麟 . 公民训练［J］. 大上海教育，1934，1（7）：89 - 102.
② 小学公民训练标准［J］. 教育部公报，1933，5（7 - 8）：33 - 37.

（3）我不用衣袖抹嘴脸。

（4）我要常常洗指甲剪指甲。

（5）我的手和脸要常常保持清洁。[①]

这是对第一、第二学年儿童提出的基本要求，重在养成良好的卫生和行为习惯，拥有强健的体魄，满足低年级儿童的身心发展需要。高年级段则重在对儿童进行精神层面、正确观念的指引，例如，条目中的第十八条"中国公民是坚忍的"指出：

（1）我做事要能耐劳苦。

（2）我做事要有毅力坚持到底非成功不丢下。

（3）我受了屈辱，要忍耐地设法伸雪。

（4）我受了降级等的处分，要不灰心，坚忍地用功。

（5）我遇到了痛苦或困难，不畏缩，不懊悔。

（6）我要意志坚定，贯彻自己的计划。[②]

这是对第五、第六学年儿童提出的训练条目，主张儿童能够拥有坚忍不拔的毅力和奋勇前行的魄力，主要侧重于对儿童进行思想、心理上的熏陶。从上述列举的这些条目中可以看出，公民训练在内容的选择上遵循儿童身心发展的规律，符合儿童的理解和认知水平。

此外，小学公民训练以德性训练为主，侧重从传统道德中汲取养分作为训练内容。如第十三条"中国公民是仁慈的"：

（1）我要爱护花木。

（2）我要爱护有益于人类的动物。

（3）我在拥挤的地方，一定要让年老年幼的先走先坐。

（4）我爱护弟妹和年幼的同学。

（5）我要帮助残弱和贫苦的人。[③]

再如第十五条"中国公民是礼貌的"：

（1）我出外和回家，一定告诉家长。

（2）我遇见老师和尊长，一定行礼。

（3）我每天第一次遇见熟人，一定招呼。

---

① 小学公民训练标准（续）[J]. 教育部公报，1933，5（9－10）：22－28.

② 小学公民训练标准（二续）[J]. 教育部公报，1933，5（11－12）：49－65.

③ 小学公民训练标准（二续）[J]. 教育部公报，1933，5（11－12）：49－65.

……

（21）我和别人并行的时候，要让年幼或年老的人，靠里边走。

（22）我和别人并行的时候，常常留心同步伐。①

知礼仪、重文明一直以来被作为中华民族的传统优良品德而传承，从这些条目中我们可以感受到，当时的学校教育中对优良传统道德文化的学习并没有局限于书本知识的灌输，更多的是从日常行动中获得道德上的提升。

总体来看，《小学公民训练标准》从目标到具体条目，都体现了传统道德德目与现代公民素养的融合。其目标即指出，通过发扬中国民族固有的道德，并采取其他各民族的美德，训练儿童，以养成健全公民。从公民德性训练的目标和要目来看，小学阶段公民德性的培养依然保留了浓厚的传统道德痕迹。在"礼义廉耻、亲爱精诚"目标的统摄之下，德性训练的 20 个德目中，中国传统道德德目占据了主导地位。其中，勤勉、诚实、谦和、亲爱、仁慈、服从、坚忍、知耻、义侠等要目是非常典型的传统道德意识的体现，自制、敏捷、精细、互助、礼貌、负责、勇敢、进取、守规律等德目则是"各民族的美德"兼而有之的。明确体现现代公民教育观念的德目只有两个，即"公正"和"重公益"。在"中国公民是公正的"条目之下，提出了不讲私情，不做假见证，尊重不同意见，牺牲个人成见，保持公正态度等具体条目。在"中国公民是重公益的"条目之下，特别强调了对公共物品的保护、在公共场所的言行及对公共利益的关注。

虽然传统的道德德目依然占据了公民培养的主导地位，但这并不意味着这些传统德目不具有培养公民的教育价值。一方面，通过对这些传统德目的详解可以发现，公民意识的觉醒和培养公民的观念已然渗透进了这些传统道德观念之中，以往关注修身养性的个体私德不再突出，而公共意识、规则意识、社会责任意识等在德性训练的条目中有了一定程度的体现。例如，在"服从"的德目下，不仅仅是对领袖的服从，更要"尊重大多数人的意见"；在"知耻"的德目之下，要求"不私用公共或别人的物件"；在"守规律"的德目下，提出了诸多在公共场合需要注意的规则，强化规则意识的培养。另一方面，中国传统的道德教育条目虽然存在不少弊端，但其自身蕴含的道德价值是不容忽视的教育资源，在对德性训练的 20 个德目的具体陈述中，无不闪烁着传统道德关怀的教育智慧。

总之，《小学公民训练标准》旨在通过对儿童行为的指导及其亲身实践，

---

① 小学公民训练标准（二续）[J]. 教育部公报，1933，5（11－12）：49－65.

养成儿童良好的德性和生活习惯。它从儿童的实际生活出发，根据儿童身心发展水平选择教学内容，强调知行结合，具有一定的先进性和前瞻性。此后学校公民训练的展开大多参照这一训练标准来实施。一直到1941年，根据抗战需要，公民训练标准被改为小学训育标准。总之，其内容即使在今天看来，仍具有积极的道德教育意义。

2. 学校公民训练的教科书分析

学校公民训练在实践的过程中，涌现出了一批比较有特色的教科书。在此，我们以陆伯羽编著的《模范公民训练册》为例，勾勒小学公民训练的基本轮廓。这套教科书针对不同年龄阶段儿童的学习特点，分为八个训练阶段，每个阶段分别对应着《小学公民训练标准》里的若干德目，自成一册，共八册。书中内容贴近儿童生活，富于情趣，熟悉儿童心理。对于现今而言，仍不失为一套很好的儿童教学辅导用书。

（1）教学内容生动有趣，贴近生活

这套教科书适用于初级小学的公民训练课程，前四册用于第一、第二学年段，主要是有关个人卫生、生活习惯、学校规律这几个方面的内容。后四册适用于第三、第四学年段，所涉及的内容更加广泛，除了基本的个人生活、家庭、学校生活外，增添了社会生活方面的内容，强调培养儿童的公民意识。教科书所涉及的家庭、学校及社会之事，大多与儿童的实际生活息息相关。现将前四册内容呈现如下，进行简要分析（见表4-1至表4-4）。

表4-1 《模范公民训练册》（第一册）课目摘录①

册别	课目	
第一册	一、我遇见老师和尊长一定行礼	二、我每天上学一定携带要用的课业用品
	三、我排队很敏捷，在队里很安静	四、我依次出入教室，不争先
	五、我在室内行走，脚步很轻	六、我在上课时，要发言，必先举手
	七、我上课时很安静	八、我在下课的时候，做适当的游息
	九、我每日准时到校，准时回家	十、我出外和回家，一定告诉家长
	十一、我走路，注意常靠左边，不乱跑	十二、我不在路上逗留
	十三、我不在路上吃东西	十四、我在应当吃东西的时间吃东西
	十五、我吃东西分量不过多	十六、我不把不能吃的东西放在嘴里
	十七、我不用手指挖鼻孔、挖耳朵、擦眼睛	

① 陆伯羽. 模范公民训练册（第一册）[M]. 哈尔滨：哈尔滨出版社，2016：目录.

表 4-1 所示是第一册课文内容，共有 17 个条目，用于第一学年段的学生进行公民训练。所涉及内容包括对刚入校的学生进行学习方面的指导，如"我每天上学一定携带要用的课业用品""我在上课时要发言必先举手"；对儿童上下学路上应注意的安全问题的指导，如"我走路注意常靠左边不乱跑""我不在路上逗留"；以及卫生习惯方面的指导，如"我不把不能吃的东西放在嘴里""我不用手指挖鼻孔挖耳朵擦眼睛"等。范围涉及个人、学校及家庭生活，涉及的德目为有礼貌、守规律、强健，训练条目较为简单、浅显易懂。

表 4-2　《模范公民训练册》（第二册）课目摘录①

册别	课目	
第二册	一、我每天早睡早起睡起，都有一定的时间	二、我睡觉的时候，头要露在被窝外面
	三、我的手和脸要常常保持清洁	四、我要常常洗指甲，剪指甲
	五、我的头发要时常整齐	六、我身边要常常带手帕
	七、我咳嗽或喷嚏的时候要用手帕掩住口鼻	八、我不用衣袖抹嘴脸
	九、我要自己穿衣服、脱衣服	十、我穿衣服不太多
	十一、我不穿太窄或太长大的衣服	十二、我穿衣的时候要把纽扣扣好
	十三、我坐立和走路的时候都留意腰和背的正直	十四、我离开座位时一定把桌椅放端正
	十五、我开关门窗、移动桌椅，一定很轻很仔细	十六、我不高声乱叫
	十七、我自己能做的事，一定要自己做	

表 4-2 是第二册的课文内容，主要针对儿童的日常卫生习惯、学校纪律等方面进行规范训练，涉及的德目为强健、清洁、有礼貌、勤勉、守规律。以儿童的实际生活为主，力图通过训练养成儿童良好的个人卫生习惯，并拥有初步适应学校生活的能力。

---

① 陆伯羽. 模范公民训练册（第二册）[M]. 哈尔滨：哈尔滨出版社，2016：目录.

表4-3 《模范公民训练册》（第三册）课目摘录①

册别	课目	
第三册	一、我听从父母和师长的训导	二、我要孝顺父母家长
	三、我对人要常常面带笑容	四、我每天第一次遇见熟人一定招呼
	五、我遇见了生人要不畏缩也不羞涩	六、我借了人家的东西要如期归还
	七、我拾到别人遗失的东西，想法送还他	八、我受了别人的赠品，要表示感谢他
	九、我不说谎话不骗人	十、我不打人也不骂人
	十一、我吃了小亏不哭也不告诉先生	十二、我除饭食外不多吃零食
	十三、我不多吃糖食	十四、我不吃不容易消化的食物
	十五、我吃东西，细细地嚼碎了才咽下去	十六、我每天大便有一定的时候
	十七、我用鼻子呼吸，嘴常常要闭着	

表4-3 为第三册的课文内容汇总，共有 17 个条目，主要侧重于儿童良好道德品质的养成，包含的德目为服从、亲爱、快乐、有礼貌、活泼、诚实、勇敢、强健。儿童对父母与师长，应是服从、孝顺的，如条目"我听从父母和师长的训导""我要孝顺父母家长"；对待他人的态度方面应是诚实、勇敢、有礼貌、活泼的，如条目"我对人要常常面带笑容""我遇见了生人要不畏缩也不羞涩"，引导儿童正确处理日常生活中的人际关系问题。

表4-4 《模范公民训练册》（第四册）课目摘录②

册别	课目	
第四册	一、我喜欢听笑话、说笑话　.	二、我笑的时候要留心不露牙龈
	三、我说话的时候要留心，不喷吐沫	四、我不浪费笔墨纸张
	五、我爱护用品	六、我用过东西以后，一定收拾起来
	七、我要收拾保管我自己的一切东西	八、我不涂刻墙壁、黑板、桌椅等物
	九、我爱惜公用的图书	十、我不独占公共游戏的器具
	十一、我损坏了东西，要自己承认或赔偿	十二、我不攀折公共的花木
	十三、我要爱护花木	十四、我在黑暗里不害怕

① 陆伯羽. 模范公民训练册（第三册）[M]. 哈尔滨：哈尔滨出版社，2016：目录.
② 陆伯羽. 模范公民训练册（第四册）[M]. 哈尔滨：哈尔滨出版社，2016：目录.

表4-4所示为第四册的教学内容汇总，训练内容开始逐渐深入社会生活，"由学生自身生活卫生习惯养成教育，逐渐向社会公共生活技能与规则养成教育过渡"。[①] 如"我不攀折公共的花木""我爱惜公用的图书"等课文，开始注重培养儿童的公共意识，"重公益"的德目在本阶段体现得最为突出。

从前四册的教学内容来看，选取的都是与学生生活、学习息息相关的场景，以家庭、学校生活为主，兼及社会之事，在平实的生活中展现朴实、简单的道理。通过举以生活实例、童趣故事，培养儿童的兴趣，加深儿童的理解。学者陶金玲通过对这套教科书的详细分析指出："儿童最好的学习就是'从生活中学习'，成人应该利用儿童现有的生活作为其学习的主要内容，把教育与儿童眼前的生活结合起来，在儿童生活中汲取公民道德教育内容"。[②]将抽象的价值观念融入儿童的生活实际中，让儿童在生活中快乐、有意义地去学习，感受学习的乐趣与美好。总之，这套教科书在内容的选择上从家庭生活、学校生活逐渐向社会生活延伸，贴近儿童生活特点，注重从儿童自身要求出发，强调教育与个人、家庭、社会的联系。

（2）教学形式摒弃说教，寓教于乐

这套教科书在教学形式上主张以简单的图文，或配以小故事，间或举例的形式说明道理。主要通过讲故事、情景剧表演等形式让儿童获得感受，体会其中所蕴含的教育意义，寓教于乐。"因为初级小学学生喜欢听故事的原故，所以对于教材——条目的意义的解释——的编制，完全采用事实的描写——故事体裁，而不用纯略论的讲述，因为这是最使儿童听了厌倦的。"[③]例如在第一册第三课中，为了更好地阐释"我排队很敏捷，在队里很安静"这一教学条目，配上了相应的图画：一群孩子排队进入教室上课，而对于不排队的同学，其他同学相互提醒。以这样的方式使得教学更为生动，具有感染力，让低学年段的儿童易于接受。相较于纯粹说教形式的教科书，这种图文结合的形式更能够引起儿童阅读的兴趣，让他们能感同身受。

对于高学年段的儿童来说，则采用故事教学为主。例如，为了学习"我选择品行好的人做朋友"这则条目，通过一则驴子选同伴的小故事说明了"近朱者赤，近墨者黑"这样一个道理，告诉同学们应该选择品行好的人做朋友，这样我们也会是一个品行好的人。故事情节幽默风趣，摒弃传统的说

---

① 陶金玲. 民国教科书《模范公民（训练册）》分析 [J]. 教育评论，2012（6）：138-140.
② 陶金玲. 民国教科书《模范公民（训练册）》分析 [J]. 教育评论，2012（6）：138-140.
③ 盛子鹤. 复兴公民训练教本 [M]. 上海：商务印书馆，1933：2.

教模式，将枯燥的教学内容变成了趣味性的故事，将教学变成了一种快乐的行为。这种图文结合的教学形式，既满足了教学的需要，又迎合儿童的兴趣，能够使儿童在愉快的教学环境中获取知识，提高儿童学习的积极性。

（3）教学评价注重自省，便于践行

相较于其他教科书而言，这套教科书在每册课程结束后，均列有自省表，针对教学条目设置相关问题，便于儿童逐项对照，反观自己的行为，进行自我监督。表4-5为第二阶段自省表。

表4-5　第二阶段自省表①

自省表　请小朋友看了后面的问题，把自己平日的行为想一想，如果平日的行为是这样的，就在空格里画一个"○"，以后的行为仍要这样；如果不是这样的，就在空格里画一个"×"，以后对于这种行为，就要改过。			
把自己的行为想一想	画符号	把自己的行为想一想	画符号
每天是不是早睡早起？睡起是不是都有一定的时间？		衣服是否不穿得太多？	
睡觉的时候，头是不是露在被窝外面？		太窄或太长大的衣服，是否不穿？	
手和脸，是不是常常保持清洁？		穿衣服的时候，是不是把纽扣都扣好？	
指甲，是不是常常洗，常常剪？		坐立和走路的时候，腰和背是不是正直？	
头发是不是时常整齐？		离开座位时，是不是一定把桌椅放端正？	
身边是不是常常带手帕？		开关门窗、移动桌椅，是不是很轻、很仔细？	
咳嗽或喷嚏的时候，是不是用手帕掩住口鼻？		是否不高声乱叫？	
是否不用衣袖抹嘴脸？		自己能做的事，是不是一定自己做？	
是不是自己穿衣服、脱衣服？			

这份自省表是对第二册内容学习后的一个自我评价，以设置问题的形式让儿童对自己的行为进行反思。通过这样的操作，儿童能够清晰地认识到自己目前存在的问题与不足。这种自我评价的方式能够充分体现儿童的主观能动性，培养其自我管理的意识和能力。同时也有利于促进教师更好地了解儿童，顺利开展教学。

---

① 陆伯羽．模范公民训练册（第二册）[M]．哈尔滨：哈尔滨出版社，2016：35.

通过对这套公民训练教科书的分析可以看出，教科书所涉及的教学内容均围绕儿童生活展开，符合儿童的自我认知水平。从生活起居、卫生饮食、待人接物等方面到爱国爱群、公共意识、公民权利都有涉及。在内容编排上，按照儿童的心理认知水平由低到高、由浅入深、由具体到抽象，循序渐进地进行呈现。它的教学内容强调教育与儿童生活的联系，活泼有趣；教学形式多元化，摒弃传统说教，寓教于乐；教学评价自主化，便于实践。总之，这套教科书注重儿童的认知发展水平，与学校、社会、家庭相连接，深入浅出地诠释了模范公民所应有的品质，对我们今天的儿童公民教育亦有着积极的启发。

3. 学校公民训练的方式

学校公民训练的方式，决定了学校公民训练目标实现的程度。这一时期对公民训练的实施，采取了多种具体的方式，这里将围绕以下三种主要方式加以分析。

（1）公共的训练与个别的训练相结合

根据《小学公民训练标准》中的实施方案要点，将公民训练分为公共的训练和个别的训练两种方式进行：

① 公共的训练

（甲）在各科教学时间　由各教员间接的指导儿童；或直接的根据纲要条目，加以申说。

（乙）在随时随地　由各教员注意儿童的各种活动，直接间接引用规律和各条目，指导儿童遵守。

（丙）在某一时期　随儿童公共的需要，或发现儿童公共的缺点时期，择定适当的德目为训练的中心，用种种方法作公共的训练，时期以一周至二周为度。

（丁）在每星期间　愿辞在每星期纪念周时，全体宣读；或将辞意编成歌曲吟唱。又每星期也可择定一个适当的德目，特加注重，作为公共的训练。但切不可流于叫口号贴标语的形示。

（戊）在每周六十分钟特定时间　把六十分钟分作三次，间日教学，或分作六次，逐日指导。在每次特定时间，由教员将偶发事项引用条目，加以申说。如举行训练周，就应注重和中心德目有关系的条目。

② 个别的训练

可酌量全校师生的多寡，分成若干组或若干团，每一教员负一组或一团的个别训练责任。对本团的儿童，用种种方法督导他实践条目，自行检察，并注意考查成绩。①

所谓公共的训练，就是在同一地点随时接受直接性或间接性的共同训练，以全体学生为训练对象。详细地说，"即在同一时间，训练多数儿童，使各个个体受到同一的训练，并考查儿童在团体活动中的个别行为，以便改进"。② 从公民训练的实施要点中可以看出，对儿童进行公共的训练可以通过学科教学的方式，间接或直接地引导儿童，这是进行公共训练最普遍的途径。除此以外，实施公共训练最适当也是最有效的形式之一便是通过各种集会活动，利用集体影响个人的方式进行。学校进行公共训练时可选择的集会活动包括晨会、团会、儿童全体大会、周会、联欢会、开学会、放学会、国庆纪念会、国耻纪念会、学校创立纪念会、革命纪念会等。③ 通过这些活动，儿童能够获得初步的有关良好行为习惯、基本精神及正确的观念等方面的指导。例如晨会活动，是在每日早操过后，上课前进行的一项全体学生参与的集会活动。这是一种潜移默化的方式，具体可进行如下方面的活动：

（1）每晨举行晨会时令儿童背诵好公民规律，及唱愿词歌；

（2）每晨举行晨会时，令全体儿童闭目静思一二分钟——今日应行注意何种习惯之养成——教学前亦得闭目静思一二分钟——今日要做之良好习惯，是否养成——促其反省。④

通过背诵公民规律、唱愿词歌等的形式，让儿童初步理解怎样才能成为一个好公民；通过闭目静思等方式，让儿童反思自己的行为，从而改善自己的不良习惯，保持良好的习惯。除此之外，晨会上还可以开展齐唱国歌、校歌等活动激发儿童对国家、对学校的热忱与尊重之情。

学校公民训练的方式除了公共训练之外，还有一种个别训练。由于儿童在认知发展的过程中所能达到的水平是有区别的，在性格、能力、性别等方面也是不一致的，所以对儿童实施个别训练尤为必要。根据儿童各种不同的个性，教师应采取与之相匹配的训练，做到因材施教。"个别训练，比公共训练尤为重要，随时随地皆可训练，不必要规定的时间。但是形式上虽不必规定，事实上则教师必须做到时时去找训练的机会，教师自身随时注意个人的行为，则可以感化儿童，获得儿童的同情，收效更大。"⑤ 因此，个别训练

---

① 小学公民训练标准（二续）[J].教育部公报，1933，5（11-12）：49-65.

② 沈子善.小学公民训练之理论与实际 [M].上海：商务印书馆，1936：32-33.

③ 范公任.小学公民训练概论 [M].上海：商务印书馆，1935：70-73.

④ 季锡麟.公民训练 [J].大上海教育，1934，1（7）：89-102.

⑤ 沈子善.小学公民训练之理论与实际 [M].上海：商务印书馆，1936：52.

在实施的过程中，对教师提出了较高的要求，教师作为儿童实践个别训练的实施者与监督者，应切实了解儿童，在适当的时机采取适宜的方法督导儿童实践条目，反思行为，从而达到极佳的训练效果。

（2）利用环境实施公民训练

所谓"入芝兰之室，久而不闻其香；入鲍鱼之肆，久而不闻其臭"，环境对人的影响是潜在而无穷的。学校公民训练需要良好环境的支持，才能达到养成健全公民的目的。其中，良好的学校环境建设，是顺利实施公民训练的责任之所在。与此同时，社会、家庭的环境也会影响学校公民训练，不能忽视。

学校的环境最具可操作性，极大地影响着公民训练的实施。"学校环境应根据中国公民规律加以适当的布置和设备，例如合于健康原则的设备等，能使儿童于不知不觉中，受到良好的环境训练。"① 如何才能有效布置学校环境以适应公民训练呢？有下列几项原则需要遵循：

（1）要引起儿童实践公民训练的动机。

（2）要用以刺激儿童使有充分的感悟和反省的机会。

（3）要根据训练的中心而变换。

（4）要在布置的情景里能使儿童去充分的实践。

（5）要适合各阶段的需要。

（6）要重于事实的实践不尚形式的推求。

（7）要考查儿童实践的程度而分期布置。

（8）要促进儿童有系统的考虑而想像。②

以上可以简单概括为三个方面，首先要求学校环境的设置应符合儿童身心发展要求，能够使儿童在这样的环境中感到身心愉悦、放松舒适，使处于各个年龄阶段的儿童能够在环境中获得应有的体验。如"运动场、运动器具、劳作用具等的设备，须注意到儿童的生理发育状况。假使球场过大，奔波过疲，便会感到痛苦。劳作器具过于笨重，儿童力不能胜，便会减少兴趣"。③ 其次，环境设置要体现艺术性，让儿童学会从环境中感受美、欣赏美，培养儿童的艺术鉴赏能力，激发儿童想象的空间。最后，在环境的布置中注重儿童实践的重要性。总之，环境对儿童的成长有着深刻的影响，良好

---

① 小学公民训练标准（二续）［J］. 教育部公报，1933，5（11－12）：49－65.

② 黄亚达. 公民训练的环境布置［J］. 进修半月刊，1936，5（8）：74－75.

③ 张耿西，束樵如，万九光. 小学公民训练的理论与实际［M］. 上海：中华书局，1936：156.

的环境熏陶能够提醒儿童改正行为的种种过失，促使儿童养成应有的道德行为。

社会的环境是复杂多变的，需要我们对已有的社会环境做出正确判断，避免不良环境的负面影响，善于利用社会中优良的环境来协助学校进行公民训练。如下介绍了几种利用社会环境对儿童进行公民训练的情况：

> 譬如训练到关于强健、清洁、快乐、活泼等条目时，便可利用游公园，参观体育馆。训练到关于德性方面的条目时，便可以参观附近的祠宇（如烈士祠，忠孝祠等），使儿童明了伟人烈士的人格而肃然起敬。训练到关于经济的条目时，便可以参观工厂农场的各种生产机关。训练到关于政治的条目时，便可参观各种行政机关。[①]

除了借助社会公共设施、生产机关、行政部门等实施训练之外，如何有效地进行公民生活训练，尤其对于乡村儿童，选择适应乡村环境的公民训练尤为必要。

> 在课室作业里，教师应当以现实社会问题作张本，像耕种，祭典，婚丧，礼俗等，引导儿童批评注视的态度。真理的观念，而使发生"改良耕种""改革礼俗"的情感和意志。譬如三月三，俗礼有行灯赛神的举动，做教师的在公民课里，至少可发出下列问题，令儿童们考虑：
>
> 一、那天的行灯是怎样一种盛况呢？
> 二、为什么要行灯呢？
> 三、行灯对于乡村，有什么一种利益呢？
> 四、行灯有没有危险呢？
> 五、怎样改良它？革除它？替代它呢？[②]

显然，乡村中存在着各式风俗、礼教、习惯等，支配着人们的生活，它们有积极向上的一面，也有封建落后的一面。乡村学校应善于利用这些风俗礼教，对儿童进行引导教育，引起儿童对旧制、封建社会的批判与改良的意志，从而培养儿童成为理想的公民。

家庭的环境相对社会而言较为稳定和简单，通过家庭的良好环境熏陶，给学生营造一个健康的成长空间，为学校分担训练任务，对于学校进行公民训练具有举足轻重的作用。在家庭生活中，可以通过以下方式对儿童进行

---

① 张耿西，束樵如，万九光. 小学公民训练的理论与实际 [M]. 上海：中华书局，1936：152-153.
② 徐元善. 适应乡村环境的公民训练 [J]. 南汇县学事月报，1926，1（2）：8-11.

训练：

（1）设置家事上的应用物品，像缝纫的针线刀剪，洗濯用的盆罐擦板等——以进行儿童的劳作训练。

（2）搜集陈列布片刺绣样本——以利儿童的家事学习。

（3）饮食睡眠环境的利用——指示儿童食物须细嚼，睡时头必露于被外。

（4）邻家环境的利用——如邻家有不幸事件发生，可相机做劝慰工作。[1]

通过帮助父母做家务，整理针线、剪刀，洗刷锅碗等劳动减轻父母的负担，从而训练儿童有关生产的条目；通过儿童睡眠饮食环境的利用，如父母时刻引导孩子睡觉时将头露在外面，吃饭细嚼慢咽等行为，训练儿童有关强健的条目；好的邻里关系及和谐的氛围能够帮助儿童学会如何正确处理人际关系。以上这些都是可以通过家庭环境的影响来实现的。

（3）实施儿童自治

儿童自治是学校实施公民训练的一种重要方式，通过倡导将学校社会化，使儿童在进入社会之前，练习自我管理，养成参与社会公共生活的习惯与能力。正如学者杨彬如所言，"儿童自治，是一种积极的陶冶，为公民训练上有意味的大单元设计"。[2] 他认为，儿童自治是一种积极的、精神的公民训练，是让学生适应社会生活、成为现代公民的有力举措。

那么什么是儿童自治呢？陶行知给出了一个清晰的界定："'学生自治是学生结起团体来，大家学习自己管自己的手续。'从学校方面说，就是'为学生预备种种机会，使学生能够大家组织起来，养成他们自己管自己的能力'。"他对这个定义做出了进一步的解释："依这个定义说来，学生自治，不是自由行动，乃是共同治理；不是打消规则，乃是大家立法守法；不是放任，不是和学校宣布独立，乃是练习自治的道理。"[3] 即通过自治，使儿童获得社会实践的意识和能力，拥有公共意识与责任，具有爱国爱群的情感，训练儿童适应未来的社会生活，以做好成为健全公民的准备。

事实上，儿童自治的兴起得益于杜威教育思想的影响，是对教育即生活、学校即社会理念的运用。杜威对于中国的学生自治曾提出过以下建议：

---

① 沈子善 . 小学公民训练之理论与实际 [M]. 上海：商务印书馆，1936：126 – 127.
② 杨彬如 . 公民训练与儿童自治 [J]. 江苏省小学教师半月刊，1933，1（4）：15 – 17.
③ 陶行知 . 学生自治问题之研究 [J]. 新教育，1919，2（2）：94 – 102.

（1）课堂和校内场地，不必雇佣人整理，教学生分组轮值去打扫。此事我已经看见中国有许多学校办理得很好。

（2）学校各处的装饰品、仪器标本和各种教具，捡选学生欢喜的。鼓励他们组织摄影、采集等各种小团体，出品就可以给学生应用。

（3）在规定课程以外，教学生组织演剧团、音乐会、辩论会、义务学校，增加他们服务社会和自治的能力。[①]

学生自治的兴起，是基于教育理念和民主政治观念转变的产物，即在社会中，追求民众的自由和自主权；在教育中，践行儿童中心的发展理念。按照舒新城的说法，正是民治思想的兴起促进了学生权力的增长，推动了学生自治。1920 年，全国教育会联合会通过了《学生自治纲要案》，对学生自治提出了如下规定：

> 共和国之教育以全国学生人人有共和国民之资格为基本，欲期全国
> 学生人人有共和国民之资格，以各学校实施学生自治为基本。盖学生自
> 治，所以发展青年天赋之本能，养成其负责与互助之习惯，其方法在练
> 习团体组织，其宗旨在发挥民治精神。共和先进国，风行有年，如学校
> 国学校市等，其名不同，其情则一。我中华国体既定共和，自不可无此
> 基本教练，况近鉴于一般国民，有爱国心，乏自治力，尤非从青年时代
> 为根本培养不可。特恐因解释未明，误用学生财力，爰拟学生自治纲要
> 五则，通告各省区教育会，转至各学校，一体注意提倡。
> 　一、学生自治，系教育陶冶，与实施政治有别；
> 　二、以公民教育之精神，练习自治，得采分区制度；
> 　三、学生自治权限，视学校之性质及学生之年龄与程度，由校长酌
> 定之；
> 　四、学校职教员，应设自治指导员会，负指导学生之责；
> 　五、除学校行政外，均得由学生根据校长所授予之权限，定相当之
> 办法，由指导员会通过施行。[②]

从学生自治纲领的要求中可以看出，学生自治实际上是引导学生通过练习和模仿与社会生活建立联系的过程，以此来培养儿童参与社会事务的能力。多样化的学生自治团体和方式正是这一特征的体现。儿童自治团体的组

---

① 周洪宇，陈竞蓉. 民主主义与教育——杜威在华演讲录［M］. 合肥：安徽教育出版社，2013：464.
② 全国教育会联合会议决案：学生自治纲要案［J］. 教育潮，1920，1（9）：87–88.

织形式多种多样。有的仿照国家政治组织，设立行政、立法和司法机构，锻炼儿童参与政治的能力；有的模拟政府组织模式，设立相关行政委员会，锻炼儿童处理公共事务的能力。

例如，尚公学校的儿童自治模仿市政府组织，成立"尚公市"。尚公市是以尚公学校作为行政区域，凡是尚公学校的学生，都是市民。尚公市的最高权力机关是由各级学生会代表组成的全校代表大会，每学期召开一次。在该会闭会期间，由执行委员会代理执行其职务，并设立监察委员会，负监察之职。在行政区域内设有教育馆、俱乐部、公安局、报社、卫生局、博物馆、图书馆、银行和商店九个部门，并由执行委员会委派九位负责人成立行政委员会，分别负责九个部门的运行工作。[①] 整个尚公市，由尚公学校的儿童自行组织、管理、监督，使儿童获得了参与社会公共事务的机会，养成自立与自律的品质。

然而，这种儿童自治组织也有其存在的弊端。一方面，学校儿童自治组织无法使每一个儿童获得参与的机会，往往成为少数能力强的儿童包办的事业。另一方面，自治事业过于烦琐，不考虑儿童自身的接受程度。"把成人社会的组织，移植到儿童自治的范围里去，事业未开始，学校当局早已拟定了完整的系统，繁密的条文，预备交给儿童组织。事业开始之后，学校当局又不依据儿童需要按部就班的指导，而将预定计划强制儿童一一执行，结果儿童觉得枯燥无味，敷衍塞责"。[②]因此，儿童自治若要取得预期的目的，就须在其合理的范围内实施，充分考虑儿童的年龄特点，避免成人化。

4. 学校公民训练的考查评价

学校公民训练的考查评价实则是对儿童学习成果的检验，明确儿童在经过一系列训练之后，是否已经达到健全公民的标准。一方面，通过考查，教师可以掌握学生的训练结果与成效，依据考查结果对学生进行有针对性的训练。另一方面，通过考查，儿童可以全面了解自己，扬长避短，长善救失。对于如何进行公民训练的考查评价，学者们提出了不同的做法。例如，范公任在《小学公民训练概论》一书中将公民训练的考查办法分为以下几种：

（一）儿童自己反省　公民训练的成绩，可由儿童自己反省得之。

（二）导师观察　公民训练的成绩，可由导师观察得之。

（三）家长观察　公民训练的成绩，可由家长观察得之。

---

① 马精武. 尚公学校儿童自治的昨今明 [J]. 教育杂志, 1929, 21 (5): 111 - 127.
② 束楯如. 从公民训练说到儿童自治 [J]. 儿童教育, 1933, 5 (6): 11 - 12.

（四）测验 公民训练的成绩，可由测验得之。这种测验，当然不在考查儿童对于某某条目的意义是否了解，而是要知道他对于某种情境 Situation 或某种性行的认识是否清楚，判断是否正确。①

这种通过自评和他评相结合的方式，能够更加全面而深入地对公民训练的实施结果做出判断。此外，沈子善将公民训练考查形式分为知能考查和行为考查两方面，他指出："公民训练，重在知行合一，因此考查的方法，亦须注意到知行一贯。儿童对于自己的行为，是否有正当的态度与正当的判别，使知行合一，认识清楚，则更有助于训练。所以知能的考查办法，也应有详细的规定。"② 通过对比可知，两位学者对考查形式的划分视角不同，前者是从观察者的角度出发，通过儿童、教师、家长的观察，检验儿童在行为和认知上的训练成效；而后者是从知与行结合的视角出发，考查儿童知行一致的情况。下面主要针对沈子善提出的考查方式进行详细论述。

对于儿童知能的考查，就是要考查儿童有无正确的判断，有无相当的辨别力。沈子善对于知能的考查又分为四个方面，包括"认识的考查、辨别的考查、判断的考查和态度的考查"。③ 关于认识能力的考查，其目的在于明了儿童对于情境的分析能力，例如：

我看见李守一桌上有一枝很美丽的铅笔，我私下取来藏在自己的书包里，这是（1）诚实；（2）说谎；（3）偷窃；（4）勇敢——（　　　）④

根据儿童对此情境的判断情况，了解儿童对诚实、说谎、偷窃和勇敢这四种行为品质的认识程度，作为儿童德性考查的依据。以此类推，对于仁爱、公正、守规律等品质的认识程度，也可以依此种方式进行。关于辨别能力的考查，目的是要了解儿童是否有正确的判断力，是否能对某一事件加以辨别。举例如下：

辨别能力的考查，须注意情境，使儿童在各种情境中，辨别行为的是非，是的表以"＋"号，非的表以"－"号举例于下：

（一）我看见一个小孩跌倒在地上，立刻把他扶起来。（＋）

（二）今天下雨，我没有到学校去。（－）⑤

---

① 范公任. 小学公民训练概论［M］. 上海：商务印书馆，1935：139－140.
② 沈子善. 小学公民训练之理论与实际［M］. 上海：商务印书馆，1936：72.
③ 沈子善. 小学公民训练之理论与实际［M］. 上海：商务印书馆，1936：72－74.
④ 张耿西，束樵如，万九光. 小学公民训练的理论与实际［M］. 上海：中华书局，1936：196.
⑤ 沈子善. 小学公民训练之理论与实际［M］. 上海：商务印书馆，1936：73.

对于判断的考查，是通过对所描述的行为进行对或不对的陈述来进行的。态度的考查，目的是要考查儿童对于某种行为的看法，教师判断这种态度正当与否并加以指导。通过上述内容可知，知能的考查侧重于对儿童认知的检验，主要通过模拟情境，让儿童做出相应的选择与判断，具有主观性。而且知能的考查需要一套经过反复检验论证、有系统性和归类化的考查资料，以便能够对考查结果做出公正、客观的评价。

儿童行为的考查，可以分为个别行为和集团生活两方面。个别行为的考查形式以儿童自查、教师观察和家长协助为主。儿童自查是对儿童自我认知能力的检验，能够让儿童对自身所存在的问题进行深刻反省；教师与儿童接触密切，对于儿童的个性及平日行为较为熟悉，所以通过教师观察可以作为考核的重要参考之一；儿童在家的行为习惯、生活习性等教师无法观察，因此需要家长的配合，这样能够方便教师更全面地了解儿童的校外生活情况。以上三种形式都是从观察入手，并通过表格形式记录观察结果。以教师观察为例，教师将平日所观察到的有违反训练条目的儿童行为，记入儿童平时行为记载表。通过教师的每日观察并记录，以直观的方式了解学生行为的不当之处，从而进行有针对性的训练。此外，教师对学生的优劣行为也可进行特别记录，对儿童的优良行为进行鼓励，对儿童的不当行为给予警示。①

儿童集团生活的考查内容主要是关于体格、德性、经济与政治方面的，通常是以开展各种团体比赛的形式进行考核。如：关于体格方面的考查，主要是开展姿势比赛、整洁比赛；德性方面，通常开展礼仪比赛；经济方面，开展动物饲养与花木栽培比赛、采集比赛等；政治方面可开展秩序比赛。②此种评价方式，能够激起儿童的合作与竞争意识，并能通过实际行动促进行为的养成。

公民训练的考核方式是多样的，但也有其基本的模式。王张威指出："公民训练的考查，确是困难，但总逃不出'问答'，'考验'，'评判'这三个方式。"③问答法是一种直接性的考查方式，以教师直接询问儿童对某种行为是否得当作为考核标准；考验法则是一种情境性的考查方式，考查儿童的实际行为，较为客观；评判法就是需要靠教师及他人的观察来判别儿童行为的优良表现。总之，针对不同方面的行为表现，采取多种手段对儿童行为进行考查评价，可以督促并激励儿童努力展开积极的训练，养成良好的公民行为。

① 沈子善. 小学公民训练之理论与实际 [M]. 上海：商务印书馆，1936：74 - 83.
② 沈子善. 小学公民训练之理论与实际 [M]. 上海：商务印书馆，1936：80 - 83.
③ 沈有乾，王张威. 小学公民训练的成绩考查问题 [J]. 进修半月刊，1936，6（4 - 5）：2 - 4.

（二）社会公民训练

随着公民教育理念的深入，公民训练不仅在学校中得以广泛开展，而且向外辐射，逐渐从课内延伸至课外，自学校生活扩展至家庭生活和社会生活的不同领域。公民训练与家庭相联系，"使家长常把子女的特性报告学校，学校方面，也定期把考查成绩报告家长"，从而形成了家校合作的模式。在社会生活方面，学校鼓励学生积极参加课外社会活动，"以帮助社会事业的进行"。① 除此之外，由地方成立地方服务团体，开展地方自治；中央成立公民训练委员会，规定全国各省市民众开始实践公民训练，训练全体国民具有健全的体魄，培养日常行为规范和生活礼仪；提倡新生活运动，以此推进社会民众良好习惯的养成；在社会资源方面，报纸、杂志、书籍、无线电、电影等也都成为社会传播公民训练的工具，将公民训练变成全民参与性的活动，以养成健全之公民。

1. 地方服务

地方服务机关是社会公民训练的重要实践机构，通过组织民众开展各项公共活动，培养其承担服务责任的意识，以达到训练的目的。学者许仕廉在《地方服务与公民训练》一文中，对地方服务所展开的工作做了相关陈述：

一、各地地方服务团体，可以纠合本地人士，做一个公众公作。如修街，料理公众厕所，安置街灯，整理马路或两旁的路，疏通沟秽，或在街上种树等。如此可养成好公众工作精神。

二、每胡同或每街巷，可以立一个自治机关，大家组织起来，讨论关于本街或本胡同公益事宜，并实行工作。

三、设立时事讨论会。集本地方的人，在一处讨论公众问题，或国事，或研究本地方公民训练计书。

四、设周会。每星期讨论关于家庭社会各种问题。

五、时时举行同乐会。如国庆纪念，演剧，音乐会，运动会，爆竹会，地方聚餐，祈祷会，卫生运动，灭蝇运动，家庭同乐会，选举会，假议会。

六、地方设备。如公共讲演堂，公园，游戏场，储蓄银行，体育会，地方自治养成会，公民学校，及平民学校等。

七、组织地方公民训练讨论会，讨论一切问题，凡事务范围工作计

---

① 小学公民训练标准（二续）[J]. 教育部公报，1933，5（11-12）：49-65.

书，均应随时，及随地方情形而讨论。①

地方服务机关不仅为地方自治工作的展开提供便利，更是为公民训练的实践提供保障。通过成立地方服务团体，做好地方的基础建设工作，提供便民服务，为养成民众热心公众事务的精神提供条件。成立地方自治机关、召开时事讨论会、组织公民训练讨论会等，依照各地情形讨论研究制定相关公民训练计划，为地方开展公民训练做好充足准备。组织开展同乐会，对当地民众进行爱国教育、卫生知识宣传、政治教育等，使民众拥有健康快乐的生活；组织开展各项卫生活动，如卫生运动、灭蝇运动等，提高公众的卫生意识，对民众进行卫生训练；通过开展国庆纪念，对民众进行爱国教育；组织话剧、音乐会等对民众进行艺术熏陶，等等。让广大民众接受新思想、新文化，改变过去自私、颓废的精神面貌和不良的行为习惯；通过公共讲演室、公民学校、平民学校等，为广大社会民众开展公民训练活动提供教育场所。

2. 新生活运动

1934 年，国民政府于南昌发起了新生活运动，该运动以明礼仪、知廉耻、负责任、守纪律、守时间、爱清洁等为中心目标，从衣、食、住、行着手，教育民众合理生活。从形式上来看，新生活运动无疑是一次大规模的公民训练活动，"公民训练的目的是教育，新生活运动的目的也是教育"。② 新生活运动是官方开展的旨在迅速改造国民陋习，养成新的良好生活风尚的团体活动，在倡导公民训练的背景下，也随即成为教育性的训练活动。

在新生活运动的开展过程中，在南昌设立了新生活运动促进总会，该促进会试图通过举办各种活动，培养民众的健康生活习惯。如为了增强民众的守时观念，改变过去旧社会民众慵懒、散漫的习性，开展了守时运动，或在学校、广场等公共场所设置时钟并制定相关守时制度。新生活运动提倡从衣食住行出发，使民众的一切行为、思想统统合乎"礼义廉耻"。经过一段时间的运动之后，民众的行为方式和生活习惯有了显著的进步。此外，新生活运动的展开改善了民众的公共环境，如山西省"在新生活运动的倡导下，图书馆、公共体育场、阅览室、公共厕所以及公路等设施得以完善"。"通过规范日常社会环境等各方面的秩序，有效地提升了公共设施运行的流畅性，使各地在卫生、整洁等方面得到改善。"③ 新生活运动为民众提供了一个干净、

---

① 许仕廉 . 地方服务与公民训练 [J]. 东方杂志，1926，23（9）：5 - 8.

② 董任坚，王修和 . 新生活运动：公民训练与新生活运动 [J]. 新生活周刊，1934，1（18）：2 - 4.

③ 李雷 . 20 世纪 30 年代山西省新生活运动对民众生活影响初探 [J]. 理论观察，2019（1）：69 - 73.

整洁、更具多元化的公共环境，促使民众意识到不仅要关注个人生活，更应该关注社会公共生活。

作为一场运动，新生活运动注定难以成为长久的日常实践，也并没有彻底根除社会的种种陋习，因而最终未能达到预期效果。同时，这场运动的发起本身就是国民政府试图干预和控制民众生活的一种体现，其目标和性质都是旨在为政治服务的。但这场浩浩荡荡的全国公民训练运动，是对传统积习的一次强烈冲击，引起了国民对于过去不良生活的反省，其所提倡的改良人民生活、培养良好的民众习惯的主张，对于进行公民训练来说依然具有积极意义。

3. 公民训练实施纲要

自新生活运动提倡以来，各地开始积极配合新生活运动的宗旨，实施大规模的公民训练，认为唯有健全的公民训练才是推行新生活的根本办法，才能改善社会的根本面貌。通过公民训练整顿国民知识匮乏、身体羸弱、国家观念淡薄等问题，训练全体国民，锻炼其健全的体魄，灌输中外知识，培养国民的日常行为规范和礼仪。这期间，国民政府设立了全国公民训练委员会，作为领导全国公民训练的指导机关。该委员会颁布了《公民训练实施纲要》，作为实施公民训练的基本纲领。该纲要规定：

（一）公民训练，先推行于重要城市，俟着有成效后，再及县、市、乡、镇。

（二）关于公民训练之组织，或就有农、工、商、学、妇女团体，以为区分，或以易于集合之地段区分，或以保甲区域区分，或以地方自治区区分，皆依各地适当情形行之。

（三）城市公民，年在二十一岁以上，四十五岁以下，未受中等学校教育者，应强制一律轮流参加训练，其在校学生则各学校单独或联合行之，党部须实地指导其进行。

（四）训练方式，或以早操或以朝会或采军训之方式。

（五）训练时间，以不妨害工作为原则，每半小时至一小时，于黎明工作或上课前，或下午工余课余行之。

（六）关于训练人员，依其需要，请军政、卫生、警务、教育、建设、实业等各机关之热心从事者及专门人才担任之，为义务职。

（七）训练期间，以一个月至三个月为一期。

（八）训练内容为新生活运动精神纲领及行动纲领如礼节、卫生、体格锻炼及起居、行动姿势之矫正，家庭之管理，工作之规律，集会交通之常识，及对国家民族之认识。

（九）公民训练所必需之费用，由省市党部同当地政府统筹。①

以上从公民训练的推行范围、组织、对象、方式、时间、内容等方面做出了具体规定，为社会公民训练的开展提供了切实可行的依据，使得公民训练的实施具有了规范性。公民训练委员会是公民训练的指导与监督机构，对当地公民训练的实践进行指导、组织并考核。公民训练委员会的成立及《公民训练实施纲要》的颁布，为社会公民训练能够顺利进行提供了必要条件，也是使地方社会公民训练朝制度化、规模化、组织化发展的重要推动力量。例如，江西省会、湖北省会等地先后成立地方公民训练委员会，作为组织开展地方公民训练的领导机构，对本地区未受教育的民众进行了识字、卫生、军事等方面的训练。

4. 公民教育运动周

公民教育运动周是由江苏省教育会发起的一项特色公民教育活动，主要针对全体国民公共意识淡薄、公民知识匮乏、不负公民之责任等问题，由教育部门结合社会团体与学校的力量开展的全民教育运动。

这项活动以政府官员和学校教员为主要组织者与领导者，拥有严密而又规范的实施计划和组织，并成立了相关委员会作为直接负责运动周的单位。正如学者刘炳藜所说："这个运动是个教育的实际的运动，不是理想的空唱，这个实际的运动是以实际的人生的各种活动贯充的"。② 为了推动运动周的顺利开展，江苏省教育会制定了公民教育八项规定为活动宗旨，该八项规定被视为公民教育信条：发展自治能力；养成互助精神；崇尚公平竞争；遵守公共秩序；履行法定义务；尊重共有财产；注意公共卫生；培养国际同情。③ 此八项规定倡导国民养成团结一致的精神，互敬互助，培养自治能力和公共意识，遵守法律法规，履行公民所需承担的义务。

公民教育运动周开展了丰富多彩的活动，包括成立公民宣讲队，宣讲队的成员由社会有志热血青年组成，实行到乡僻之处宣传公民常识，进而实现公民知识的普及。此外，政府于运动周发起公民教育征文，所有国民皆可参加征文活动，集思广益，为国家建设贡献力量。例如，在第三届公民教育运动周，围绕"我应如何促进国内和平"的主题，举行了公民教育征文活动，

---

① 吴家镇，高时良. 现阶段中国公民训练之鸟瞰及其改进 [J]. 教育杂志，1936，26 (3)：43-56.

② 刘炳藜. 全国公民教育运动周怎样进行 [J]. 国家与教育，1926 (14)：2-3.

③ 胡超伦. 著述：公民信条之解释 [J]. 青浦县教育季刊，1926 (3)：2-19.

广收言论。以下截取部分公民教育征文简章以供参考：

（一）文题 "国民应如何促进国内和平"。

（二）资格 凡中华民国国民，皆可应征。（惟以前曾得本会征文奖金者须除外）

（三）文体 文言白话不拘，惟须誊写清楚，篇幅以一千五百至五千字为限。

（四）期限 以民国十五年公民教育运动周（五月三日）至本年中山先生诞日（十一月十二日）为截止期。

（五）奖金 第一名奖金五十元，第二名奖金卅元，第三名奖金十元，第四名至廿名酌赠公民教育书籍。①

……

在公民运动周举行前期，大量印发公民教育特刊、传单、图书等，散发给活动期间的人员以供学习。除此之外，公民运动周期间还播放了大量有关公民教育的幻灯片、电影等，使民众对公共意识和行为的养成产生直观而深入的感受。学校也加入了公民教育运动周的活动，各科教材、各项活动都以公民教育运动为中心展开，学生们开展公民演说竞进会、模范公民选举等活动。可以说，公民教育运动周是一次全民参与性的运动，试图将国民都带入公民教育的环境之中，从而达到训练健全公民的目的。

5. 其他社会资源

报纸、杂志、书籍等读物都可成为社会实践公民训练的工具，"有关于公民训练的读物，不特可以启迪国民智识，且可认识国家的政纲、政策，辨明世界大势，领略古今伟人的风格，藉以激起国民爱国思想，发扬民族精神"。② 因此，在对公民读物的选择上应严格审查，抵御低俗读物对民众进行文化侵袭，尤其是儿童读物，应注意提倡真、善、美、勤劳、勇敢等。

无线电的产生让信息流通更加快速准确，纵观美国、德国等发达国家，无不利用无线电作为其公民训练的传播工具。民国政府也利用无线电来传播时事新闻、发表政府报告等，使广大民众能够了解国家时事及其他一系列新闻消息。随着无线电技术的不断进步，所开设的广播节目种类繁多，可大致分为以下几类：

---

① 第三届公民教育运动周计划 [J]. 青年进步，1926（92）：112－116.

② 吴家镇，高时良. 现阶段中国公民训练之鸟瞰及其改进 [J]. 教育杂志，1936，26（3）：43－56.

（1）报告类　如时事报告、气象报告、劫匪消息报告、省高级机关施政报告等。

（2）演讲类　如总理遗教演讲、名人演讲、新生活演讲、三民主义演讲、学术交通、拒毒、史地、家政、水利演讲等。

（3）宣传类　如劫匪宣传、保甲宣传、导淮宣传等。

（4）教学类　如国语教学、国语注音符号教学等。

（5）常识类　如政治法律常识、卫生常识、公民常识、国际常识、救灾常识、医学常识、合作常识、自然科学常识、农林常识等。

（6）故事传述类　如中国历代名人传、历代民族英雄小史、有关于道德教育的故事。

（7）音乐类　如党歌、总理纪念歌、特别音乐等。①

可见，无线电的传播范围之广、内容之多，涉及政治、经济、文化、教育等方方面面，为开化民众愚昧封建的思想起到了重要作用，帮助民众尤其是未受过教育的民众能够通过无线电了解我们的国家及我们所生存的世界。

除此之外，随着社会科学技术的发展，电影也成为公民训练的教育工具，成千上万的人不断受其冲击，电影对于公民训练的重要性跃然纸上。学者吴明在对有关公民训练的电影进行研究时，按照公民训练的需要，将当时市面上的电影分为几类：

（1）发扬民族精神

（2）揭示国耻事实

（3）灌输国防知能

（4）端正民众思想

（5）表演象征刺激（Stimula of Symbolism）②

（6）促进新生活运动

（7）提倡国民经济建设③

电影主要侧重对民族意识、科学知识、生产建设、革命精神、国民道德这几个方面的宣传与教育，以培养民族美德和发扬革命精神为目标，寓教育于娱乐之中，通过电影的传播使民众潜移默化受其影响。

---

① 吴家镇，高时良. 现阶段中国公民训练之鸟瞰及其改进 [J]. 教育杂志，1936，26（3）：43－56.

② "象征刺激"即指国旗、音乐、纪念仪式、建筑物等，此种象征的呈现给人以强有力的刺激，熏陶感染人心，具有教育意义。

③ 吴明. 公民训练的教育电影教材 [J]. 教育辅导，1936，2（5）：23－25.

通过利用以上几种社会资源进行公民训练的传播，公民训练渗透进了大众生活的方方面面。不可否认，社会力量在公民训练的实践中，从思想、认知、行动等各方面均显示出了积极的风貌。但在实际的发展进程中，也不免被染上政治的色彩，作为控制民众思想的手段，传播执政者的理念与观点，使社会公民训练失去了原有的教育意义。

四、近代中国公民训练实施的个案分析

对近代公民训练的研究，除了从理论与政策层面展开以外，还应该挖掘当时学校与社会中公民训练的具体实施情况，从个别案例中更加深入地了解公民训练在当时的发展情况。以下结合相关资料，对学校和社会所实施的公民训练个案加以考察。

（一）学校公民训练个案分析

自 1932 年颁布《小学公民训练标准》后，各地小学校纷纷开展丰富多彩的公民训练课程，所采用的方式在课程标准的基础上更具多元化，更加灵活多样。各地区的学校根据自身发展特色，制定了相应的训练方针及内容，通过实践教学实现对儿童的全方位训练。此处将选取部分具有代表性的学校公民训练实施情况，加以简要介绍。

1. 浙江省立温中附小的公民训练实施概况

浙江省立温中附小的公民训练具有典型性和先进性，该校在开展公民训练之初，就已经有了一套完备的与公民训练标准相吻合的教育模式，所以其公民训练的实施相对成熟，可以说在当时的学校中处于领先地位。该校提倡指导儿童从实际生活中学习，通过直接与间接的训导、良好环境的熏陶、人格的感化和严格的成绩考核等方式对儿童进行体格、德性、经济、政治四方面的培养，并能够根据儿童的身心发展水平采取必要而有效的方法，让儿童获得强而有力的训练指导。

在直接训导方面，该校通过规定训练时间对儿童进行公民训练。根据颁布的课程标准，每周有六十分钟时间用于公民训练，以十五分钟为一次，共分四次进行。所训练的内容主要是根据训练条目，对儿童在日常生活、学习中所出现的一些错误的言行、思想等进行教导、说教。并能够针对不同年龄段儿童采取不同的训导方法，如对于低年级段的儿童，可以采取讲故事、唱歌、表演等形式，把抽象的公民训练变成具体而生动的活动，易于儿童接

受。而对于中高年级段的儿童，可以通过开展讨论会、教师直接讲述训练条目等形式进行公民训练。

在间接的训导方面，各种集会活动如纪念周、朝会、各种纪念仪式等，都是实施公民训练的有效机会。例如，在朝会时，"某日的天气，并不见得怎样冷，而儿童大都已经穿上了棉衣；那末报告或训话的时候，就要讲到'我穿衣不太多'和'我要常常留心天气的寒暖而增减衣服'等条目上来"。[①] 可见，该校善于根据特定的情境，有的放矢地实施公民训练。除了通过集会活动进行间接性的训导之外，温中附小还将公民训练的内容引入到了各科的教学之中实施间接训练。例如，通过文学课的学习使儿童获得德性的陶冶，"文学的作用，在以最优美的方式去记载思想与事实，一方面供给我们欣赏，一方面引起我们的情感，能使人去设身处地判断一切行为的是非真伪"。[②] 通过劳作科的学习使儿童获得经济训练，能使儿童拥有刺绣、缝纫、烹饪、制作日常用品等适应未来生活的劳动生产能力。总之，公民训练覆盖温中附小的各项教学活动中，使儿童无时无刻不受公民训练的影响。

该校还十分重视校园环境的布置对学生的陶染作用。一方面通过张贴相关训练条目，时刻提醒儿童，如"在各级学习室内，揭示和学习生活有关的训练条目"；"在运动场上，揭示和运动有关的训练条目"，等等，这些都是固定的环境布置。此外还有活动的环境布置，是根据不同的活动需要进行临时布置。[③] 这种环境布置对于儿童来说印象更加深刻，尤其是在布置环境过程中使儿童参与，可以让儿童有更加丰富而真实的体验，训练效果更为明显。如在农产品展览会上，可由儿童去搜集农产品及工具，制作农产品标签、宣传手册等，并由儿童设计、组织展览会，参与到展览会的布置工作中来，让儿童感受到生产劳动的快乐，获得"中国公民是生产的""中国公民是合作的"等训练条目中的道德体验。

该校在实施公民训练中最具特色的一点是设立了感化院，以人格感化的方式，让品行顽劣的儿童受到思想意识、行为认知上的纠正。同时还成立了感化院委员会，负感化顽劣儿童之责，对进入感化院的儿童实施个别的公民训练。设立感化院，从某种意义上看是一种积极的训练方法，用言语和榜样的力量去改变儿童顽劣的个性，引导儿童树立正确的人生观、价值观。

在实施训练之后，学校还会对儿童的训练结果进行考查。该校制定了较

① 王仰千，王晓梅. 公民训练实施概况 [J]. 浙江省立温中附小小学教育月刊，1933，1 (2)：15-19.
② 张耿西，束樵如，万九光. 小学公民训练的理论与实际 [M]. 上海：中华书局，1936：63.
③ 王仰千，王晓梅. 公民训练实施概况 [J]. 浙江省立温中附小小学教育月刊，1933，1 (2)：15-19.

为全面的考查方式。分团体考查和个人考查两方面进行：团体考查主要以学生学习环境、住宿环境的卫生状况和参与集体活动的秩序情况为主；个人考查的范围更加广泛，包括学生个人卫生情况的检查、行为认知的考查等。但不管是团体还是个人的考查，在评价方式上都注重学生的自我评价、学生之间的互相评价和教师的评价相结合，使儿童对自身存在的优点与不足有一个全面的认识。

总之，浙江省立温中附小将实践公民训练标准发挥到了极致，力求改进当时社会对儿童造成的不良影响，唤起儿童的爱国之情、民族意识，把公民训练贯彻至学校教育的始终，成为当时教育界的典范，为其他各校开展公民训练活动提供了参考价值。

2. 江苏省立南通中学实验小学校的公民训练实施概况

江苏省立南通中学实验小学校的历史可以追溯至 1927 年，当时南通中学开设了师范科，为了便于师范科学生的实习工作，于 2 月开始创建实验小学校供师范科学生实习。同年 8 月，定名为中央大学区立南通中学实验小学校。1929 年 8 月，学校更名为江苏省立南通中学实验小学校，成为在南通创办的档次最高的国民小学。该校在公民训练的实践方面，以民国教育部颁布的《小学公民训练标准》为指导方针，制定了一系列的训练方法，教学形式灵活多样。教学内容在中华民族固有的传统道德教育的基础上，结合西方的公民教育思想，以期养成儿童健康强健的体格、良善的德性、劳动生产的能力及爱国爱群的思想。

在《小学公民训练标准》的指导下，该校围绕体格、德性、经济及政治四个中心，制定了一系列具有学校特色的公民训练活动。为保证训练活动的有效开展，学校成立了公民训练委员会，承担指导、监督公民训练实施的责任。该校的公民训练实践活动如下：

（一）体格训练——是以养成整洁卫生的习惯，快乐活泼的精神为目标，包括的活动有：

1. 课内运动；2. 课外运动；3. 早操；4. 体格检查；5. 姿势比赛；6. 整洁服务；7. 整洁比赛；8. 整洁检查；9. 大扫除；10. 避灾练习；11. 小医院；12. 运动会；13. 娱乐；14. 远足。

（二）德性训练——是以养成礼义廉耻的观念，亲爱精诚的德性为目标，包括的活动有：

1. 实践好儿童；2. 秩序比赛；3. 勤学比赛；4. 模范儿童选举；5. 处理遗失品；6. 巡察团；7. 读书会；8. 国耻问题。

（三）经济训练——是以养成节俭劳动的习惯，生产合作的知能为目标，包括的活动有：

1. 农场实习；2. 商店服务；3. 储金比赛；4. 饲养动物；5. 经营公园；6. 制作小公艺；7. 家事实习；8. 簿记练习。

（四）政治训练——活动是以养成奉公守法的观念，爱国爱群的思想为目标，包括的活动有：

1. 组织级会与生活团；2. 组织生活委员会与小友会；3. 选举；4. 出席会议；5. 各种服务；6. 时事揭示与报告；7. 时事测验；8. 假设会议；9. 社会调查；10. 参加爱国运动；11. 参加社会运动；12. 纪念式。①

从中可见，实验小学校所开展的公民训练活动丰富而有趣味，儿童可以在这些活动中得到有关体格、德性、经济及政治方面的锻炼。通过儿童的参与和亲身实践，更易于使其理解和接受相关的道德品质和行为习惯，使儿童获得更加深刻的情感价值体验。

在对儿童实施体格训练的过程中，所开展的课外活动多以运动为主，可以使儿童在游戏中了解各类运动器材，学习各类运动器材的使用，并达到强健身体的效果。此外，学校尤为注重不同年龄阶段儿童的发育水平，例如对于高年级的学生，可以选择篮球、排球运动，而对于低年级的学生，受身高、体能等身体素质的影响，则可以选择足球运动等。

该校在进行德性训练时，利用巡察团以维持儿童日常生活、学习的秩序，监察儿童不良的道德品行，及时对学校中出现的偏离德性的行为进行制止，以维护良好的校园文化。学校对巡察团的职责进行了如下说明："一、谋同学日常生活之安宁；二、谋同学日常行为之改善；三、谋同学公共秩序之维持；四、谋同学公共幸福之保障。"②

对于经济训练，该校所开展的活动多以生产劳动为主，以为未来的生活做好准备。如农场实习，利用学校操场后的空地作为实习场，并划分为六个区，分别由不同的年级负责，又将每个区分为5~6个组别，负责各自区域内的农产品生产、销售工作。"各区所得的农作地，每区约占二方丈，当时第一第二第三区决定种菜，第四区决定种豌豆，第五第六两区，决定种蚕豆，种菜各区每区买来了七百文的菜秧，种豆各区，豆种是由同学捐助，没

---

① 丁子真. 本校公民训练实施概况［J］. 江苏省立南通中学实验小学校校刊，1933（3）：13–25.
② 丁子真. 本校公民训练实施概况［J］. 江苏省立南通中学实验小学校校刊，1933（3）：13–25.

有花一个钱。现在种菜各区的菜已在出售了，是卖给本校厨房的。"① 学生通过播种、施肥、浇水、收割、销售等生产活动，养成必要的生产技能及培养团结合作的精神。

在政治训练方面，学校通过组织级会、生活委员会等行政机关，作为管理儿童的一切行政活动。另外，学校还以模拟选举、模拟会议的形式，让儿童获得政治生活的体验，进一步了解我国的政治模式，并激发儿童的民族意识和爱国情操。

通过对上述两所小学校公民训练实施情况的考察可以看出，各校围绕《小学公民训练标准》制定了符合学校实际、有特色的训练计划，建立了一整套完备的训练模式，从学校环境的布置到训练方法的选择，以及最后的成绩考核等，都有明确的规定。此外，各校在开展公民训练中，十分注重儿童的实践，通过让儿童参与实践活动，获得直观体验，增强了训练的效果。

（二）社会公民训练个案分析

社会进行公民训练的目的，在于培养健康良好的公民，使社会民众具有政治、文化、经济方面的活动技能，改良羸弱的社会面貌。近代以来，虽然公民教育的思想一直试图启蒙大众，但长期的积贫积弱导致社会民众普遍具有民族意识不足、道德堕落、生产技能缺失、政治意识淡薄等问题。因此，对广大民众实施有关生计卫生常识、生产生活技能、社会政治等方面的训练尤为必要。下面将围绕江西省会和湖北省会开展的公民训练进行分析。

1. 江西省会的公民训练

江西省会作为新生活运动的中心，最先开展社会公民训练。通过大规模组织全省男女公民进行再教育，旨在训练公民获得实际生活的知识与技能，从而推动新生活运动。其公民训练按照江西省会公民教育委员会颁布的《江西省会公民教育实施计划大纲》进行，旨在达成以下目标："实施政治的健康的生计的文字之训练以养成现代健全之公民。"②

江西省会的公民训练共分为四期，限时一年内完成对相关公民的训练工作，有着严明的制度规范，对于公民训练的对象、时间、地点、内容、方式、考核等都做了明确规定。以下是第一期公民训练实施办法摘要的相关内容。

---

① 丁子真. 本校公民训练实施概况 [J]. 江苏省立南通中学实验小学校校刊, 1933（3）: 13 – 25.
② 左企. 江西的公民训练（南昌通讯）[J]. 骨鲠, 1934（49）: 6 – 8.

第一期公民训练实施办法摘要①

一、每户由户主指定一人出席受训，不论资格，不分性别，年龄以在二十一岁以上、五十岁以下者为合格，不得冒名顶替。

二、本期公民训练自二十三年六月二十四日起开始实施，迄九月三十日止，并定于十月十日国庆日举行第一期大检阅。

三、每周训练时间定于每星期日上午七时起至九时半止，其时间支配如下。

时间	七时至七时五十分	八时至八时三十分	八时三十分至八时四十分	八时四十分至九时三十分
训练课目	军事训练	音乐陶冶	集会仪式	学科讲演

四、本期共有受训公民一万零四百十三人，就公民住址及场所容量，分为三十三个训练场所实施训练。

五、每训练场所设训练场所主任一人，由公安局选派巡官或其他警务人员担任；学科训练员二人至三人，音乐训练员一人，由公民教育委员会就各校教职员中聘派，军事训练员若干人，由保安处教导大队选派。

六、每训练场所设卫生护士一人或二人，由保安处教导大队及医专助产两校分别选派，负施药急救之责；另由医生处及医专选派医师若干人，分赴各场所巡视，兼负诊疗指导之责。

从摘要中可知，公民训练的对象以二十一岁以上、五十岁以下的青壮年公民为主，受训人员众多，分布范围广泛，将受训公民按照所在区域平均分为三十三个训练场，采用分期分区的方式合理利用有效资源实现对广大民众的知识普及教育。

训练内容主要围绕学科讲演、音乐陶冶、军事训练展开，在学科讲演课目中，选择《公民须知》作为教科书，这册教科书"前六单元着重新生活各种习惯之培养，后六单元注意民族国家观念之陶冶"。② 通过学习，使广大民众能够拥有良好的行为习惯、健康的体魄，守纪律、懂秩序，关注家庭、社会及国家生活。音乐陶冶的课目，教授公民学唱《汗血歌》《救国歌》《复兴歌》等曲目，是为唤起公民的民族意识，使其团结一致。军事训练课

---

① 程时煃. 江西省会的公民训练 [J]. 教育杂志，1935，25（1）：121 –138.

② 程时煃. 江西省会的公民训练 [J]. 教育杂志，1935，25（1）：121 –138.

目，以简单的站姿、转身、行进等军事操练为主，是为锻炼公民的身体，养足充沛的精力。

在教员的选聘上，此次江西省会的公民训练在每个训练场都配备有总负责训练事务的人员一名，对公民训练进行总规划与协调工作。学科讲演和音乐陶冶课目的教师是从学校中选聘的，更具有专业性。此外，训练场还另外配备有专业医护人员，能够对训练场所人员的安全起到保障作用。

通过为期三个月的训练，对于此次公民训练的成果以大检阅的形式进行考查。每位受检阅的公民都要求统一服装，以干净整洁的面貌接受检查。对受检阅公民有如下要求：

（一）穿着黑色短衣裤，一律不戴帽，不执扇。
（二）手脸要洗干净，衣服要穿整齐，扣子要扣好，鞋跟要拔上。
（三）准下午一时以前到达各区指定集合场所。
（四）途中要依次连贯而行，不得任意谈笑。
（五）到达会场后不得任意离位或喧哗（大小便可在到达会场以前行之）。
（六）举行仪式及长官训话时，不准咳嗽及说话。
（七）在会场中不准吸食纸烟，不准随地吐痰。
（八）长官检阅时两眼要注视长官，两足要立正。
（九）唱歌时听呼一二口令完毕时要齐声高唱。
（十）呼口号时一律高举右手。①

以上十条要求，是对此次受检阅公民所提出的基础性要求，以对公民的个人卫生及日常行为习惯进行矫正。通过这种检阅性考查，能够督促民众对自己的言行进行反思，达到基本的公民道德要求。虽然此次公民训练仅仅停留在对公民的整体面貌、行为、秩序的考查上，部分要求还体现出了一定的专断性，如不准咳嗽、注视长官、高举右手等，但在当时的社会背景下来看，还是具有进步意义的，表明整个社会开始认识到了公民训练的重要性。

总之，江西省会的公民训练利用各种社会资源，本着试验研究的精神态度，在不断尝试中探索社会公民训练的合适道路，以期在最短时间里改善民众的精神面貌。虽然开展过程中有许多不足，如教材内容不符合实际、教学方式陈旧、受训人员纪律混乱等，但在训练过程中不断调整，及时改进，获

---

① 程时煃.江西省会的公民训练［J］.教育杂志，1935，25（1）：121－138.

得了新的经验，为其他省市开展公民训练提供了借鉴。

2. 湖北省会的公民训练

自江西省会举办公民训练以来，湖北省会受此影响，也加入公民训练的行列之中。湖北省会所开展的社会公民训练共分三期进行，严格按照湖北省会公民训练委员会颁布的《湖北省会公民训练实施纲要》施行。其目标为："组织省会民众，实施艺术化，生产化，军事化的教育，以养成健全现代的公民。"① 这是在提倡新生活运动的基础上做的进一步深化。

湖北省会的公民训练在吸取了江西省会公民训练的实施经验之后，变得更加完善。首先，对于受训人员的出勤情况，湖北省会公民训练委员会制定了严格的出勤制度，通过编制名册、受训公民签到、制作出席证、针对缺席公民制定严明的惩罚手段，来保证良好的出席情况。对于受训公民应注意的事项中的第六项规定："各区受训公民无故缺席一次者，由区长警告，连续缺席二次以上者，罚苦工三小时至一日，迟到或早退二次，作缺席一次计算之规定。"② 通过强制性的方式让民众认识到开展公民训练的重要性。

其次，训练内容方面，训练课目与江西省会大致相同，主要为集会仪式、学科、音乐和军事四项。学科、音乐和军事训练都编订了相关教材供学习。值得注意的是，湖北省会公民训练增加了课外特殊讲演这一环节，"本会鉴于现代公民，对于防空知识，须有澈底了解，因自第二期公民训练起，于前列课目之外，更增加防空知识演讲，本期公民训练实施八周后，乃由会函请省防空协会推派人员到会分往各场讲演"。③ 这是在结合当时的社会环境下做出的临时决策，为的是能够提高公民的战斗意识，为将来的战争做好准备。此次训练已经不再仅仅是为养成健全公民而做努力，更是在为抵御外来侵略者所做的准备。

再次，本次训练的成绩考核形式相较于江西省会更为全面而有效，可以分为委员的考核、受训公民的成绩测验及举行总检阅三种形式进行。在委员考核中，由省政府委派各区的委员负责，对于各区每场次训练情况、会场秩序都加以记录。现节选一份委员考绩报告摘要表，见表4-6。

---

① 王羲周．湖北省会公民训练的鸟瞰 [J]．湖北教育月刊，1936，3（1）：48－66．

② 湖北省公民教育委员会．湖北省会公民训练第三期实施概览 [M]．汉口：汉光印书馆，1936：29．

③ 湖北省公民教育委员会．湖北省会公民训练第三期实施概览 [M]．汉口：汉光印书馆，1936：27．

表 4-6 本期委员考绩报告摘要表（节选）①

周别	第一周					
区场别	第一区第一场	第一区第二场	第五区第一场	第五区第二场	第七区第三场	第七区第四场
训练情况	训练情形甚佳	训练情形甚佳	开始编队并举行仪式，由正主任报告各项规则，余照课表进行。	与一场同，惟音乐员缺席，由正主任精神讲话。	上音乐时坐唱党歌，教者变化少，公民少兴趣。	学科态度好，惟声音小，音乐训练时公民多随唱，未起立。
会场秩序	秩序井然	秩序井然	大致尚好，间有一二人离坐	大致尚好	尚好	尚好
改革意见	无	无	请假是否托故，须查明。缺席人应警告。	助理员应出席维持秩序，缺席训练员应劝告。	应盖凉棚便公民课后休息，唱党歌应起立，应嘱音乐员注意。	公民衣服不整，应请该场主任纠正，音乐教学纲要应由会印发。
考绩人	柯舜卿		程其保		王羲周	

这份报告从训练情况、会场秩序及改革意见三方面对公民训练的过程进行了考查。负责考核的委员不仅要注重训练会场的秩序情况，同时也要关注教员的教学能力是否符合训练要求，及时对教员的教学方法进行调整。

对受训公民施行测试也作为公民训练的考核内容之一，并进行甲、乙、丙、丁等级评定，甲为最好，次好者为乙，丙为平平者，不及格者记为丁。测试成绩不及格者，需要补测一次。测验内容包括军事测验、音乐测验和学科测验。其中学科测验是以口试为主，由学科训练员根据所设定的二十个题目，任选其中三五题对受训公民进行测试。题目内容涉及范围广泛，有关于卫生常识的，如："生冷污秽腐败的食物，何以不能吃，生水何以不能喝？""把你眼前讲求卫生的事件说给我们听听。"有关于国家知识的，如："国旗有什么意义，我们为什么要敬重国旗？""我国国旗有几种颜色，是怎样配制的？"还有关于国际知识的，如："世界上最强的国家是哪几个？哪两个强国和我国最近，他们强的原因在哪里？"② 设置这些题目是为了使广大受训民众能够获得有关个人生活、社会生活、国家及国际方面的知识。最后在训练结束时进行总检阅，并对考核成绩优异的受训公民进行奖励。

湖北省会的公民训练虽然只是日常行为规范和简单的政治常识等方面的基本训练，但通过训练，从根本上让国民意识到了当时社会中人们日常生活

① 湖北省公民教育委员会. 湖北省会公民训练第三期实施概览 [M]. 汉口：汉光印书馆，1936：34.
② 湖北省公民教育委员会. 湖北省会公民训练第三期实施概览 [M]. 汉口：汉光印书馆，1936：52 - 54.

的杂乱无章。此次公民训练的意图就在于让公民在生活上养成良好的新生活习惯，形成统一的社会生活秩序，进而达到国家精神层面的统一。

五、近代中国公民训练的特点分析

通过以上的分析可以发现，近代公民训练在其实施过程中既有其不可抑制的缺陷，同时也形成了一些有益的特点。这些特点增进了公民训练本身的价值，也为今天开展公民教育和行为养成教育提供了一定的参考。

（一）建立了以"家庭—学校—社会"为依托的公民训练模式

近代时期的公民训练以学校为主要基地，同时协调了与家庭教育、社会教育的关系，逐步形成了以学校公民训练为中心、家庭训练为依托、社会训练为保障的三位一体的教育力量。学校公民训练在于指导、规范儿童的在校生活，使儿童的行为、认知能够保持在良好的状态下。同时，公民训练离不开家庭的支持，在初级小学的教材中，多以家庭生活中的相关内容为教学重点。

> 小学学童之第一切近生活，是为家庭。故采材料，宜关于家庭之主要活动。教授目的，非欲学童了解家中美德之原理，乃欲养成学童在家中之好习惯。然习惯之成，厥在练习。比如洗刷牙齿之事，教员似宜一方面以牙刷等物向儿童示范，并拣同班中之牙齿洁净而整齐者，示之以美，及本班中曾有牙患者，示之以恶。一方面以学生之家庭，作为实习之所，俾渐为有意识的习惯。其余如服从、诚实、健身、清洁、整齐、起居、省时、节俭与储蓄方法、护惜家中花草生畜，以及在家中之礼貌，如接客、待客、送客之礼，及表示谢意、欢迎、歉意之类。[①]

学校公民训练利用家庭生活，而不仅仅局限于书本知识和学校生活，丰富了学校现有的教学内容。在学校的训练中，更多的是让儿童在教师的帮助下形成良好的行为习惯，讲文明、懂礼貌、学会为人处事、培养个人德性修养。家庭是儿童良好行为实践练习的场所，为学校教学提供实习基地，更好地协助学校完成对儿童个人行为的塑造和品行养成。

由于儿童在学校之外的行为表现、身心状况等难以预测，因而需要积极

---

① 张粒民. 小学校之公民教育 [J]. 教育杂志，1924，16（4）：1-20.

主动寻求家庭的配合，将家长作为儿童校外的监督人员，将家庭与学校联络起来。学校可以通过举办各种集会活动，邀请家长参与，让家长能够有效了解儿童的在校生活，通过家校合作促进公民训练的顺利开展。例如：

蒔花展览会：学校于每年春秋二季，利用时机举行春花展览会或菊花展览会，将平时儿童栽植于学校园的花卉，或儿童家中所蒔的花卉，临时带到校中陈列，邀请家长来校参观，一方固可使儿童多获得科学上的知识，和陶冶儿童优美的性情，一方家庭与学校多联络的机会。

成绩展览会：在学期终了时，可将各个儿童的成绩如作文、书法、图书、工艺及各科笔记簿本，自然、社会等科所采集、制作的标本实物，陈列起来，邀请家属到校参观，俾各家长明了其子弟在校的学业状况，和学校教学的情形。①

通过学校开展的集会活动，能够使学校在处理与儿童、与家庭，以及儿童与家庭的关系上得到相应的促进，消除学校与家庭之间的壁垒，使学校与家庭合力为儿童的健康成长提供支持。除此之外，家校联络的方式还有很多，如家访、通信等，亦可以加强学校与家庭的联系，全方位了解儿童的生活动态。

另外，"学校为他日生活之准备所，学校中所营之生活，既非孤独生活而为社会的生活，故学校生活，直谓学校之社会的生活"。② 这无形中增加了社会力量在学校中的作用，以及学校中的教学活动与社会生活的结合。学校除开设公民科、公民训练科等课程外，还开展了辅助教学的各种社会活动，从而使公民训练社会化。比如有关儿童的体格训练中，可开展运动会、清洁比赛、设立急救队、开音乐会、话剧公演、歌舞会、远足、野外赛跑、野餐会。儿童在这些活动中可以用公民训练标准中的条目进行实践训练，在潜移默化中接受来自社会各界的考核。在这个过程中，儿童所收获到的知识是在课堂中无法比拟的，学校所开展的这些活动可以看作未来社会生活的缩影，为儿童适应未来生活打下基础。

除了学校开展的社会活动之外，社会范围内也分期实施公民训练，将公民训练辐射至全社会的成员，以期养成清洁、健康、朴素的良善公民。如前面所谈及的江西省会的公民训练和湖北省会的公民训练，都是社会开展公民训练的典型代表。在整个社会成员都被纳入公民训练范围的背景下，学校的

---

① 张耿西，束樵如，万九光. 小学公民训练的理论与实际［M］. 上海：中华书局，1936：108 – 109.
② 天民. 学校之社会的训练［J］. 教育杂志，1916，8（8）：147 – 156.

公民训练获得了更为坚实的社会基础。

总之，公民训练通过学校、家庭及社会三者合力，共同协作配合，使学校教育、家庭教育与社会教育相互作用、相互影响，最大限度地发挥了公民训练的教育实践意义。学校不仅是社会组织的一种形式，更是社会化生活的形式，而家庭在公民训练中扮演不可或缺的角色，它们三者之间紧密相连，为公民训练提供发展的动力。

（二）知行结合，注重联系生活实际

公民训练讲求知与行的统一，"行是知之始，知是行之成；……凭空的口头的告诫与讨论，至多只能形成一种贫窘的形而上的精神生活，至多只能造就能说不能行的半身不遂漂亮的废人"。[①] 因此，公民训练不仅要对儿童进行认知上的正确引导，将公民训练列入课程表，灌输儿童公民知识；同时也要对儿童进行行为上的训练，积极鼓励儿童参加各种活动，从实践中强化儿童良好的品性。知与行的相辅相成，才能获得最大效果。

知行结合的原则，要求公民训练要特别注重联系儿童的生活实际，"小学公民训练应从实际生活中找出问题以为训练的根据——以儿童实际生活为出发点"。[②] 例如，在对儿童进行生产知能的训练中，对都市和乡村儿童在课程方面的培养有所区别，体现了对儿童生活的关照，以下选取国语科和常识科为例。

乡村小学的课程，应偏重农事方面，凡小学中各种科目，以农事为中心。都市小学的课程，应偏重工商业方面，及升学的指导。各种科目对于社会上各种职业，都须顾及。

国语科 在乡村方面，应读著名农业家的小传轶事，农民生活剧本，农事常识的歌谣，以及农家生活的描写，记载田园景况等。都市方面，则应读世界工商业家和发明家的列传，各种食物发明史，及工商业应用文字。

常识科 乡村方面，研究动植物的生长，病害虫的防止，和土地的试验，以及施肥、播种、收获等方法，农具的进化史等。都市方面，研究各种货物的出产地，交通运输的手续，工商业进化史，商品推销的方

---

① 范公任. 小学公民训练概论 [M]. 上海：商务印书馆，1935：8.
② 沈子善. 小学公民训练之理论与实际 [M]. 上海：商务印书馆，1936：6.

法等。①

从中我们可以感受到，无论是乡村学校还是都市学校，所传授的内容都能尽可能符合儿童自身的实际需要，让学生在其中能够享受学习的乐趣。当教学变得多元化，不再死板而枯燥，并能够联系生活实际的时候，学生才会学有所得，真正能从课堂中学习到有价值的东西。公民行为的养成本身就是一个在实践中行动的过程，只有联系实际的教学和训练才能更好地达成这一目标。

（三）直接课程教学与间接训练活动结合

"公民训练是另一类具有活动性质的公民教育课程。"② 一方面，公民训练以直接的课程教学为主要手段，对儿童进行思想、行为等方面的教导，在直接教学中令儿童接受各种训练德目，培养儿童积极向上的品性。另一方面，公民训练又通过开展各种训练活动对儿童进行间接教学，潜移默化地影响儿童，使儿童养成良好的行为习惯。在民国教育部颁布的《小学公民训练标准》的实施方案要点中提及：

（1）在随时随地 由各教员注意儿童的各种活动，直接间接引用规律和各条目，指导儿童遵守。

（2）在每周六十分钟特定时间 把六十分钟分作三次，间日教学，或分作六次逐日指导。在每次特定时间，由教员将偶发事项引用条目，加以申说。

（3）公民训练，应多用积极的活动，使儿童潜移默化，养成种种良好的习惯。③

其中明确规定了公民训练教学时间，由教师或儿童自己讨论或讲述各种德目，并可以在课堂中系统研究公民知识，这种直接课程教学的模式让儿童对公民训练的内容有了全面的认识。另外，还强调了直接的课程教学应与间接训练活动相结合，将训练条目间接渗透进各科教学、各种课外校外的活动中。例如利用儿童游戏活动，对儿童进行有关规则的训练，让儿童明白规则纪律的重要性；在儿童接待客人时，可以适当进行礼仪训练，让儿童在实践

---

① 张耿西，束樵如，万九光．小学公民训练的理论与实际［M］．上海：中华书局，1936：72 – 73.

② 郑航．社会变迁中公民教育的演进——兼论我国学校公民教育的实施［J］．清华大学教育研究，2000：117.

③ 小学公民训练标准（二续）［J］．教育部公报，1933，5（11 – 12）：49 – 65.

中学习待人接物。儿童生活中的每一件事或每一个活动，都可以作为间接训练的材料加以利用，达到教育儿童的目的。公民训练的间接性与直接性是教育与自我教育的有机结合，能使儿童既从课堂中获得理论知识，又从实践活动中获得实践知识，达到事半功倍的效果。

　　总的来说，公民训练伴随着清末修身科的设置而演化、蜕变，历经了多次变革，对培养现代公民起到了积极的推动作用。虽然在那样一个特殊的时代大背景下，公民训练的发展在不同程度上带有政治功利主义的色彩，具有强烈的时代局限性，但作为近代公民教育中的一部分，公民训练无论是从理论上还是实践上，都为丰富我国的公民教育做出了应有的贡献。尤其是当时它所采用的教科书，如《模范公民训练手册》，其中有许多条目值得当前学校教育或家庭教育借鉴、采纳，对进行儿童行为规范指导和养成教育具有很强的借鉴意义。

第五章
"公民"的传统：中小学公民教育的本土意识

　　通过对近代以来公民思想的理论发展、本土化实践的梳理，以及对中小学公民教育和公民训练文本的分析，我们发现近代中国的公民教育并不是照搬西方的产物，它有着对自身本土性的思考。特别是通过对传统道德观念的扬弃，展示了传统资源在公民教育中所具有的现代价值。有学者指出："我国公民教育的研究与实践更应该关注公民教育的文化问题。这是因为我国公民教育的问题意识、理论资源、内容方法主要来自于西方国家。在这种文化差异情境下，我国公民教育的话语与实践具有天然的文化意识。"① 近代教育在面临中西文化交融与冲突的过程中，一方面积极吸收来自西方的先进观念，一方面也为本国的教育传统留下了一定的空间。因此，近代公民教育虽然是西方教育思想冲击下的产物，但其中渗透的文化传统是不容忽视的。在外来文化强烈冲击的背景下，如何坚守自身的文化立场、正确处理外来文化与本土意识之间的关系，这也是我们今天的教育改革必须面对的问题。

　　从学校公民教育的角度看，近代公民教育从产生、发展到衰落，大致经历了三个阶段，即修身科时期、公民科时期和公民训练科时期。在不同的发展阶段，中小学公民教育的目标和内容等都发生了较大的变化。在修身科时期，公民教育开始萌芽，教育的主要目的还是修身；公民科时期侧重于公民的权利义务、公共意识等公民知识和能力的培养；公民训练科时期，公民的培养则偏重政治教育和行为的训练。即使存在这些不同，它们仍旧体现出了一个共同的特征，就是在受西方公民教育影响的同时坚守了中国本土文化的根基，体现出了强烈的本土意识。在此，我们将从三个视角来分析近代中国公民教育中本土意识的体现，即个人与家庭的视角、个人与社会的视角，以及个人与国家的视角。

---

　　① 郑富兴. 当代公民教育的文化问题［J］. 当代教育与文化，2011（3）：1 – 5.

一、个人与家庭：注重家庭伦理

与西方的宗教文化不同，中国的传统文化是基于血缘关系的伦理型文化，中国人最重要和最基本的关系就是家庭关系。虽然重家族、轻社会与国家的传统观念对培养现代公民造成了很大的阻碍，但仅仅就重家族本身而言，其中也不乏有价值的道德资源。正如蔡元培所说："吾族之始建国也，以家族为模型，又以其一族之文明，同化异族。故一国犹一家也。"① 因此，家庭道德关系到国家与社会道德的构建。对家庭伦理的重视，也是教育中重要的组成部分，尤其在公民教育中也有着相当多的体现。归纳起来，可以将家庭伦理对近代公民教育的影响概括为以下两方面。

（一）孝道与顺从

公民的概念，在西方社会诞生之初，指的就是能够在公共领域行使权利的人。从这个角度看，公民是一种超越私人关系和家庭关系的存在，并不涉及家庭。但是，公民首先是人，作为一个个人，家庭是其行动的源泉。在中国的文化传统中，家庭不仅是个人成长的环境，也是连接个人与外界的有力纽带。从修身、齐家、治国、平天下的古训中，就可以很明显地感受到家庭对于国家和社会的意义，个人只有先恪守家庭伦理，才能成为合格的国民。近代中国的公民教育虽然发端于西方教育思想的影响，但在其生根和萌芽的过程中，仍然继承了传统文化的基因。

家庭观念，以及个人与家庭之间的关系，通过教育得到了复制与强化，在不同时期的公民课程中，我们都可以看到以孝道为核心的家庭伦理的体现。在修身科教本中，关于家庭的伦理道德，如孝顺、孝悌、友爱等品质的教育有二十几处，详细规定了父子、兄弟姐妹、夫妇等关系之间应遵循的礼数和相处方式。"小乌返哺，报母勤劬，此人人所知。然乌为鸟类，长成至易。人则自其初生，至于成立，岁月淹久，亲恩尤厚，故图报宜殷。报亲之道，安乐其身，顺承其志。而洁身修行，勿贻父母忧辱，又孝之大者也。"② 在家庭中培养孝道的伦理是修身教育的主旨，因为这是个人品德修养的基本表现。

---

① 蔡振. 中国伦理学史 [M]. 上海：商务印书馆，1913：85.
② 庄俞，沈颐，戴克敦. 共和国教科书·新修身（初小部分）第八册 [M]. 哈尔滨：哈尔滨出版社，2017：8.

　　孝道是家庭伦理的第一原则，在对父母及其他长辈尽孝道这一前提下，顺从的观念就产生了。公民科主张将家庭作为练习成为公民的重要场所，在中学公民科教本中提到："家庭是一个小社会，是人类一切关系之基础。父母或以外的家长主持家政，具有相当的全能；子女及其家庭中的各分子，负有顺从的义务。"① 这种体现父权意识的顺从观念，不只出现在家庭关系中，同时也扩展到了其他领域的关系中。"学校立有校规为学生所当共同遵守的。出席有恒，上课按时，守秩序，尚肃静，顺从教师的教导，都是学校生活维持的要件。"② 公民科课本中有多处提到，好学生要顺从教师，好公民要顺从上级领导；1932年的《小学公民训练标准》第十六条条目也指出："中国公民是服从的：我听从父母和师长的训导。"关于服从的德性在修身和公民科中都有涉及，这表明在中国，家庭关系和家庭伦理在社会关系中具有基础性，它示范了人与人交往的基本关系和模式。

　　孝道作为家庭伦理的核心原则，既滋养了家庭成员的伦理感和秩序感，形塑了个人在家庭生活，以及由此扩展的社会生活中的规则意识，从而规范了个体的道德行为；与此同时，由孝道而推演出的顺从意识也无时无刻不伴随一个恪守孝道的人。在传统的家文化中，"孝"和"顺"常常是相伴而生的，有孝则有顺。"顺"是中国传统伦理道德中最为突出的特点，子女对父母的顺是孝顺，学生对教师的尊敬是顺从管教和教导，下级对上级的尊重是顺从领导意志。顺从意识在一定程度上体现了封建社会对个人施行的奴性教育，它不主张对权威的抗衡，而是引导民众顺从权威。这一传统意识过于根深蒂固，以至于旨在追求自由与权利的公民科中都多次体现。

　　虽然孝道伦理引发了顺从意识，但并不能因此而全然否定孝道的意义。学者刘保刚在论及孝道时也指出，传统孝道虽有弊端，但并不能因此而废除。孝道有其自身的价值：孝是道德的基石；孝是仁的起点，无违博爱；孝是道德义务；孝道提倡感恩精神；孝道是珍重生命。③ 事实上，在中国这样一个伦理本位的社会中，正是因为孝道的存在才保证了家庭的伦理根基，从而维护了社会的健全发展。家庭是社会的基础，公民的培养不仅仅是受到学校和社会的影响，家庭的作用同等重要，在某种程度上，家庭对个人品德的养成甚至具有决定性的意义。家庭是儿童践行良好德行的重要实践场，在成为好公民之前，首先要做一个好子女。从这个意义上来说，家庭伦理应当成

① 周鲠生.新学制公民教科书（第一册）[M].上海：商务印书馆，1923：2.
② 周鲠生.新学制公民教科书（第一册）[M].上海：商务印书馆，1923：3.
③ 刘保刚.中国近代公民教育思想研究[M].郑州：大象出版社，2017：278-280.

为公民教育中不可缺少的内容。

(二) 家庭美德和礼仪

不仅家庭伦理中有孝道与顺从的观念，家庭还是一个培养美德、践行礼仪的场所。在中国人的传统观念中，一个人的行为习惯反映了他的教养、学识和品行，家庭是学生第一切近的生活，所以学校的公民教育非常重视从家庭开始培养儿童的礼仪和美德，在修身科与公民科中都涵盖了很多家庭生活习惯和美德养成的内容。

良好生活习惯的养成是礼仪和美德形成的基础，公民科教学中也特别注意教导学生养成良好的家庭生活习惯。习惯的养成在于练习，比如洗刷牙齿等事，教员一方面会向学生展示牙刷等物品，另一方面会从班级中选一些牙齿整洁的同学展示，告诉学生这是健康的牙齿，也会选一些有龋齿的同学展示，告诉学生这是不健康的，要注意保护自己的牙齿。当学生到五六年级时，公民教育从服从、诚实、健身、清洁、整齐、起居、省时、节俭与存储方法、护惜家中花草牲畜等角度，进一步培养儿童的家庭美德与习惯，同时教导儿童学会基本的礼仪规范，如接客、待客、送客之礼，以及表示谢意、欢迎、歉意之类的礼节。周之淇在其所著的《公民学课程大纲》中，对学生应该具备的家庭礼仪和美德进行了详细的阐述。在第一章"关于人群研究第一——家庭"中，他提出了儿童美德和礼仪养成的目标：

甲、解释儿童之家庭——养成儿童对于家庭之概念。

乙、培养实用于家庭之道德及仪容。

丙、养成实用于儿童本身及家庭健康之习惯。

丁、使儿童了解爱国之意义。

戊、给以服务之机会。

在上述目标基础上，周之淇对教材内容做了详细界定。其中，有关家庭道德的部分如下：

甲、家庭研究。

（1）家中诸人及其责任——注重各人有各人的本分，由此推到儿童的本分。

（2）交互之责任——着重在儿童本身及其一部分之服务。

乙、公民道德——儿童在家中之美德。

（1）敏捷——准时。

（2）有意识的服从。

（3）诚实及信任他人。

（4）清洁。

（5）整齐有序。

（6）节俭——当着重节俭与守财奴之分别及存余款于银行之作用。

（7）慈善。

（子）对人。

（丑）对物。

（8）爱花与鸟。

（9）有益于人。

（10）敬老。

（11）服从父母学校城市之训言规则法律。

丙、仪容——儿童在家中之礼节。

（1）各种仪容之表演。

（2）在家庭之行为。

（子）诚意的服从。

（丑）感谢的表示。

（寅）发声和悦而无喧哗叫嚣之声。

（卯）见人招呼不作迟延之答声。

（辰）肃客入室之仪容。

（巳）会见时之问候。

（午）不中断人言。[①]

《公民学课程大纲》中关于家庭礼仪和美德的描述是非常详细的，这和中国人普遍重视家庭教养教育有直接的关系。每个人的言行举止都在反映他的家庭教养，这不仅关系到个人的品德，更关系到父母和家庭的荣誉。公民教育深谙这一传统，在强调权利、自由、平等及公共观念的同时，给家庭留下了一个足够的空间。在公民课程纲要和不同版本的公民教育教科书中，家庭生活始终是公民教育不可忽略的范畴，其中所涉及的家庭习惯和礼仪的培养成为培养公民美德的重要内容。

梁漱溟曾说，人与人的关系皆是伦理，伦理首重家庭，"伦理始于家庭，

---

① 周之渷. 公民学课程大纲 [M]. 上海：商务印书馆，1923：42－44.

而不止于家庭"。① 家庭美德本身既包含了个人的行为习惯，也涵盖了个人在与他人交往中所要遵从的规范。比如，家庭礼仪训练中的礼貌、诚实、守时、谦逊、礼让等品质，体现的其实是个体在与他人交往中应具备的礼节。因此，在家庭中形成的美德和伦理，并不限于家庭，而是扩展成为人们在公共交往中的相关准则。

重视家庭伦理一直是中国文化传统中的一个重要特点，有人将这一特点当作中国文化的缺陷来看待。事实上，它是中国文化的特质，形塑了中国伦理本位的社会结构。从家庭的关系、家庭的教育扩展至社会的关系、社会的教育，从而以伦理来组织社会，这正是中国文化传统的独特性所在。梁漱溟对此问题的论述，至今仍具有启发意义，他说："伦理关系，即是情谊关系，亦即是其相互间的一种义务关系。……举整个社会各种关系而一概家庭化之，务使其情益亲，其义益重。"② 在这样一个社会中，人们相互负有义务，从而形成一种组织。总之，家庭是形成中国社会的基本结构，即使在现代化水平如此之高、公共空间快速增长的今天，家庭依然是构成社会不可或缺的稳定基础。因此，现代公民的培养，也需要从重视家庭伦理开始。在家庭中形成的伦理美德也会成为公共伦理的组成部分，这应该就是中国文化重视家庭伦理最有力的论据了。

二、个人与社会：强调推己及人

如前所述，中国社会是以家族为本位的，"我"首先是家族的一员，而不是以个体身份独立存在的。在建立家庭伦理的基础上，国家和社会的伦理由此推广而来。在义务论上，同样遵循这种推而广之的陈述方式，从对于家族的义务开始，对家族的义务包括父子之伦、兄弟之伦和夫妇之伦，而后推广至对于社会、国家和万有的义务。在这种文化当中，个人与社会之间不是自明的关系，或者说，个人不与社会发生直接的关联。从这个意义上来说，传统的中国社会一直是缺乏社会生活的，也就是梁漱溟所说的"缺乏集团生活"，这是倚重家族生活一体两面的表现。由于缺乏公共意义上的社会生活，在个人与社会的关系上就不是以社会公共伦理为准则的，而是体现出了一种独特性，即推己及人式的思考方式。通过这种以己为中心向外扩展的人际关

---

① 梁漱溟 . 中国文化要义 . 2 版［M］. 上海：上海人民出版社，2011：79.
② 梁漱溟 . 中国文化要义 . 2 版［M］. 上海：上海人民出版社，2011：79.

系，个人生活与群体生活、私德与公德得以融通。

（一）个人生活与群体生活

梁漱溟在《中国文化要义》中引用了卢作孚的一段话，来描述中国社会的基本特征，其中指出："家庭生活是中国人第一重的社会生活；亲戚邻里朋友是中国人第二重的社会关系。这两重社会生活，集中了中国人的要求，范围了中国人的活动，规定了其社会的道德条件和政治上的法律制度。人每责备中国人只知有家庭，不知有社会；实则中国人除了家庭没有社会。"① 由此可见，中国人眼里的社会生活是一个非常有限的概念，就是家庭生活和邻里、朋友生活，这使得人们对于群体和社会的了解十分有限。

随着公民教育思想在修身科和公民科中的体现，群体、团体、公共、社会等概念开始大量渗透进教育中，成为当时的主流话语。但是对中小学生而言，直接灌输这些观念显然是有违教育方法的，这些在生活中没有普遍存在过的事物对学生而言是陌生的，难以被理解和接受。因此，在进行公民教育的过程中，往往强调推己及人，以对己之道德推广至对人之伦理，从家庭生活拓展至学校、邻里生活，让学生体会到在维护他人、群体或公共道德的过程中，个人同样处于受益的位置。例如，对于刚入学的儿童来讲，学校生活是不同于家庭生活的全新环境，他要面对的是一个陌生的群体，必须遵守一些公共的准则，如自制力、礼节、清洁、敬师、爱同学、课室规则、操场规则、仪容、勤学、游戏、守时刻、守秩序、专心、公平、扶助他人、爱公物、友爱、合群、互助、礼貌、守信、友谊、宽容、上进、诚实、讲卫生、勤奋、好学、守规则、整洁、践约、正直等。而这些规则中的绝大多数对儿童来说并不陌生，在他们的日常生活尤其是在家庭生活中，他们已经学习并践行过了。现在只是将环境从家庭转向了学校，面对不同的群体，规则还是一样的。

因此，从家庭生活到学校生活或邻里生活的过渡中，公民教育要实现这样的目标：

人群研究第二——学校及游戏场

目的：

甲、使儿童自觉在广大周围内之位置并教以对于周围之责任而使其能实行服务。

---

① 梁漱溟. 中国文化要义. 2 版 [M]. 上海：上海人民出版社，2011：18.

乙、使之练习实用于此群众中之道德及仪容。

……

人群研究第三——邻里

目的：

使儿童明了其邻里中个人互助的事实以为发达其互相维持及交互负责之观念。①

无论是在学校生活中，还是在邻里生活中，要成为一个团体中的一分子，就要养成相关的习惯，培养相应的技能和态度。而规则和习惯的养成是具有相通性的，比如用于"此群业中之道德及仪容"，也就是儿童在家庭生活中所形成的道德习惯和行为品质，在与他人和群体的交往中同样是适用的。成为公民不是成为一个与自身完全不同的人，而是在已有的生活环境赋予的品德之上，扩展能适应新生活的道德规则。公民教育教科书中对于社会生活所需要的道德品质和公共规范的处理，基本上都是通过从个人生活扩展至群体生活的方式。例如，在 1925 年由中华书局出版的小学社会科第八册中，第二十三课"怎样做一个好公民？"，其内容是这样设计的：

我们在社会上，要做一个好公民，先得自己想想：

一、我能注意卫生，保持身体的健康吗？

二、我能求学、做事，都很精勤，使有进步吗？

三、我做事能尽职吗？替人做事，能热心尽力，有忠诚互助的精神吗？

四、我能对人有恭谨和爱的态度，不失礼貌吗？

五、我能处事有秩序，而且有始有终吗？

六、我能心地光明，不欺人，不作伪，不怀私见吗？

七、我能于做事以前，先加以考虑，而后进行吗？

八、我能不怕难，不偷安，有坚忍耐劳的精神吗？

九、我能将他人的意见，虚心采纳，将自己的所长，贡献于社会吗？

十、我能做事敏捷，思想明晰，度量宽宏吗？②

对儿童来说，"公民"一词可能是陌生的、抽象的，但上述成为公民的

---

① 周之淦. 公民教育课程大纲［M］. 上海：商务印书馆，1923：49 - 54.
② 蒋镜芙，陆费逵，陆衣言，戴克敦. 新小学教科书社会课本（第八册）［M］. 上海：中华书局，1925：39 - 40.

十条资格都是在儿童的个人生活和家庭生活中常见的品质要求。20 世纪 20 年代以后，公民教育的范畴已不局限于个人的家庭生活，而是逐步涉及政治、经济、文化、职业等众多领域，公民教育的内容因而更具有社会性和综合性。1923 年的公民科和 1932 年的公民训练科也都是按照个人生活、家庭生活、学校生活、市乡生活、国家生活的顺序逐步扩展的。虽然个体的关系重心从家庭扩展到了团体生活和社会领域，但他所要遵从的准则依然是从个人生活和家庭生活中推演而来的基本美德和规范，并且在群体生活中获得了新的意义。

（二）私德与公德

在传统的农耕文化时代，人的生存是自给自足式的，与他人的交往和接触较少，更多的是家人之间的交流。"各人自扫门前雪，莫管他人瓦上霜"的生活特征也深深地影响了文化的发展，以至于传统的伦理道德中更多体现的是对个体私德的要求。随着小农经济的解体，人与人之间的交往变得日益密切，从家族式的血缘关系转变为以各种群体为单位的社会关系，实现了从家庭走向社会的转变。这种改变要求个人必须参与社会生活，承担社会责任，公德的重要性不言而喻。但是在当时的社会条件下，公德的培养不能凭空产生，需要依托私德而逐步展开，这是由中国人的特殊生活方式决定的。

通过梳理和分析近代公民教育的内容可以发现，教科书中对公德的培养就是以私德为基础和依托而展开的，从私德向公德的过渡深刻体现了推己及人式的社会意识。《新制修身教本》中有一段关于"公德"的阐述，就表达了这一观点：

人类公德之缺乏，第一在不明人己之界，徒顾己之便宜，因而损及他人之利益。第二在不知公共之性质，为己与人相共之利害，徒以己之利害为主，因而与他人之利害相违反。欲明此义，当随事随物，推己及人，斯养成公德之道也。

公德之道，以推己及人为要旨，其发于行也为信义，为正直，为礼让，为慈善。其事类则有积极消极二方面，徒从消极方面求之者，为不妨害他人之利益，孔子所谓己所不欲，勿施于人是也。由此推之，则不攀折公园之花木，不掷瓦砾于通衢，皆其见端也。徒积极方面求之者，为增进社会之利益，孔子所谓己欲立而立人，己欲达而达人是也。由此推之，则立贫民学校设图书馆，尽力各项慈善事业皆分内事也。[1]

这段论述表明，私德与公德并不是相冲突的，私德是基础，公德是对私德的延伸。在一个普遍重视私德的社会，从个人的角度出发推导出他人的需要，将个人对家人的关爱扩展到对他人和社会的关爱，从对家庭财物的爱护衍生到对公共物品的爱护，这些都是一个人在群体生活中所必需的品德。在私德形成的基础上推己及人地开展公德教育，不失为一种有效举措。而推己及人的思想，正是中国传统文化中津津乐道的美德，"己所不欲，勿施于人"，"老吾老以及人之老，幼吾幼以及人之幼"，无不体现着推己及人的伦理价值。但是，这样一种立场并不表示公德在传统文化中得到了独立的体现，公德的观念和价值是通过私德来体现的。

与西方不同，中国的文化是以做人为主的，自古以来就注重人与人的关系，讲求做人的道理。在如何做人的问题上，又特别注重对个人道德的培养，因此中国人将礼义廉耻看得很重要。这也导致了在关于公共的问题上，中国人普遍缺乏应有的立场和观点。直到近代以后，思想家们才开始明确提出公德问题。梁启超最早提出了对私德和公德的区分，他认为"人人独善其身者谓之私德，人人相善其群者谓之公德"，之后又说"一私人与他私人交涉之道义，仍属于私德之范围也"，公德则是"一团体中人公共之德性也"。[2] 对私德与公德的明确区分，促使国人明白了私德的界限与公德的意义，在民初修身科和后来的公民科中，开始大量渗透公德意识的培养。

这里要特别指出的是，梁启超在大力倡导公德的同时，并未放弃对私德的重视。相反，他从辩证的角度对私德和公德的关系做了进一步阐述，认为在中国现有的条件下，公德的培养不能与私德对立，而应以私德为基础，通过私德的培养来改进公德。梁启超对私德和公德的独特解释，给我们认识这一问题提供了重要的参考视角。在以私德为个人道德核心的中国社会中，公德的培养不能凭空降生，而应该从私德入手，循序渐进地开展。这一点在当时的公民教育教科书中，也得到了充分的体现。

中国的传统文化，向来注重对人的私德的培养，民国修身科与公民科课程标准和教科书在很多地方呈现了对国民私德的培养。修身科尤其如此，在《国民学校令细则》中就明确提出要培养学生孝悌、忠信、亲爱、义勇、恭敬、勤俭、清洁诸德，教材中都是有关传统德目学习的文章。公民科中虽然

---

① 李步青. 新制修身教本（一）[M]. 上海：中华书局，1914：24－25.

② 梁启超. 新民说二十一 [J]. 新民丛报，1903（38－39）：20－37.

减少了对私德培养的专门介绍，但有关私德的内容融入在了故事中，以此来渗透进个人的品德修养和习惯养成之中。公民科中的个人道德修养在国家、社会和家庭不同层面都有体现。从国家层面来讲，强调公民对国家的忠德、义勇等；从社会层面看，强调公民知耻、自省、自谦、自强等；家庭层面则强调长幼有序、尊老爱幼、孝顺父母长辈等。个人习惯的养成如敬礼、守时刻、懂规矩、守秩序、整理、清洁、卫生等，其中所蕴含的是传统伦理道德对个体行为的规范，它是品德修养的外在表现。

从上述方面来看，公民科在大力提倡培养公德的同时，并没有否定私德的价值，而是将私德与公德结合在了一起，真正体现了梁启超所提倡的以私德为基础，将私德作为实现公德的基本途径的观点。

三、个人与国家：突出国家本位

虽然我们说传统中国向来缺乏国家观念，如梁启超所说，只知有天下而不知有国家，只知有家庭而不知有国家。但当把天下置换成国家以后，我们还是会发现，群己关系中根深蒂固的不是个人的权利自由观念，而是国家责任和爱国意识。也就是说，个人与国家之间，始终体现了一种小己大群的关系，承担着对国家的基本责任。正因如此，西方古典的共和主义公民传统和近代的国家主义的公民观，都对中国的公民教育产生了深刻影响，因为这两者都将国家的地位放在了一个突出的位置，更能与我们的文化传统相融合。

（一）国家责任意识

西方对自由主义公民观的追求，是基于其所处的市场经济制度和资产阶级民主政治，体现的是个人本位的思想。而中国社会向来是一个讲究伦理的社会，个体从来都不是独立存在的，它总是依附于一定的群体。在这些群体中，个体被赋予了多重角色，一个人可能是一个儿子，一个丈夫，一个父亲或者一个臣子，与之相建立的则是君为臣纲、父为子纲、夫为妇纲的伦理关系及社会制度。梁漱溟曾说："中国之伦理只看见此一人与彼一人之相互关系，……不把重点固定放在任何一方，而从乎其关系，彼此相交换；其重点实在放在关系上了。伦理本位者，关系本位也。"① 个人处在不同的关系之中，很难看到单个个体的存在。

---

① 梁漱溟. 中国文化要义. 2 版 [M]. 上海：上海人民出版社，2011：91.

到了民国时期，封建君主专制制度被推翻，个体在国家中的身份由臣子、草民转变为国民、公民。随着"公民"这一身份被写入法律，它就被赋予了一定的权利和义务，但是公民个体处于"小己大群"的地位依然没有改变。个人虽然获得了法律意义上的权利和自由，但依然负有绝对服从群体和国家的义务。在近代修身科和公民科中，渗入了许多现代公民知识，增加了关于公民权利和自由的篇章，甚至也从平等的角度探讨了个人与国家的关系。例如，在李步青编写的《新制修身教本（二）》中，关于国家与个人的关系是这样描述的：

> 国家者，人民集合于一定之土地，统治于最高主权者也。共和政体之国，主权在人民全体，故必人民之智德日进，而后国家可期健全之发达。国家之本务，对内在保持人民之安宁，且增进其幸福；对外在发展国力，伸张国威，此而期目的之能达。行其职权者虽为政府，而成其作用者仍不外于国民。故国民不能离国家而生存，国家更不能舍国民而成立者也。
>
> 国家之成立，由于国民。我为国民之一人，即为成立国家之一分子。我之一分子能完其责务，则国家即蒙一分之益；我而不能完其责务，则国家亦即受一分之损。反而言之，国家而强盛，则分子中之我必蒙其利；国家而衰弱，我亦必受其害。利害至切，休戚与共。以今日国际之竞争如此激烈，是则吾人对于国家，安可不求所以尽其责务之道乎。①

与此同时，有关个人和国家（统治机关）根深蒂固的传统观念同样扎根于近代公民教育中，这一观念将个人放置在绝对服从的位置上，过于强调个体对群体和国家的义务与责任，不关注其权利与价值。例如，在《新学制公民教科书》第一册中有如下论述：

> 国家是政治的组织之社会；他的特质就是具有最高权力可以强人民服从。行使这项权力之人为治者；服从权力之人为被治者。
>
> 个人对于国家有服从权力的义务，国家对于个人也要尊重他的生命和活动。
>
> 社会全体的自由，比之个人的自由为重。个人权利自由的享有，至

---

① 李步青. 新制修身教本（二）[M]. 上海：中华书局，1914：1-2.

于和社会公共利益不相容的时候，势不能不牺牲后者以保存前者。[①]

由此可见，一个合格的公民必须绝对服从国家权力，承担集体的责任与义务，而在一定程度上自觉忽略自身的权利。这样看来，近代公民教育中对国家观念的倡导，既强调国家与个体的相互影响、休戚与共，认为个人的责任和担当影响国家的兴衰，反过来国家的强弱也影响个人的利害；同时也强调国家权力和利益至上，认为没有"大家"，也就没有"小家"。总的来说，在个人与国家的关系之中，体现出了比较明显的国家本位思想。

（二）爱国主义情怀

爱国主义精神与国家责任意识一样，都是强调国家本位的体现。虽然传统中国没有现代意义上的民族国家观念，但爱国、报国的思想可谓源远流长。在我国的文化传统中，国家不是一个主权概念，而是家国思想的体现。家国同构的社会特点，决定了爱国主义的民族情怀与对家族的依赖和重视一样根深蒂固。有学者认为，儒家忠德思想与其他形式的道德文化一样，也参与了现代化的过程，对我国爱国主义精神的形成和发展有着重要作用。[②] 渗透了这一思想的屈原为国捐躯、岳飞精忠报国等流传于世的历史事件，都体现了传统文化强调民众应效忠于国家，要有牺牲精神等品质。

在近代以来的公民教育中，关于报国、爱国的内容占有重要的地位，尤其是在修身科时期，它突出表现为两个方面：舍生忘死的爱国精神，以及好国民应自愿承担义务和责任。在《共和国教科书·新修身》和《新小学教科书公民课本》第二册中，分别记述了有关小学生学习"报国"的两篇课文：

报　国

日俄之战。武夫跃然起曰："吾报国之时至矣！"乃建议填塞旅顺口。司令官伟其策。遂以五舟，分乘死士七十七人，满载巨石、爆药而发。是时风怒浪激，四顾昏黑，不辨咫尺。既见老铁山灯台，乃得进。以电灯为导，突至港口。敌觉之，照以探海灯。海、陆发炮拒之，弹丸如急霰。五舟联合冒进，各择地自爆沉。既毕事，武夫轻移舟，竿头悬方巾以为标识，候救护舰来，转乘而还。不失一人。[③]

---

① 周鲠生. 新学制公民教科书（第一册）[M]. 北京：商务印书馆，1923：15、50、77.
② 欧阳辉纯. 爱国主义精神发展中儒家忠德思想的价值分析 [J]. 桂海论丛，2014（2）：20 – 23.
③ 李保田. 共和国教科书·新修身（高等小学校）[M]. 桂林：广西师范大学出版社，2012：146.

捐躯报国的好男子

文天祥是南宋末年人。生来体格伟大，目光炯炯有神，一望就知是个英雄。那时元兵数十万，分三路攻宋，快要到宋都临安了。宋帝下令召集救兵，天祥便在江西招兵一万余人，自己带了，向临安出发。有人劝阻他说："元兵精而且多，你只带了这少数没有受过训练的兵，要去抵御他们，这不是骗群羊入虎口么？"天祥道："这我也明白的。不过我们世世代代受国家的保护，现在国家有急难，各处都不发一个救兵，我实在看不过，所以自不量力，冒险前去。如果各处豪杰，因此闻风响应，大家起来救国，那么国家还有保全的希望，我虽死了，也值得的。"天祥平日的起居饮食，本很奢华，到这时候就力自节俭；并且把所有家产，完全捐做军饷。后来宋朝亡了，天祥被元兵捉去，解到燕京。元帝竭力笼络他，屡次劝他投降；他宁死不从，遂遇害；元帝叹道："文天祥真是好男子！"①

这两篇课文分别使用了武夫和文天祥报国的例子，来教育学生学习和养成舍生忘死的爱国精神，它是每一位好国民都应该具备的品质。可见，培养爱国爱群的精神是这一时期公民教育的主要目的之一。常直道就指出，公民科的教授目的不但为使学生了解政治方面的生活，尤其要紧的是发展忠于所属群体，并竭力为群体尽劳役之精神。②

总之，公民教育中重视国家责任意识和爱国主义情怀的培养，都是国家本位思想的体现。对国家本位观念的强调，一方面体现了公民的权利自由发展得还不够完善，更为重要的一方面则是，在数千年缺乏真正意义上的国家观念的背景下，国民缺乏公共品质和群体意识，其性格中形成的自利、文弱、冷漠等品质不利于对国民的培养。加之国家处在内忧外患、生死存亡的紧迫关头，民族复兴所需要的恰恰是爱国爱群、团结一致的精神，因而国家本位的公民教育理念正是顺应了当时的社会需求。

需要强调的是，这种国家本位思想从概念上说，是来自西方的，但其思想实质则有着深厚的传统渊源。在近代这样一个特殊的历史背景下，传统的爱国、报国、效忠于国家的观念，与现代化进程中的民族国家观念有力地结合在了一起，对国家公民的培养产生了巨大的推动作用。

---

① 陆费逵 . 新小学教科书公民课本（第二册）[M]. 上海：中华书局，1923：21 - 22.
② 常直道 . 小学公民课教学法 [J]. 教育杂志，1924，16（1）：1 - 13.

第六章
"公民"的启示：公民教育的历史检视

近代公民教育的发展，经历了一个从无到有、从辉煌到没落的曲折过程。其历程虽然只有短短几十年，但在当时内外交困的社会背景下，进行这样一场教育革命本身就是值得肯定的。尤其在传统突然坍塌，新的文明尚未建立，社会秩序混乱的状况下，提出并实践对现代公民的培养，不失为一次伟大的尝试。由于自身发展的先天不足，以及社会政治变革等因素的影响，近代公民教育最终走向了终结。但是，从公民思想的启蒙到实践，从公民课程的设置到实施，近代公民教育走过了一个完整的改革周期，产生了丰富的经验和教训。下面我们将从公民教育的视野、目标、内容、方式、途径等五个角度，对近代公民教育的思想遗产加以梳理，以期对我们今天的教育改革提供启发和借鉴。

一、公民教育的视野：兼顾本土性与现代性

近代的教育改革乃至整个社会文化的发展，处在一个外来思想强烈冲击、本土文化根深蒂固的特殊背景之下。从公民教育的角度来看，在对公民的概念理解及其教育形式上，体现了西方教育思想的影响，但在内容上并没有放弃本国教育所背负的民族性和时代性。

就近代中国而言，公民和公民教育的概念都是西方引进的产物。面对这样一个全新的事物，如何将其与本国固有的道德文化相融合，处理不同文化之间的冲突，是当时教育面临的突出问题。通过第二章中对近代公民教育思想本土化尝试的梳理可以发现，当时的教育思想家和实践者们充分考虑了本国的教育传统和道德意识，在固有道德观念之上对西方公民教育思想进行了重新诠释和自我建构。这主要是因为，近代公民观念和公民教育的产生本身就是救亡图存的时代产物，很大程度上是作为国家的政治工具而存在的，诚如王小庆学者所言，"'民族复兴'一直是公民教育背后的强大推动力，无

论对于民族性的思考，或是对民族性格、习惯的改造（如'新生活运动'），甚至是'学生自治'的种种实践，在一定程度上，都是围绕这一大目标而进行的"。① 既然是为了实现民族复兴，公民教育实践就不可能脱离对本土意识的观照。

抛开民族复兴的政治目的不谈，近代公民教育对本土意识的关怀依然有着重要的意义，它让我们重新思考本土文化传统在现代公民教育中的价值和地位。黄书光教授通过对民国初年修身教科书的分析，认为"民初修身教科书仍保留着较为浓厚的传统文化情结，这在德目内容、题材来源及文言文的叙述样式中均不难窥见"。但修身科教育同时也注重"中外道德的融通、传统与现代的汇合"。② 如果说修身科原本就应当包含传统文化的话，那么公民科对本土意识的渗透就更加值得关注了。通过第三章对近代中小学公民教育的文本分析，可以清楚地看到本土道德意识与现代公民观念在公民教育课程中的交织与融合。

从晚清的修身科起，就开始在传统道德的基础上渗透现代公民观念。修身科更为注重的是家庭伦理道德的教育，强调个人道德的养成及其对家族、社会、国家和万有的义务。这其中的伦理道德和义务等，既有基于中国传统文化的要求，如忠孝；也有在此基础上的扩充，如公德；还有西方公民思想的补充，如博爱、公益、自由等。在两种不同文化的交融中，传统的道德不断地被赋予了新的意义和内涵。

在公民教育的课程内容中，有关中国传统文化特别是儒家文化的德性教育也占有很大的篇幅。一方面是由于传统文化构成了基本的教育传统，其影响在当时的教育中根深蒂固。另一方面，对于公民教育这一外来事物的引进，只有立足于本土文化才能更好地帮助国民理解和学习。例如，公民科教育中关于公德的培养更多基于私德的学习，通过私德然后向外扩展和延伸，推己及人，从而实现人们对公德的理解和接受。再如，公民道德的培养特别重视家庭教育的价值。因为家庭是社会的基础，从个人到公民的转变离不开家庭教育环境的熏陶，传统的家文化并不与公民教育相冲突。由此可见，贯穿于传统文化中的伦理特性对现代公民教育依然具有重要价值。

公民教育虽为借鉴自西方的产物，但其在中国的生根、发芽还必须基于本土文化的土壤。文化传统是一个民族的灵魂，也是培养本民族公民的根

---

① 王小庆. 如何培养好公民 [C]. 北京：清华大学出版社，2013：前言：9.
② 黄书光. 价值重估与民国初年中小学德育课程教学的深层变革 [J]. 教育学报，2008（4）：73–79.

基，公民的培养必须要与民族自身的历史文化相适应，才能真正实现其教育的目的。在中国的文化传统中，有许多思想遗产为我们今天的教育提供了宝贵的教育资源，即便在现代性的巨大浪潮中，依然难掩其光芒。严复就曾对儒家思想的普世性价值做了探讨，他在大力引介西方现代公民自由民主思想的同时，积极肯定了传统文化的意义。"严复认为传统中国的思想文化，只要能以理性的态度去重新认识，便不难发现一些与近代西方文明、自由社会相契合的哲理和观念。要对传统中国文化尤其是孔子学说进行创新性的诠释，更应借助西洋近代的思想与概念，加以疏解会通，使其在现代社会的政治生活中，重新显现价值和生命力。"① 在严复看来，儒家思想产生于传统的宗法社会，虽然存在与现代社会不相适应的内容，但其思想的本质可以超越时代的限制。

就现代中国而言，发端于近代的现代化进程到今天仍未结束，中国作为后发现代化国家，在学习西方先进理念、加速现代化的过程中，更应当理智反思现代化本身的问题。正如陈赟所说："中国现代性不是西方现代性的翻版，它不完全是通过市场经济秩序、自由民主社会、个人主义等与西方现代性联系在一起的那些市场特征来界定自身的。"② 这是因为，中国的现代性概念是与西方现代性危机一起传入的，因而始终伴随着一种困境意识，"这种困境意识表现为，在肯定现代性的正当性、呼唤现代性的同时，又质疑、诘难甚至反抗现代性，对现代性的质疑、诘难与反抗无疑也是中国现代性意识的重要组成部分"。③ 这就是说，我们在被现代性拉着往前走的同时，必须同时学会反思现代性带来的后果。

这个问题，在近代启蒙思想家那里就已经开始了。严复、梁启超等人在大力推介西方思想的同时，还要更大力地维护文化传统；晏阳初、陶行知、梁漱溟等人在熟识西方公民教育理论的同时，还要开展完全本土化的公民教育运动。就是因为他们在贯通中西文化的前提下，已经深刻认识到了中西方的文化差异，也体察到了西方现代性本身的两面性。这就是近代中国在政治上文化上面临的悖论：向西方学习，倡导公民权利自由；认识到西方世界个人主义的局限性，回归公共伦理。

正是在这个意义上，从民族主义的立场思考教育问题，是近代中国知识分子难以摆脱的思维特性。之所以具有这一思维特性，是由于他们在主张大

---

① 徐伟. 民国初年的意义危机与思想家的应对 [M]. 北京：团结出版社，2016：38.
② 陈赟. 困境中的中国现代性意识 [M]. 上海：华东师范大学出版社，2004：导言：1－2.
③ 陈赟. 困境中的中国现代性意识 [M]. 上海：华东师范大学出版社，2004：导言：1.

力学习西方思想之时，并没有陷入西方模式，而是时刻考虑本国的实际，试图解决本国所面临的问题。正如梁启超在解释新民含义时所说："新民云者，非欲吾民尽弃其旧以从人也。新之义有二：一曰，淬厉其所本有而新之；二曰，采补其所本无而新之。二者缺一，时乃无功。先哲之立教也，不外因材而笃与变化气质之两途。斯即吾淬厉所固有采补所本无之说也。一人如是，众民亦然。"① 梁启超明确指出了在培养新民的过程中，其传统是不容丢弃的，因为国民所具有的特质是一个国家之所以能长久存在的根源，这种特质也就是民族主义。所以在梁启超看来，守旧并不可怕，可怕的是不会真正守旧，以至于丢掉传统遗留下来的民族精神。

由此看来，无论是本土性还是现代性，都只是一个视角，而不是目标。在我们今天提倡和推动公民教育的过程中，同样需要充分考虑民族性或本土性与现代性之间的关系。我们应当认识到，"一味盲目地反传统是无用的，更且有害于社会的变革与现代化的"。② 与此同时，我们也应该记住，"中国的现代化运动，不是否定传统，而是批判传统；不是死守传统，而是再造传统"。③ 总之，在不可阻挡的现代性进程中，应当审慎对待现代性可能的后果，同时积极对传统文化进行现代转换，彰显民族文化的现代价值。

二、公民教育的目标：统筹个人与国家

近代公民教育在其目标设定上，始终围绕着两大主题：个人和国家（或者群体）。严格说来，这不是近代公民教育本身的特色，而只是体现了教育的本质属性和功能。但在近代教育改革中，由于国家主义的一度兴起，对个人与国家或个人与群体关系的定位无疑是一个值得思考的问题。

兴起于 19 世纪的民族国家观念是近代化过程中的一种主导性观念，对于一个长期缺乏国家观念的民族来说，这无疑是一种必要的启蒙。因此，在很长一段时间里，这一思想左右了中国知识分子的思想视界。无论是严复、梁启超，还是后来的国家主义的支持者醒狮派，都是在这一立场上提出其公民教育观点的。杜威在华演讲时，对民族国家观念做出了中肯的评价，他指出："民族主义的国家主义，这观念发达，自有好处，但从另一方面看，其坏处也未始没有。国家观念发达，由小群变为大群，乡土眼光、地方界限，

① 梁启超. 新民说一 [J]. 新民丛报，1902（1）：14 – 23.
② 金耀基. 从传统到现代 [M]. 北京：法律出版社，2017：206.
③ 金耀基. 从传统到现代 [M]. 北京：法律出版社，2017：157.

都逐渐打破，把共通利益的范围推广，对于大群各分子，都有人类的同情，互相帮助，而没有偏私的观念，这是好处。其坏的方面，就是国与国的仇视之见愈深。"① 在杜威看来，民族国家观念的增强实则是弊大于利的。

正是在杜威思想的影响下，1922 年颁布的新学制试图改变此前在教育中流行的国家主义，即过度关注国家和群体责任而轻视个人权利的现状，将关注的视角投向了个人和社会，以发展个性和社会性作为课程的主要目标。在新的课程目标中，突出强调了使儿童了解自身与社会诸团体之间的关系，鼓励儿童了解并参与社会公共生活。在这个过程中，个人与国家的关系在教育中迎来了直接的冲突，自清末以来开始萌芽并盛行的国家主义逐渐被倡导个人价值和社会价值的思想冲淡了。有研究者指出："到 1920 年代，随着新文化运动深入教育领域，公民教育勃兴，教科书中最突出的是个人与国家关系的新建构：强调发展个性、完善人格和个人自由是国家生存的首要条件，强调个人的参政议政权和自由言论权利。这些观念在教科书史上达到了前所未有的高度。"② 这是在追求民主政治和个人权利意识的背景下出现的情况，但随着国民政府党化教育的推行，这种思潮迅速被压制了下去。

事实上，即使没有政治意识形态的干预，对个体自由、权利、个性的重视也可能只是一个暂时的现象，即在杜威访华以后出现的一个小高峰，而个人与国家关系的主流则一直是以国家为主导的。这是因为，自近代有了国家意识以来，民族国家的建构一直是启蒙思想家们努力的方向，为实现这一目的，改造国民性成为教育的重要任务。从臣民到国民的转变，即做"新民"则成为个人自我认同的基本形式，而在这个过程中，"由于没有公民（市民）思想传统的支撑，现代中国的'国民认同'一再成为把个人直接纳入国家体系，成为直接把个人交付给国家来使用的方式，由此，民族国家的总体性筹划不可避免地成为侵占个人及其日常生活的方式"。③ 在这种背景下，个人与国家的关系始终跳不出以国家为主导的模式，个人只是其中一个要件。因此我们看到，即使在周鲠生根据新学制、新的公民学大纲所编纂的中学公民教科书中，也会提出诸如国家的特质是"具有最高权力可以强人民服从"，以及"社会全体的自由，比之个人的自由为重"等思想。

需要承认的一点是，在近代化的过程中，国家观念的启蒙和培养无疑是重要的。与之相应，在教育中培养公民形成国家观念也是必要的，虽然这种

① ［美］杜威著，胡适口译. 杜威五大演讲 ［M］. 合肥：安徽教育出版社，1999：72.
② 毕苑. 近代教科书与中国国家观念的演化 ［J］. 文化纵横，2015（4）：58—65.
③ 陈赟. 困境中的中国现代性意识 ［M］. 上海：华东师范大学出版社，2004：导言：5.

对国家的认同感在不同的社会条件下可能有着不同的表现。例如，清末民初以来，国家认同感的形成表现为排斥外族侵入、对国家的绝对忠诚、在国家危难时刻勇于自我牺牲等特点。这种国家观一方面是出于政治的需要和现实的需要，另一方面也是受传统儒家文化"忠德"思想的影响造成的。家国同构的文化传统，赋予了爱国以爱家一样重要的地位，因而培养公民对国家的认同感必然是重要的，公民教育也成为培养公民国家观念的重要方式。

而在培养个体国家观念和国家认同感的同时，同样不应该忽略的便是对公民权利和自由的重视。公民与传统的子民、草民不同的地方，在于公民拥有权利和义务，并且有相应的法律保障公民的权利。在《新民说》中，梁启超特别阐述了新民的"权利思想"。在当时的修身科和公民科教科书中，也有多篇涉及公民权利的陈述。虽然当时公民的权利在法律上是得到认可的，但是由于特殊的国情和奴性观念的深入人心，实际的公民权利并没有得到保障和实施，更多地停留在书本上和文件中。无论怎样，相对于整个封建社会漠视个人权利的历史传统来说，能在教育文本中声张公民权利，已经是一个很大的进步了。

在公民教育的过程中，个人与集体、个人与国家的关系是必然要面对的问题。传统的教育将个人放在绝对服从的位置上，过于强调个体对社会和国家的义务与奉献，不关注个体的权利与价值。这一教育传统根深蒂固地保留在近代中国的教育之中，无论在修身科还是公民科中，都有大量的体现。显然，这种体现传统道德观念的群己关系并不能适应现代公民素养培育的需要。公民必然要承担国家和社会的义务，但其个人权利和自由同样不容忽视。其实，在更早的研究中已有学者认识到了将国家和个人分离或对立，抑或放大其中之一而压制另一方的观点都是不可行的。例如，天民就曾针对这一问题做过精彩的论述：

> 今某种之思想家，颇有专重个人而否定国家之存在，以国家为阻害个人之发展者。然个人岂得离国家而独自生存乎？既往之历史，固明诏吾人国家之衰亡即个人之衰亡也。国家与个人，似二而实一，有不可须臾离者。个人之自由及其发展，与国家之存在，绝非矛盾。若个人而为绝对的放纵，是乃化社会为禽兽之搏斗场矣。呜呼！试观伟大国家之背面，非常发现伟大之个人乎？伟大个人之前，非常存有伟大之国家乎？①

---

① 天民. 公民教育论（续）[J]. 教育杂志，1916，8（6）：51–68.

　　基于这样的个人和国家关系，天民进一步提出了"民族我"（或"国家我"）与"个人我"的概念，并对个人自由问题做了阐述：

　　　　余所谓之个人我，乃以民族我为根柢者，故其自由非绝对的自由。个性之自由，必当常以发展民族我之目的而行之，于是乃有真意味的个性开放及其进步之可言，同时而民族我亦始得进化焉。个人我之否定，即为民族我之否定；民族我之否定，亦即为个人我之否定。盖实在之民族我，惟于具体的个人之内存在之；具体的个人，惟有实在之民族而始得存在故也。国家与个人是二而实一之理由，即在于此。①

　　从天民的论述中可以看出，他主张将国家和个人的关系看作二而一的关系，二者不可偏废。在他的论述中，看起来是不偏不倚地阐述国家和个人各自的地位，实际上在他的理论深处，传达的还是基于国家本位的个人自由。他确实为个人自由提供了足够的空间，但个人自由最终是为了实现国家的理想。"吾人生活，最高之目的，在于实现道德的公共团体之法治国，而公民教育之主要目的，即以欲实现如斯之理想国而施行教育也。"② 在此意义上，他也对凯兴斯泰纳提出的公民定义给予了赞同，即"所谓善良之公民者，乃谓牺牲自己，而实现道德的公共团体之国家者也"。③ 而无论是从国家本位的立场还是从个人自由的角度来看，天民对个人和国家关系的阐述无疑具有划时代的意义。

　　公民的形成首要的是公民身份的教育，而公民身份包含了权利和身份两个要素，这一概念本身既"揭示了自由和权利是公民概念的核心要素，另一方面也表明，个体对自由和权利的追求不能完全脱离社群或团体，在这个意义上，公民身份的创设，就成为自由独立个体融入社群生活的理想方式"。④因此，对公民的培养而言，责任教育与权利教育同等重要，偏重一方忽视另一方会使公民丧失对自身身份的感受，从而也丧失对公共事务的兴趣，责任和权利相匹配才能促进公民素养的形成。

　　因此可以说，在个人和国家的关系中，应该通过统筹二者而取得一个平衡点，以达到责权相配。在公民教育中，基本的教育目的就是让个体获得公民身份，产生公共意识，从而成为合格的国家公民。公民权利的获得和公民

---

① 天民. 公民教育论（续）[J]. 教育杂志，1916，8（6）：51－68.
② 天民. 公民教育论（续）[J]. 教育杂志，1916，8（6）：51－68.
③ 天民. 公民教育论（续）[J]. 教育杂志，1916，8（6）：51－68.
④ 檀传宝，等. 公民教育引论：国际经验、历史变迁与中国公民教育的选择 [M]. 北京：人民出版社，2011：218.

对政治共同体的责任感、认同感一样，都是公民教育的重要内容。现代公民与传统臣民或国民的一个很大的区别，就在于公民除了家庭以外还有更广阔的社会关系。这种身份，意味着个人能够依附的除了家庭和国家以外，还有其他的群体。公民要想在这些社会群体中找到自己的位置，就必须要积极地参与到群体的公共事务中去。在这个过程中，公民自然地形成了公共意识。因此，公民的身份意识和公共意识是相互促进的，身份意识让公民在公共生活中找到归属感，从而产生责任感，促进公共意识的增强。而公共意识是对公民身份意识的补充，它使得公民将自己的关注视野从个人、家庭转向了社会。

公共意识的形成，意味着公民能够自愿参与公共生活，关心公共事务，并以此形成公共的秩序。在某种意义上来说，公共意识的形成超越了个人与国家关系中的二元对立，因为在公共生活中，二者被有机地结合了起来。参与公共生活、培育公共意识，既是为了个人，也是为了国家。因此，要消弭个人与国家之间的对立，就要通过教育来培养个体的公民身份和公共意识。学校是一个小型的社会，学校教育应鼓励学生参与公共管理，提供相应的平台和制度去锻炼学生的自治能力，让学生在参与、体验的过程中去熟悉公共秩序，培养公共道德，最终提高公共意识，并将公共意识融入公共生活之中。

三、公民教育的内容：体现融合性与创新性

简单来说，公民教育就是培养个体成为公民的过程，它包括了一切能使人成为公民的教育内容。正如熊子容对公民教育的界定，广义的公民教育应当包括"政治活动以外兼及家庭，社会，职业，人文之修养"等诸方面的知识和能力。近代公民教育在内容的选择上，正体现了高度的融合性与创新性。或许是因为流传的主义过多，如国家主义、社会主义、个人主义、平民主义、职业主义、军国民主义、自由主义、实用主义等，或者是因为现实的教育中什么都没有，反而给公民教育创造了一个绝好的契机，可以兼容并包，大胆创新。事实上，这不仅仅是近代公民教育内容所呈现出的特点，在一定程度上，也是近代以来整个中国社会所具有的特点。

公民教育内容的融合性从民初修身科开始就已经体现了出来，那时候主要是在传统修身教育的基础上，加入初步的现代国家观念、政治知识、经济及法律常识。到了公民科阶段，这些内容进一步得到体现。事实上，这些内

容是公民学知识的基本体现，是公民课程区别于其他各科教学的核心内容。比如有关国家组织的知识，旨在让学生对国家的历史变迁、国家的组织要素、法院、地方政府等内容都有一个基本的了解，只有在个体能够充分地了解自己的国家及其政治制度的前提下，其国家观念才能形成。再比如法律知识方面，公民教育力图让学生明确自身所具有的权利和义务，努力培养学生的法制观念。要想建设法治国家，就必须培养知法、懂法、守法的公民。

虽然修身科所融合的是公民学的基本内容，但这也表明，修身教育在培养新国民的过程中，尽可能地容纳了适应社会发展和需要的新内容，而这一课程特点在公民科中的体现尤为明显。公民科课程内容的融合性，首先体现在通过中外道德故事融合了中西方不同的美德与价值观。其次，课程内容随着时代和社会需要的变化而进行补充、融合。例如，在课程改进过程中，不断地融合了有关个人生活、共同生活、社会进化、爱国思想、民主法治、地方自治、国际道德等方面的内容。在小学的公民科中，由于和历史地理的融合，使得课程的社会性质大为增强，内容的涉猎面更广泛。而在小学公民训练课程中，更是融合了体格、德性、政治、经济等多方面内容的教育。

在个人生活方面，公民教育尤为重视个体品格的养成、个人体格的训练及生活习惯的培养，这是民德、民智、民力羸弱的社会所急切需要的。个人品格的养成既是修身教育的主要目的，也是培养健全公民的首要目的。品格的养成和习惯的培养其实是不可分开的，杜威在题为《品格之养成为教育之无上目的》的在华演讲中指出："盖道德为活用的，为现实的，非种种呆格言所能适用的，必以社会良好习惯，使于无形中与学生为体合，而后学生自有一种良好品格。盖良好品格，应以良好习惯养成之，非纸上格言所能养成之也。"[1] 因此，在公民教育内容中，我们常常看到个人的品德教育与习惯养成是不可分割的内容。至于体格的训练，也是养成健全公民的准备之一，其要求是"养成整洁卫生的习惯，快乐活泼的精神"。因而体格不仅仅是身体本身的训练，更重要的是良好的生活习惯和精神品质的形成。从修身科中的个人私德到公民科中的公民美德与习惯、公共卫生等内容，都是与个人生活常识密切相关的教育内容。

除了大量的个人生活方面的内容外，有关职业教育的内容也是公民教育中的重要组成部分。早在1914年的修身科教本中，就将职业作为"生活之准备"的一部分做了介绍。1923年的中学公民教科书对职业团体做了重点

---

① 周洪宇，陈竞蓉．民主主义与教育——杜威在华演讲录［M］．合肥：安徽教育出版社，2013：207.

陈述，同年的公民须知也专门论述了职业道德。到了 1932 年，职业训练依然是培养公民的重要内容。近代公民教育十分强调学生对职业的认识与了解，认为职业教育的目的在于"训练人类以各种特殊的职业，不但使无业者有业，且使有业者乐业，并久于其业"。[①] 因此，在小学的公民教育中，就开始了对职业的启蒙教育，以培养儿童正确的职业观念，在学校公民训练中，特别提倡对儿童进行职业教育，儿童除了读书以外，应该有相当的职业陶冶，为适应未来的职业生活做好相应的准备。它所强调的职业概念，不是功利性的谋生工具，而是将职业作为适合儿童个性、发展其智识和技能的途径，同时能够顾及社会的需要，成为对社会有用的人才。

总之，这一时期的职业教育将教育与生活、教育与职业结合了起来，将职业教育纳入儿童的整个教育生涯中来进行，这与杜威的职业教育思想在中国的传播密不可分。杜威认为，中国的旧教育是与职业相分离的教育，培养出的人往往鄙视职业和劳动，这与平民主义的教育理念实不相符。因此，应当在学校教育中，提倡职业的观念和职业教育。"普通学校的目的，固然不是要养成一种职业界的专门人才，然而从普通学校里毕业的学生，天然也要到社会去服务，那么，对于社会上的职业也不能不先在学校中加以研究。"[②] 鉴于这样的认识，在公民教育中，职业的教育成为一种必备的重要内容。

公民教育的内容除了体现出强烈的融合性之外，还体现了创新性的特点，这主要表现为近代教育家们所开展的公民教育改革试验。他们在充分理解公民教育本质的基础上，结合本土的社会条件，进行了公民教育内容的创新。晏阳初、陈筑山等人还特别提出了平民主义的公民教育概念，对公民教育的内容进行了创新，开创了中国式的公民教育模式。晏阳初深入农村推广平民教育，他针对当时中国农民愚、穷、弱、私四大病症，提出了文艺教育、生计教育、卫生教育、公民教育的举措，试图通过公民教育的开展来改变国民的性格，从而培养新民。同一时期，梁漱溟针对当时中国的问题，指出中国的社会伦理秩序已遭到破坏，必须要进行乡村建设，重建社会秩序。他也在乡村进行了一系列的教育建设试验，力图用"一点一滴的教育"完成文化上的"一点一滴的建设"，对公民品德的培养、公民自治能力和法制精神的形成都起到了实质性的推动作用。

总的来说，近代的公民教育在没有固定标准要求的情况下，呈现出百花

---

① 张耿西，束楚如，万九光. 小学公民训练的理论与实际 [M]. 上海：中华书局，1936：7.
② 周洪宇，陈竞蓉. 民主主义与教育——杜威在华演讲录 [M]. 合肥：安徽教育出版社，2013：413.

齐放的景象。即使在公民科课程设立以后，不同版本的教科书也都从不同角度大放异彩，充实了公民教育的内容。从另一个角度，也彰显出当时的知识分子力图通过教育救国的迫切愿望。通过不同内容的融合与创新，公民教育在当时确实引起了较大的反响，不仅培养了学校中儿童的公民意识，也将公民教育的思想引入到普通百姓的生活中，一定程度上提高了社会民众的道德水平和公民素养。

四、公民教育的方式：结合知识教育与行为训练

通过对近代公民教育的梳理和分析可以发现，公民的培养不仅要强调公民知识的学习，更要突出公民生活的实践和公民行为的训练。这一点既符合现代公民教育的理念，同时也体现了传统文化中强调知行合一、学以致用的教育传统。作为一个公民，在家庭、学校、社会等共同生活的基本组织中扮演什么角色，具备何种道德品质，以及了解社会生活各种组织的重要性及相互关联，不仅仅是儿童需要学习的知识，更是需要在实际的生活体验中养成的习惯和能力。"学校公民教育所要培养的公民意识，如参与、权利、责任、民主、诚信都应该与学生的日常生活实践紧密联系。公民教育固然需要相关的课程，学习相关的理论和知识，但从根本上要培养学生的公民意识与公民人格则必须依托于充满公民精神的学校生活实践。"[1] 家庭生活、学校生活、社会生活、政治生活、经济生活等都是儿童成长不可脱离的，对这些生活的了解首先需要学习相关的知识，这是获得公民身份和公民资格的基本前提。在此基础之上，以公民的身份参与社会生活实践，形成相应的行为习惯和能力，才是成为一个好公民的基本途径。

在近代公民教育中，上述特点体现在两个方面。一是体现在制度文本之中，主要是课程标准、教科书等。如在小学的公民课程纲要和公民训练标准中，有关公民生活的知识和公民习惯养成的训练并行不悖。中学的公民课程标准、公民须知和教科书中，更为丰富地展现了公民知识教育和公民生活实践教育的结合。二是体现在教育改革家的公民教育实践中，如蔡元培、晏阳初、梁漱溟、陶行知等，他们将自身公民教育思想付诸实践的过程，就是重视公民生活实践教育的最好体现。因此，在公民教育中既重视公民知识的传授，同时也要重视公民实践能力和行为习惯的培养，这一观点是毋庸置疑

---

[1] 张夫伟，张红艳. 公民意识与学校生活建构 [M]. 北京：中国社会科学出版社，2015：68.

的。但具体到近代公民教育的课程形式中，这一问题就产生了争议，主要表现就是对于 1932 年小学公民训练课程的看法。

在我们研究和梳理近代公民教育及其课程演变的过程中，可以发现一种主流的观点和倾向，即认为 1923 年的公民科是近代公民教育的高峰，1932 的公民训练科则是公民教育变异的结果。从公民教育的课程目标上来看，公民训练科的诞生无疑是政治意识形态介入教育的产物，其教育目标也确实更多地体现了国家及其政治的意志；从具体的内容上来看，也不可避免地渗透了一定的党化教育内容。从上述两方面来看，公民训练科比公民科更狭隘，也更具功利性。因为公民训练科抛弃了公民教育的理论立场，淡化了对公民学知识的普及，把教学目标更多地放置于对学生行为的训练上。虽然某些道德品质和行为习惯是可以通过训练而形成的，但具备这些习惯的个人未必会是一个道德的公民。

如果我们把公民教育分为公民知识的教育和公民实践的开展两个方面，那么，公民科课程的目的就是通过公民知识的教育，让儿童养成相应的公民意识和品质，从而自觉参与公共事务、进行公民实践；公民训练科则淡化了公民学的知识，偏重于以条分缕析的规则对儿童进行行为规范的训练。从伦理学的角度讲，前者偏向于美德伦理，后者则偏向于规范伦理。从教育的角度来看，美德伦理和规范伦理都是教育所需要的指导原则，在教育目的的设定中同等重要。公民教育从本质上来讲，应该是一种实践教育，即不仅要具有公民学知识，更要能实践这种知识。诚然，公民科的宗旨就在于实现以公民知识引导公民实践的目的，但在实际的操作中，普及公民知识的意愿超越了从事公民实践的努力，加之公民教育教科书在一定程度上存在的难度较深等问题，使得公民培养更多停留在理论层面。

从这个意义上来看，对公民进行行为的训练并不是一无是处的。可以说，公民训练本身并没有错，错的是将其作为公民教育的唯一目的，以行为的训练代替了对公民的完整教育。行为训练的合理性，在于它在一定程度上也是符合儿童的年龄特征及教育原则的一种表现。对儿童的教育，如果只有行为训练，没有其他的公民陶冶方式，无疑是狭隘的。因为行为训练的目的在于形成规则意识，但"规则的建立最终还是为了人的个性得到自由全面的发展，而不能反过来说培养人们美德仅仅是为了满足一定的社会秩序的需要，人只能做规则的奴仆"。①

---

① 张夫伟. 道德选择与道德教育的现代性危机 [M]. 北京：中国社会科学出版社，2014：155.

关于这一问题，在彭基相翻译的一本著述中曾做过相关的讨论，原作者将施加于儿童的行为训练分为道德的行为和非道德的行为。所谓非道德的行为，是指当儿童达到一定的年龄，必须加以训练以养成社会所需要的习惯。"这些习惯还是使他们强迫养成，不必让他们自由选择。愿受赞许不愿受责罚或侮辱，以及惧怕惩罚等都可形成习惯，此种习惯可以留诸一生。这一类的行为都是非道德的；但自公民的效力之观点上看来，此亦极为重要。"① 这里所说的非道德的行为，实则是非道德的行为训练方式，也就是一种强制的方式，儿童在家庭和学校生活中的诸多行为习惯都是通过这样的方式形成的。从这个意义上来说，非道德，其实并非真的违背道德，只是不一定符合儿童的意愿罢了。诚然，赫尔巴特曾讲过，在道德教育上采取灌输是一种不道德的行为，但我们不得不承认，一些行为习惯的养成离不开一定程度的强制，尤其是当儿童缺少自主的选择意愿的时候。正是在这种意义上，译文中将这种行为的训练方式称为非道德的行为，因此也认为真正道德的行动必有选择。

真正道德的行为，定须拷问行动的理由，欲发展此种之行为，有许多理论家以为若无完全理由的根据万不可使儿童作盲目的服从。如果理由非常简单，而能为儿童所了解，则在养成特别习惯之前，宜先使儿童注意此种行为的意义。然欲常使儿童明白每次特别行动的理由，乃为不可能之事。儿童对于守时及有规则之道德的意义或不能深解。但这些习惯必须要被养成，并且注意此种习惯之养成，亦为教师所应有之职责。我们遇着一个成人不服从法律的时候，常不能对于服从法律之必要，加以满意的解释。我们只可以说法律已经制定，不可不见诸实行，因为团体中之大多数人，都相信此为公共之福利所必需，所以我们不可不服从法律。在大多数的事例中（即说不是全体），在十二岁以下之儿童，对于教师或父母命令之服从宜成为一种规矩。这句话的意思，不是说教师应威逼儿童，也不是说他们不应了解儿童的观点而对他解释情境；这是说最有同情的教师欲对于一切儿童作公平的待遇，有时不得不发为命令而使之服从。上面已说过，即在学校以外，欲为一良好之公民也不能不有某种的约束，并不能不发为某种的行动。②

---

① 彭基相. 公民的训练 [J]. 教育杂志，1924，16（9）：1 – 7.（此文译自 G. D. Strayer 与 N. L. Enghlhardt 合著的 *The Classroom Teacher* 一书第六章）
② 彭基相. 公民的训练 [J]. 教育杂志，1924，16（9）：1 – 7.（此文译自 G. D. Strayer 与 N. L. Enghlhardt 合著的 *The Classroom Teacher* 一书第六章）

上述讨论为我们揭示了对儿童进行行为训练的合理性所在，这也是我们今天特别强调儿童的养成教育的原因所在。在儿童还不能做出自主的道德选择的情境下，通过行为训练的方式来养成公民习惯也是一种合理的方式。如果不对儿童采取适当的行为训练的方法，公民教育的实效性会大打折扣。但是，行为训练只是培养公民的一种方式，它不等于公民教育本身。只有在目的正当的前提下，行为的训练才不至于成为一种僭越儿童主体性的规训。

五、公民教育的途径：整合政治因素与社会力量

对公民观念的理解离不开对政治的关注，公民本身就是一个政治意义上的个体，公民生活包含着政治生活。正如天民所说，"又欲解决此范围广大之教育问题，则政治家之教育方针，必当一定。何则？教育事业，亦为一政治事业故也"。[①] 近代公民教育无论是在制度层面，还是在教科书文本中，都体现了对政治的教育价值的考虑。在有关学生的社会生活和政治生活的陈述中，个体在政治意义上的公民身份跃然纸上，教育对学生生活的关注也渗透在其中。但长期以来，教育更多地被当作政治的附属而存在，就近代公民教育而言，其诞生和失败也都与当时的政治现实密切相关。其诞生是为了拯救国家于危难中，通过它唤醒民众的觉悟。而随着公民培养的进一步发展，党化教育越来越多地渗透进了公民教育，其内容和形式都被异化，教育更加成为一种实现政治目的的工具。因此，近代公民教育在其存在的短短历史上，都处在政治的影响之下，这种政治上的功利性使得公民教育没有获得自身存在的合法性和独立性。

政治本身的含义被妖魔化之后，很难再显现其教育价值。事实上，教育与政治之间的关系并非是相互牵制的，政治在其本意上就是一种生活方式，是个体逃离不了的生活本身。教育离不开政治，完整的学生生活也离不开政治。政治被政党化、权力化之后，教育就会被工具化。高德胜教授曾就德育课程的目的指出："关于课程的目的，一开始是囿于政治教育，这对德育课程的发展造成很大障碍。其实不是不要政治，而是如何理解政治。从以人为本的思想出发，让学生过上快乐的生活，就是最大的政治。"[②] 让学生过上快乐的生活，这也是教育的最终目的。因此，公民的培养无论在理念上还是在

---

① 天民. 公民教育论 [J]. 教育杂志，1916，8（5）：43－50.
② 蓝维，高德胜. 对话：德育课程改革三十年 [J]. 中国德育，2009（4）：14－19.

实践中，都应当正确理性地看待政治的教育价值。

虽然政治因素对公民教育有着如此大的影响，但近代公民教育取得的成就并不能过多地归功于当时的政治因素，恰恰相反，近代公民教育的没落正是受其不良政治影响的结果。而与此同时，近代公民教育发展的高峰时期也正是政治上相对真空的时期。可以说，近代公民教育之所以取得过一段不凡的成就，一个不容忽视的原因，就是在政治因素相对微弱的情况下，众多社会力量蜂拥而起并参与其中，成就了公民教育的一时辉煌。因此，就公民教育的实施途径来说，社会力量的参与是其中不容小觑的重要环节。

近代以来，中国社会处于激烈动荡的转型阶段，受西方民主政治思潮和教育理念的熏陶，涌现出了一批批高瞻远瞩、忧国忧民的知识分子，他们或是以个人的形式，或是以发起组织、参与教育社团的方式，主动承担起了教育救国的社会重任。

从个人方面看，在新文化运动的推动下，接受了先进思想的教育家拥有了话语权，他们推进了政府对教育的决策。例如，蔡元培的"五育并举"的教育思想成为制定民国元年教育方针的理论基础，胡适、陶行知等参与了新学制的颁布，杨贤江、周鲠生等参与了公民课程标准和教科书的编写等，他们的参与直接加速了公民教育的进程。

从团体方面看，随着公共话语的逐渐开放，各种报刊、会馆、学会、学术团体、教育会等社会团体获得了蓬勃发展，以各自的方式促进了社会的发展，并成为公民教育实施途径的重要补充。这其中，蔡元培等人组织的"中国教育会"，章太炎、于右任等人成立的"中国通俗教育研究会"，由黄炎培、蔡元培、梁启超、张謇等48人成立的"中华职业教育社"，以及由晏阳初、陶行知等人发起组织的"中华平民教育促进总会"等机构，通过在各自领域开展不同形式的教育活动，对近代公民教育的发展起到了重要的推动作用。

除了上述各个教育团体以外，还有两个特别值得一提的机构，即全国教育会联合会和江苏省教育会。这两个机构在近代公民教育的发展中做出了不可磨灭的功绩，主要表现在各种教育政策和规范的制定上。全国教育会联合会在这一时期制定了诸多与公民教育相关的政策文件，如《新学制课程标准纲要》《民治教育设施标准案》《编订公民教材案》《女子职业学校议案》

《促进全国义务教育计划案》《请各省区推行平民教育案》等。① 该机构以社会力量的角色参与了公民课程的设置、课程标准的颁布与实施，着实发挥了不可估量的价值。

再以江苏省教育会为例，其对于公民教育的重大贡献，首先表现为 1927 年制定了好公民的八大准则：发展自治能力、养成互助精神、崇尚公平竞胜、遵守公共秩序、履行法定义务、尊重公有财产、注意公共卫生、培养国际同情。这八大准则概括了公民的核心素养，成为当时公民教育的基本信条，为合格公民的养成提供了参考价值。此外，江苏省教育会在促进社会教育、平民教育、职业教育、社会参与等方面都做出了积极的努力。"省教育会通过建立广泛的关系网络和塑造民众的新的知识体系和价值观念，逐渐在江苏社会上形成了以江苏省教育会为核心的一支重要地域集团力量。"② 不仅仅对于江苏的教育，对全国的教育改革都起到了积极的推动作用。

近代公民教育通过利用社会力量走出了一条自下而上的教育发展道路，成为其改革的一大特色。正如学者陈华指出的那样，"全国教育会联合会、中华教育改进会、江苏省教育会等教育民间研究组织对公民科的诞生起到极大的作用。当然这也少不了北洋政府对公民教育在政策和经济上的支持。如学校里的一些用于公民课程教学的硬件设施大部分是官方拨款购置的。公民科的诞生是一个社会向上争取，政府采纳实施的上下合作工程"。③ 由此可见，结合政府与社会的力量共同发展教育，具有重要的现实意义。

公民教育的推行不仅仅是政府的责任，不能只依靠政治因素去推动；同时，公民教育的实施也不能仅仅依靠学校的力量去突破困境。教育是需要全社会共同关注的公共事业，公民的培养更是一项公共性的责任。因此，我们今天的公民教育，也应该从社会力量中寻找突破口，寻求广大民众、知识分子、学术团体、社会行业组织等社会力量的参与和支持。通过整合政治因素与社会力量，更好地推进公民教育的发展。一方面，政府应加强与社会力量的联系，同时保持社会力量的相对独立性和自主权；另一方面，对于社会力量而言，不管是普通民众还是教育专家、公共教育组织等，都应该具有积极关注和参与教育发展的公共意识，积极探索公民教育发展的新路径。

---

① 黄炎培. 全国教育会联合会特载：第九届全国教育会联合会议决案一览表 [J]. 教育与人生，1923（7）：1 - 3.

② 谷秀青. 清末民初江苏省教育会研究 [M]. 桂林：广西师范大学出版社，2009：286.

③ 陈华. 中国近代公民课程的孕育 [M]. 北京：北京师范大学出版社，2014：105.

参考文献

一、著作类

（一）一般著作

1. 全国教育会联合会新学制课程标准起草委员会. 新学制课程标准纲要 ［M］. 上海：商务印书馆，1923.

2. 周之淦. 公民教育课程大纲 ［M］. 上海：商务印书馆，1923.

3. 张耿西，束樵如，万九光. 小学公民训练的理论与实际 ［M］. 上海：中华书局，1934.

4. 沈子善. 小学公民训练之理论与实际 ［M］. 上海：商务印书馆，1935.

5. 范公任. 小学公民训练概论 ［M］. 上海：商务印书馆，1935.

6. 湖北省公民教育委员会. 湖北省会公民训练第三期实施概览 ［M］. 汉口：汉光印书馆，1936.

7. 高士. 英国公民教育 ［M］. 黄嘉德译. 上海：商务印书馆，1937.

8. 孟利欧. 美国公民教育 ［M］. 严菊生译. 上海：商务印书馆，1937.

9. 可索克. 德国公民教育 ［M］. 金澎荣，等译. 上海：商务印书馆，1937.

10. 王国之. 小学公民训练法 ［M］. 上海：世界书局，1938.

11. 沈世璟，朱炎颙. 小学公民训练 ［M］. 上海：中华书局，1948.

12. 舒新城. 中国近代教育史资料. 中册 ［C］. 北京：人民教育出版社，1981.

13. 陈学恂. 中国近代教育文选 ［C］. 北京：人民教育出版社，1983.

14. 陈学恂. 中国近代教育史教学参考资料. 上册 ［M］. 北京：人民教育出版社，1984.

15．宋恩荣编．梁漱溟教育文集［M］．南京：江苏教育出版社，1987.

16．高平叔．蔡元培教育论集［M］．长沙：湖南教育出版社，1987.

17．林毓生．中国意识的危机——"五四"时期激烈的反传统主义［M］．穆善培译．贵阳：贵州人民出版社，1988.

18．宋恩荣主编．晏阳初全集．第一卷［M］．长沙：湖南教育出版社，1989.

19．约翰·杜威．民主主义与教育［M］．王承绪译．北京：人民教育出版社，1990.

20．乔治·凯兴斯泰纳．凯兴斯泰纳教育论著选［M］．郑惠卿译．北京：人民教育出版社，1993.

21．约翰·杜威．杜威五大演讲［M］．胡适口译．合肥：安徽教育出版社，1999.

22．吴履平．小学公民课程纲要20世纪中国中小学课程标准教学大纲汇编思想政治卷［M］．北京：人民教育出版社，2001.

23．檀传宝．公民教育引论——国际经验、历史变迁与中国公民教育的选择［M］．北京：人民出版社，2001.

24．许纪霖主编．公共性与公共知识分子［C］．南京：江苏人民出版社，2003.

25．小浜正子．近代上海的公共性与国家［M］．葛涛译．上海：上海古籍出版社，2003.

26．郑航．中国近代德育课程史［M］．北京：人民教育出版社，2004.

27．陈赟．困境中的中国现代性意识［M］．上海：华东师范大学出版社，2004.

28．陈永森．告别臣民的尝试——清末民初的公民意识与公民行为［M］．北京：中国人民大学出版社，2004.

29．蔡元培．中国伦理学史［M］．北京：商务印书馆，2004.

30．滕大春．外国教育通史．第五卷［M］．济南：山东教育出版社，2005.

31．罗威廉．汉口：一个中国城市的商业与社会（1796—1889）［M］．江溶，鲁西奇译．北京：中国人民大学出版社，2005.

32．许纪霖主编．公共性与公民观［C］．南京：江苏人民出版社，2006.

33．璩鑫圭，童富勇．中国近代教育史资料汇编·教育思想［G］．上海：上海教育出版社，2007.

34. 方平. 晚清上海的公共领域（1895—1911）[M]. 上海：上海人民出版社，2007.

35. 舒新城. 近代中国教育思想史 [M]. 福州：福建教育出版社，2007.

36. 罗威廉. 汉口：一个中国城市的冲突与社区（1796—1895）[M]. 鲁西奇，罗杜芳译. 北京：中国人民大学出版社，2008.

37. 谷秀青. 清末民初江苏省教育会研究 [M]. 桂林：广西师范大学出版社，2009.

38. 梁漱溟. 中国文化要义. 2 版 [M]. 上海：上海人民出版社，2011.

39. 梁漱溟. 乡村建设理论. 2 版 [M]. 上海：上海人民出版社，2011.

40. 王小庆. 如何培养好公民 [M]. 北京：清华大学出版社，2013.

41. 晏阳初. 晏阳初全集. 第 1 卷 [M]. 天津：天津教育出版社，2013.

42. 晏阳初. 晏阳初全集. 第 2 卷 [M]. 天津：天津教育出版社，2013.

43. 周洪宇，陈竞蓉. 民主主义与教育——杜威在华演讲录 [M]. 合肥：安徽教育出版社，2013.

44. 石鸥. 百年中国教科书论 [M]. 长沙：湖南师范大学出版社，2013.

45. 陈华. 中国近代公民课程的孕育 [M]. 北京：北京师范大学出版社，2014.

46. 张夫伟，张红艳. 公民意识与学校生活建构 [M]. 北京：中国社会科学出版社，2015.

47. 舒新城. 近代中国教育思想史 [M]. 长春：吉林出版集团股份有限公司，2016.

48. 吴洪成. 中国近代教育思潮新论 [M]. 北京：知识产权出版社，2016.

49. 徐伟. 民国初年的意义危机与思想家的应对 [M]. 北京：团结出版社，2016.

50. 蒋梦麟. 过渡时代之思想与教育 [M]. 北京：知识产权出版

社，2016.

51．刘保刚. 中国近代公民教育思想研究［M］. 郑州：大象出版社，2017.

52．金耀基. 从传统到现代［M］. 北京：法律出版社，2017.

53．［德］马克斯·韦伯. 世界宗教的经济伦理：儒教与道教［M］. 王容芬译. 北京：中央编译出版社，2018.

（二）教科书

1．沈颐，戴克敦. 新制中华修身教科书（初等小学）［M］. 上海：中华书局，1913.

2．戴克敦，沈颐，陆费逵编. 新制中华修身教科书［M］. 上海：中华书局，1913.

3．李步青. 新制修身教本［M］. 上海：中华书局，1914.

4．方钧. 新式修身教科书［M］. 上海：中华书局，1916.

5．朱文叔. 新小学教科书公民课本［M］. 上海：中华书局，1923.

6．杨贤江. 新法公民教科书［M］. 上海：商务印书馆，1923.

7．顾树森. 新著公民须知（道德篇）［M］. 上海：商务印书馆，1923.

8．顾树森. 新著公民须知（法制篇）［M］. 上海：商务印书馆，1923.

9．周鲠生. 新学制公民教科书［M］. 上海：商务印书馆，1923.

10．陆费逵. 新小学教科书公民课本［M］. 上海：中华书局，1923.

11．蒋镜芙，陆费逵，陆衣言，戴克敦. 新小学教科书社会课本［M］. 上海：中华书局，1925.

12．盛子鹤. 复兴公民训练教本［M］. 上海：商务印书馆，1933.

13．陆伯羽. 模范公民训练册［M］. 哈尔滨：哈尔滨出版社，2016.

14．李保田主编. 共和国教科书·新修身（高等小学校全六册）［M］. 桂林：广西师范大学出版社，2012.

15．李保田主编. 共和国教科书·新修身（初等小学校全八册）［M］. 桂林：广西师范大学出版社，2012.

16．庄俞，沈颐，戴克敦. 共和国教科书·新修身（初小部分全八册）［M］. 哈尔滨：哈尔滨出版社，2017.

二、报刊类

1．拉坚. 政治学上卷：国家篇［J］. 玉瑟斋主译. 清议报，1900

（66）.

2. 梁启超. 论近世国民竞争之大势及中国之前途 [J]. 清议报论说, 1901（1）.

3. 梁启超. 新民说一 [J]. 新民丛报, 1902（1）.

4. 梁启超. 新民说三 [J]. 新民丛报, 1902（3）.

5. 梁启超. 新民说四 [J]. 新民丛报, 1902（4）.

6. 梁启超. 新民说六 [J]. 新民丛报, 1902（6）.

7. 梁启超. 新民说七 [J]. 新民丛报, 1902（7）.

8. 梁启超. 新民说二十一 [J]. 新民丛报, 1903（38 – 39）.

9. 严复. 原强 [J]. 国闻报汇编, 1903（上卷）.

10. 严复. 论世变之亟 [J]. 国闻报汇编, 1903（上卷）.

11. 严复. 论教育与国家之关系 [J]. 通学报, 1906, 1（3）.

12. 小学校教则及课程表 [J]. 中华教育界, 1913（1）.

13. 中学校令施行规则 [J]. 中华教育界, 1913（1）.

14. 中学校令施行规则 [J]. 教育部编纂处月刊, 1913, 1（2）.

15. 中学校课程标准 [J]. 教育部编纂处月刊, 1913, 1（3）.

16. 旭轮. 勤劳学校之历史 [J]. 教育研究（上海1913）, 1913（2）.

17. 志厚. 凯善西台奈之教育说 [J]. 教育杂志, 1914, 5（10）.

18. 天民. 公民教育问题 [J]. 教育杂志, 1914, 5（10）.

19. 天民. 勤劳教育论（续）[J]. 教育杂志, 1915, 7（10）.

20. 天民. 学校之社会的训练 [J]. 教育杂志, 1916, 8（8）.

21. 国民学校令施行细则 [J]. 中华教育界, 1916, 5（2）.

22. 天民. 公民教育论 [J]. 教育杂志, 1916, 8（5）.

23. 天民. 公民教育论（续）[J]. 教育杂志, 1916, 8（6）.

24. 顾树森. 公民教育论 [J]. 中华教育界, 1916（9）, 1916（10）.

25. 天民. 调查：德国之公民教育 [J]. 教育杂志, 1916, 8（7）, 1916, 8（8）.

26. 张世杓. 德国之强盛与公民教育 [J]. 教育周报（杭州）, 1916（136）5 – 7, 1916（147）.

27. 太玄. 公民的训练法 [J]. 教育杂志, 1918, 10（4）.

28. 杨本立. 为什么要学生自治？[J]. 教育与职业, 1919（16）.

29. 蒋梦麟. 学生自治：在北京高等师范演说 [J]. 新教育, 1919, 2（2）.

30. 胡适. 杜威的教育哲学［J］. 新教育，1919，1（3）.

31. 陶行知. 学生自治问题之研究［J］. 新教育，1919，2（2）.

32. 第五届全国教育会联合会议决案：编订公民教材案［J］. 教育杂志，1919，11（12）.

33. 全国教育会联合会议决案：学生自治纲要案［J］. 教育潮，1920，1（9）.

34. 全国教育会联合会第六次议决案：民治教育设施标准案（通告各省区教育会）［J］. 教育杂志，1920，12（12）.

35. 汪懋祖. 美国公民教育之新趋势［J］. 教育丛刊，1921，2（1）.

36. 杨贤江. 小学公民课程纲要［J］. 小学教育界，1922，2（3）.

37. 学校系统改革案（教令第二十三号）［J］. 教育公报，1922，9（10）.

38. 晏阳初. 平民教育新运动［J］. 新教育，1922，5（5）.

39. 杨贤江. 小学公民科课程纲要［J］. 山西省教育会杂志，1923，9（4－5）.

40. 武精公，郭子祥，孟菊蹊. "小学公民课程纲要"审查报告书［J］. 山西省教育会杂志，1923，9（4－5）.

41. 新学制小学学程纲要草案［J］. 教育杂志，1923，15（4）.

42. 周鲠生. 新学制课程标准纲要草案：初级中学公民学课程纲要［J］. 教育杂志，1923，15（5）.

43. 陈浚介. 公民科和公民训练［J］. 初等教育，1923，1（2）.

44. 李声堂. 公民训练之涵义及其演进［J］. 北京高师教育丛刊，1923，4（3）.

45. 俞子夷. 学生自治［J］. 新教育，1923，6（3）.

46. 彭基相. 公民的训练［J］. 教育杂志，1924，16（9）.

47. 新学制课程标准纲要［J］. 广东省教育会杂志，1924，2（4）.

48. 杨彬如. 儿童自治施行实况［J］. 教育杂志，1924，16（7）.

49. 朱经农. 公民训练与初级中学［J］. 教育与人生，1924（32）.

50. 程湘帆. 小学校训练公民之机会［J］. 教育与人生，1924（32）.

51. 周天冲. 小学公民科的新教学［J］. 教育杂志，1924，16（4）.

52. 常道直. 小学公民科教学法［J］. 教育杂志，1924，16（1）.

53. 张粒民. 小学校之公民教育［J］. 教育杂志，1924，16（4）.

54. 杨逸群. 新制小学公民课程的实际讨论［J］. 中华教育界，1924，

14（5）.

55. 陶行知. 全国平民教育之现状［J］. 括苍，1924（3）.

56. 职业教育消息. 美国之职业教育与公民训练［J］. 教育与职业，1925（67）.

57. 张君劢. 学生自治［J］. 南开周刊，1925，1（4）.

58. 许仕廉. 地方服务与公民训练［J］. 东方杂志，1926，23（9）.

59. 轶尘. 公民训练联合会［J］. 教育杂志，1926，18（5）.

60. 胡超伦. 著述：公民信条之解释［J］. 青浦县教育季刊，1926（3）.

61. 常乃惪. 国民教育与公民教育［J］. 国家与教育，1926（15）.

62. 徐元善. 适应乡村环境的公民训练［J］. 南汇县学事月报，1926，1（2）.

63. 杨鼎鸿. 小学公民训练与课外活动［J］. 尚公学校校刊，1926（24）.

64. 刘炳藜. 全国公民教育运动周怎样进行［J］. 国家与教育，1926（14）.

65. 邱椿. 国民学校公民教育最低的标准［J］. 国家与教育，1926（16）.

66. 晏阳初. "平民"的公民教育之我见［J］. 新教育评论，1926，1（21）.

67. 公民信条［J］. 江苏教育公报，1926，9（4）.

68. 余家菊. 公民教育问题号：公民教育之基本义［N］. 醒狮，1926（80）.

69. 李璜. 什么是公民什么是公民教育［J］. 国家与教育，1926（13）.

70. 曾琦. 公民教育问题号：弁言［N］. 醒狮，1926（80）.

71. 醒石. 公民教育［J］. 东北月报，1927（21）.

72. 陈筑山. 平民的公民教育之计划［J］. 教育杂志，1927，19（9）.

73. 陶行知. 中国乡村教育之根本改造［J］. 中华教育界，1927，16（10）.

74. 晏阳初. 平民教育概论［J］. 教育杂志，1927，19（6）.

75. 马精武. 尚公学校儿童自治的昨今明［J］. 教育杂志，1929，21（5）.

76. 罗迪先. 对于小学儿童自治会组织上的意见［J］. 教育杂志，

1929，21（7）.

77．盛朗西．吾校对于儿童自治的主张［J］．小学教育，1930，1（1）.

78．梁漱溟．山东乡村建设研究院设立旨趣及办法概要［J］．村治，1930，1（11－12）.

79．王国柄．各国学校的公民训练［J］．教育周报（桂林），1932（10）.

80．丁子真．本校公民训练实施概况［J］．江苏省立南通中学实验小学校校刊，1933（3）.

81．王仰千，王晓梅．公民训练实施概况［J］．浙江省立温中附小小学教育月刊，1933，1（2）.

82．汪联煜．介绍一个公民训练实施法［J］．江苏省小学教师半月刊，1933，1（4）.

83．张耿西．公民训练条目的十二阶段及考查办法［J］．江苏省小学教师半月刊，1933，1（7）.

84．孙东儒．实施公民训练应有的环境和设备［J］．江苏省立南通中学实验小学校校刊，1933（3）.

85．部颁小学课程标准总纲［J］．教育周刊，1933（139）.

86．小学公民训练标准［J］．教育部公报，1933，5（7－8）.

87．小学公民训练标准（一续）［J］．教育部公报，1933，5（9－10）.

88．小学公民训练标准（二续）［J］．教育部公报，1933，5（11－12）.

89．季锡麟．公民训练［J］．大上海教育，1934，1（7）.

90．部颁初级中学公民课程标准［J］．教育周刊，1934（201）.

91．左企．江西的公民训练（南昌通讯）［J］．骨鲠，1934（49）.

92．董任坚，王修和．新生活运动：公民训练与新生活运动［J］．新生活周刊，1934，1（18）.

93．梁漱溟．社会教育与乡村建设之合流［J］．乡村建设，1934，4（9）.

94．禹石．小学公民训练［J］．浙江省立温中附小小学教育月刊，1934，1（5）.

95．周彬．小学公民训练与新生活运动［J］．进修半月刊，1934，3（15）.

96．祝丕荫．小学公民训练研究［J］．福建义教，1935，1（1）.

97. 程时煃. 江西省会的公民训练 ［J］. 教育杂志，1935，1（1）.

98. 方东澄. 新德意志之公民训练 ［J］. 校风，1936（359）.

99. 黄亚达. 公民训练的环境布置 ［J］. 进修半月刊，1936，5（8）.

100. 王义周. 湖北省会公民训练评述 ［J］. 湖北民教，1936，1（4）.

101. 王义周. 湖北省会公民训练的鸟瞰 ［J］. 湖北教育月刊，1936，3（1）.

102. 吴家镇，高时良. 现阶段中国公民训练之鸟瞰及其改进 ［J］. 教育杂志，1936，26（3）.

103. 小学公民训练标准 ［J］. 湖北省政府公报，1936（238）.

104. 吴福元. 析论小学公民训练问题：为部颁小学课程标准而作 ［J］. 教与学，1936，2（2）.

105. 卢绍稷. 非常时期的公民训练 ［J］. 教育杂志，1936，26（6）.

106. 黎洁华. 杜威在华活动年表（上）（1919 年 4 月 30 日—1921 年 7 月 11 日）［J］. 华东师范大学学报（教育科学版），1985（1）.

107. 黎洁华. 杜威在华活动年表（中）（1919 年 4 月 30 日—1921 年 7 月 11 日）［J］. 华东师范大学学报（教育科学版），1985（2）.

108. 黎洁华. 杜威在华活动年表（下）（1919 年 4 月 30 日—1921 年 7 月 11 日）［J］. 华东师范大学学报（教育科学版），1985（3）.

109. 章清. 实用主义哲学与近代中国启蒙运动 ［J］. 复旦学报（社会科学版），1988（5）.

110. 王笛. 晚清长江上游地区公共领域的发展 ［J］. 历史研究，1996（1）.

111. 刘增合. 近代组织传媒与晚清公共舆论的扩张——以学堂生群体和功能性社团为中心 ［J］. 新闻与传播研究，1999（1）.

112. 郑航. 社会变迁中公民教育的演进——兼论我国学校公民教育的实施 ［J］. 清华大学教育研究，2000（3）.

113. 刘增合. 媒介形态与晚清公共领域研究的拓展 ［J］. 近代史研究，2000（2）.

114. 葛兆光. 1895 年的中国：思想史上的象征意义 ［J］. 开放时代，2001（1）.

115. 元青. 杜威的中国之行及其影响 ［J］. 近代史研究，2001（2）.

116. 周谷平，朱有刚.《教育杂志》与近代西方教育的传播 ［J］. 教育评论，2002（3）.

117. 许纪霖. 近代中国的公共领域：形态、功能与自我理解——以上海为例 [J]. 史林，2003（2）.

118. 陈来. 梁启超的"私德论"及其儒学特质 [J]. 清华大学学报（哲学社会科学版），2003（1）.

119. 潘光哲.《时务报》和它的读者 [J]. 历史研究，2005（5）.

120. 高力克. 梁启超的道德接续论 [J]. 天津社会科学，2005（6）.

121. 廖申白. 论公民伦理——兼谈梁启超的"公德"、"私德"问题 [J]. 中国人民大学学报，2005（3）.

122. 朱小蔓，冯秀军. 中国公民教育观发展脉络探析 [J]. 教育研究，2006（12）.

123. 李志强. 民主社会的理智训练——谈杜威的公民道德教育思想 [J]. 理论与改革，2007（3）.

124. 檀传宝. 当前公民教育应当关切的三个重要命题 [J]. 人民教育，2007.

125. 黄书光. 价值重估与民国初年中小学德育课程教学的深层变革 [J]. 教育学报，2008（4）.

126. 高力克. 自由、演化与传统：严复的伦理观 [J]. 天津社会科学，2010（4）.

127. 郑富兴. 当代公民教育的文化问题 [J]. 当代教育与文化，2011（3）.

128. 傅国涌. 百年转型中的公民教科书 [J]. 江淮文史，2011（5）.

129. 忻平，陆华东. "制造国民：1920年代醒狮派的公民教育思想" [J]. 史学月刊，2012（11）.

130. 陶金玲. 民国教科书《模范公民（训练册）》分析 [J]. 教育评论，2012（6）.

131. 陆华东. 晚清中国政治转型与公民教育思想的兴起 [J]. 中国国家博物馆馆刊，2014（6）.

132. 毕苑. 近代教科书与中国国家观念的演化 [J]. 文化纵横，2015（4）.

133. 梁治平. 家族主义与国家主义之争 [EB/OL]. 搜狐文化，http：//www. sohu. com/a/131438113_488646. 2017－04－01.

134. 毕苑. 中国人如何成为现代公民——过去的公民教育 [EB/OL]. 东方历史评论，《东方历史评论》官方微博，https：//weibo. com/1980953575/FSVEyr9eD？type＝comment. 2017－10－31.

后 记

本书是我主持的教育部人文社科青年基金项目"民国时期我国中小学公民教育研究"（16YJC880096）的研究成果。起初将研究范围界定为民国时期，但在实际研究的过程中发现，如果从课程史的角度看，公民教育在近代的萌芽早在晚清修身科中就已经产生了。而如果从思想史的角度来看，公民观念的启蒙要更早些。鉴于此，遂将研究范围扩展为近代中国，具体涉及1895—1936年期间的发展历程。

在开展本课题的过程中，我指导的两位硕士研究生也参与到其中，承担了部分章节的书写任务。具体分工如下：导论、第一章、第二章、第六章由翟楠撰写，第三章、第五章由翟楠、蒋舒颖撰写，第四章由李昕艳撰写。全书由翟楠负责统稿、修订和校对。

在本课题研究过程中，我得到了扬州大学薛晓阳、陈秋苹、潘洪建、申卫革、曹玉兰等诸位老师的支持和帮助，在此表示由衷感谢。常熟理工学院的都冬云老师在近代教科书搜集方面给予了我无私的帮助，一并致谢。此外，江苏大学出版社的米小鸽老师在本书的出版过程中付出了很大的心血，在此深表谢意！

由于涉及内容繁杂，研究的能力和时间均有限，本书还存在诸多的不足和问题，恳请读者批评指正！

翟楠于扬州

2018 年 12 月